조선 시대 백성들의 커뮤니케이션

조선 시대 백성들의 커뮤니케이션

채백 지음

조선 시대 백성들의 커뮤니케이션

지은이 채백
펴낸이 이리라

책임 편집 이여진
편집 에디토리얼 렌즈

2017년 12월 30일 1판 1쇄 펴냄
2018년 10월 20일 1판 2쇄 펴냄

펴낸곳 컬처룩
등록 2010. 2. 26 제2011 - 000149호
주소 03993 서울시 마포구 동교로 27길 12 씨티빌딩 302호
전화 02.322.7019 | 팩스 070.8257.7019 | culturelook@daum.net
www.culturelook.net

ISBN 979 - 11 - 85521 - 54 - 1 93300

* 이 도서의 국립중앙도서관 출판예정도서목록(CIP)은 서지정보유통지원시스템 홈페이지
(http://seoji.nl.go.kr)와 국가자료공동목록시스템(http://www.nl.go.kr/kolisnet)에서 이용하실
수 있습니다. (CIP제어번호: CIP2017035752)

* 2018년 대한민국학술원 우수학술도서

culturelook

차례

옛날 사람들의 삶은 어떠했을까? 그들은 어떠한 생각을 가지고 어떻게 살아갔을까? 언론의 역사를 공부하면서 항상 머릿속을 떠나지 않던 의문이다. 그동안 주로 근대 이후 신문의 역사를 공부하면서 어떠한 매체가 언제, 누구에 의해 창간되어 어떠한 역할을 하였고, 당시 정치적, 사회적 상황은 어떠하였는지에 관심을 기울였다.

그러나 이것만으로는 그 매체가 갖는 역사적 의미를 제대로 알기 어렵다. 그 시대를 살아온 다수의 사람들이 이를 어떻게 받아들였는지를 알아야 그 의미를 제대로 평가할 수 있을 것이다. 하지만 이는 매번 공백으로 남을 수밖에 없었다. 그들은 말이 없기 때문이다. 역사의 다수를 점하는 일반 백성들에 관해서는 거의 기록이 남아 있지 않기 때문에 그들의 삶에 대한 의문은 좀처럼 접근을 허락하지 않는다.

그러던 중 강의 자료를 준비하면서 프랑스의 코린 쿨레가 저술한 《고대 그리스의 의사소통》을 접하게 되었다. 1996년에 출판된 이 책은 1999년 국내에도 번역 출판되었다. 제목 그대로 고대 그리스의 다양한 커뮤니케이션 양태를 분석한 이 책이 사용한 자료들은 호메로스의 서사시《일리어스》와《오디세이아》를 비롯하여 그 시대의 여러 고문헌들이었다. 쿨레는 이 자료들을 통해 고대 그리스의 커뮤니케이션이 어떻게 이루어졌는지를 분석해 낸 것이다.

이 책을 보면서 매우 기뻤다. 물론 이 책에서도 고대 그리스의 개개인들이 어떻게 커뮤니케이션을 하였는지까지는 분석해 내지 못했지만 내 오랜 의문을 해소시켜 볼 수 있는 단초를 얻었기 때문이다. 우리에게는《일리어스》나《오디세이아》같은 서사시는 없지만 소설이 많지 않은가? 조선 시대의 고전 소설을 보면 당시 일반 백성들이 어떻게 커뮤니케이션을 했는지 알 수 있으리라는 생각에 이르면서 이 책은 시작되었다. 물론 소설은 허구의 세계이지만 당시의 사회상을 반영하기 때문에 소설에 나타난 일반 백성들의 커뮤니케이션 양태를 분석하면 당시 그들이 어떻게 커뮤니케이션하였는지를 알 수 있을 것이다. 소설을 통해 당시의 사회상을 분석하는 작업은 국내 학계에서도 여러 차례 시도되었지만 언론학 분야에서는 아직 이러한 작업이 시도되지 않았던 것으로 알고 있다.

하지만 여러 가지 핑계로 바로 연구에 착수하지는 못하고 뒷전으로 미루어졌다. 조선 시대의 소설을 분석하겠다는 방향은 잡았지만 그 분야에 대한 전문 지식도 부족한 터라 어디서부터 손을 대야 좋을지도 알 수 없었다. 소설 한두 권만으로는 의미 있는 결론을 얻지 못할 가능성이 크며 그렇다고 그 방대한 양의 소설들을 다 읽는다는 것은 엄두가 안 나는 노릇이었다. 어떻게 분석하면 좋을지에 대해서도 좀처럼 구체화시키지 못하였다.

그러던 중에 2012년도 한국연구재단의 연구 과제 공모에 2년 과제로 응모하였다. 방대한 소설을 읽어 나가려면 나 혼자 힘으로는 부족하고 전문가의 자문도 필요하며 함께 소설을 강독할 보조 인력도 필요하리라는 생각에서였다. 조선 후기와 개화기로 나누어 각기 한글 고전 소설과 신소설을 분석하여 별도의 연구 성과물로 발표하려는 계획이었다. 운 좋게도 그해 바로 선정되는 혜택을 누렸다.

바로 연구에 착수하여 국문과의 고전 소설 전공자의 자문을 구해 연구 목적에 적합한 분석 대상 소설을 선정하고 대학원생 제자들과 함께 강독을 시작하면서 구체적인 작업에 돌입하였다. 그 결과물로 2014년에 논문 2편을 발표하였다. 먼저 1차 연도 주제인 조선 시대의 고전 소설을 분석하여 "한글 고전소설을 통해 본 조선 후기의 인간 커뮤니케이션 양태"라는 제목으로 〈한국언론정보학보〉 제65호(2014년 봄호)에 발표하였다. 이어서 2차 연도 주제인 개화기의 신소설을 대상으로 "신소설을 통해 본 개화기의 인간 커뮤니케이션 양태"라는 제목으로 〈한국언론정보학보〉 제68호(2014년 겨울호)에 발표하였다.

그러나 학술지 논문에는 우리가 소설을 분석하며 정리해 놓은 다양한 사례들을 충분히 반영할 수 없었다. 대부분의 학술지가 분량을 규제하기 때문이다. 또한 학술지는 전문 연구자들을 대상으로 한 것이라 여기에 실린 논문들을 일반인들이 찾아보기는 쉽지 않다. 그래서 욕심이 생겼다. 논문에 반영하지 못한 보다 풍부하고 다양한 사례들도 살리고 연구자뿐만 아니라 일반인들도 쉽게 찾아볼 수 있도록 하기 위해 책으로 내 볼 생각을 하게 된 것이다. 발표된 2편의 논문을 토대로 사례와 기타 자료들을 보완하면 한 권의 책으로 충분하다고 판단하였다. 학술 연구가 상아탑 내에서만 머물러서는 그 의미가 제한될 수밖에 없다. 그 울타리를 넘어 대중들에게 다가가야만 학문 연구의 사회적 의미가 제대로 살아날 수 있을 것이다. 이와 같은 의도에서 이 책을 내게 되었다.

이 책에는 조선 시대 한글 소설 8편과 신소설 9편 총 17편을 분석하여 일반 백성들이 생활 속에서 어떻게 커뮤니케이션을 했는가를 정리하였다. 소설의 다양한 지문들을 인용하여 설명해 가는 방식으로 서술하였다. 소설 분석 사례들뿐만 아니라 다른 문헌 자료와 《조선왕조실록》 등에 나온 관련 사료들도 새로이 분석, 보완하였다.

조선 시대의 고전 소설은 독자들의 이해를 돕기 위해 현대어로 바꾸어 인용하였다. 한글 소설이지만 한문식 어휘나 표현이 매우 많다. 이런 것들이 독자들에게는 아무래도 낯설 것이라는 생각에서 번역본이 있는 경우에는 그것을 인용하였고, 번역본이 없는 경우는 저자가 사전을 찾아가며 직접 현대어로 바꾸었다. 개화기의 신소설은 한문 어휘나 어투가 많이 줄어 원문 그대로 실었다. 현대 맞춤법에 어긋나는 익숙치 않은 표현들이 종종 나왔지만 이런 경우에도 원문을 그대로 인용하였다. 어휘나 문맥에서 독자들에게 설명이 필요한 부분은 각주나 본문 속에 반영하였다. 기존의 연구들을 인용한 경우 그 출처는 모두 책의 말미에 후주로 정리하였다. 소설의 원전을 인용하는 경우는 해당 소설 제목 뒤에 쪽수만을 괄호 안에 표기하였다. 또 이해를 돕기 위해 원문을 인용하면서 핵심적인 내용은 진한 글자체로 강조하였다. 원래는 그 부분에 강조는 인용자가 했음을 밝혀야 하지만 그런 사례가 많다 보니 인용문에서는 일일이 따로 표기를 하지 않았다.

나름대로 의욕을 가지고 시작한 작업이었지만 막상 독자들에게 선보이려니 여간 조심스럽지 않다. 여러 가지로 아쉬운 점들이 많이 보이기 때문이다. 하지만 지금까지 학계에서 이루어지지 않았던 새로운 시도를 했으며 그 내용도 좀 더 많은 사람들에게 알리고자 이 책을 쓰게 되었다.

　어려운 출판 환경에도 불구하고 언론 분야를 굳건히 지키고 책을
펴내면서 상업성도 별로 없는 이 책도 선뜻 출판하겠다고 결정한 컬
처룩의 이리라 사장에게 감사드린다. 원고를 꼼꼼히 읽어 가며 좀 더
많은 독자들에게 다가갈 수 있는 책으로 거듭나도록 열과 성을 다해
준 이여진 편집장의 노고도 빠뜨릴 수 없다. 또한 우리의 연구 목적에
맞는 소설을 장르별로 안배하고 판본까지 선정해 준 부산대 국문학과
의 박양리 선생과 함께 소설을 읽어 가면서 분석과 정리 작업을 도와
준 부산대 대학원 신문방송학과 박사 과정의 제자 강승화와 박현옥
양에게도 고마움을 전하고 싶다. 이 책이 조선 시대 우리 조상들의 삶
을 조금이나마 더 이해하는 데 도움이 된다면 더 이상 바랄 것이 없다.

2017년 12월
금정산 자락에서
채백

일러두기

- 한글 전용을 원칙으로 하되, 필요한 경우 원어나 한자를 병기하였다.
- 한글 맞춤법은 '한글 맞춤법' 및 '표준어 규정'(1988), '표준어 모음'(1990)을 적용하였다.
- 외국의 인명, 지명 등은 국립국어원의 외래어 표기법을 따랐으며, 관례로 굳어진 경우는 예외를 두었다.
- 사용된 기호는 다음과 같다.
  신문 및 잡지 등 정기 간행물, 논문 등 : 〈 〉
  책(단행본):《 》
- 이 책의 인용문에서 강조 부분은 모두 저자가 내용의 이해를 돕기 위해 강조한 것이다.
- 고전 소설에 사용된 어휘 설명은 주로 다음국어사전과 다음백과사전을 참조하였다.

1장

백성들의 삶을
찾아서

1. 보이지 않는 사람들을 찾아서

'보이지 않는 사람들Invisible Romans.' 이는 미국 버클리대학교의 로버트 냅Robert Knapp 교수가 쓴 책[1]의 제목이다. 고대사를 연구하는 냅 교수는 이 책에서 로마 시대 일반 백성들의 일상적 삶을 규명하였다. 그동안 권력층 중심의 역사에서 그 존재를 찾아보기 힘들었던 로마 시대 백성들이 어떻게 살았는지에 관한 자신의 연구를 냅은 '보이지 않는 사람들'의 삶을 찾아가는 작업으로 규정하였다. 남아 있는 자료의 대부분이 권력자와 부유층에 의해 만들어진 것이기에 그동안의 역사는 이들이 중심이었다. 일반 백성들은 "역사 없는 사람들"이라는 평가[2]를 받아야 했다. 역사는 곧 강자의 역사요, 승자의 역사라는 믿음이 널리 받아들여지고 있다. 하지만 냅은 남아 있는 자료의 단편적인 기록들을 깊이 있게 해석하여 로마 시대 대다수 일반 백성들의 삶을 규명하려 시도하였다.

　물론 역사에서 이 보이지 않는 사람들이 힘 있는 존재는 결코 아니었다. 역사의 흐름은 소수 영웅들의 행위에 의해 바뀌고 굴절되어 왔다. 보이지 않는 이들의 삶은 영웅들의 선택과 결정에 따라, 또 역사의 물줄기에 따라 휩쓸리고 치이는 고단한 것이었다. 하지만 그들이 어떻게 살았는지를 제대로 들여다보지 않고서는 그 시대가 어떤 시대였는지를 제대로 규명하기 어렵다. 어떤 시대가 태평성대였는지, 난세였는지를 평가하려면 그 시대의 수많은, 이 보이지 않는 사람들이 어떻게 살았는지가 가장 중요한 기준이 되어야 할 것이다. 역사의 영웅들도 그 시대의 보이지 않는 사람들을 무시할 수는 없었다. 이 보이지 않는 사람들은 자신들을 과도하게 무시하고 억압하면 영웅을 거부하며 역사의 전면에 등장하곤 하였다.

조선 시대 일반 백성들의 삶을 되새겨 보려는 이 책도 마찬가지로 그동안 우리들에게 '보이지 않았던 사람들'을 찾아보려는 시도다. 그들의 구체적 삶이 어떠한 모습이었는지를 이 책에서 규명해 보려는 것이다. 그들은 하루하루 삶 속에서 주변 사람들과 어떻게 의사소통하면서 필요한 정보를 얻고 세상 돌아가는 일을 알게 되었는지를 살펴보려고 한다. 인간의 삶에서 의사소통과 정보 교류가 필수적임을 생각하면 조선 시대 백성들의 삶에서도 매우 중요한 측면일 것이다. 조선 시대 일반 백성들의 삶의 중요한 단면을 들여다보기 위해 이를 추적해 보고자 한다.

2. 인간의 삶과 커뮤니케이션

현대인의 일상은 미디어로 시작해서 미디어로 끝난다 해도 과언이 아니다. 스마트폰의 기상 알람으로 아침에 눈을 뜨면 많은 사람들은 바로 머리맡에 둔 스마트폰을 들고 SNS의 메시지 등을 확인한다. 스마트폰의 스케줄을 보고 그날의 할 일을 되새긴다. 잠자리에서도 스마트폰을 놓지 않는다. 잠들기 전 SNS 메시지를 확인하고 내일 아침 기상 알람을 재확인하고는 잠을 청한다.

현대인들은 낮 시간에도 상당한 시간을 컴퓨터 앞에서 보낸다. 업무를 처리하고 필요한 정보를 찾거나 오락 거리를 찾기도 한다. 그 외에도 필요에 따라 신문이나 TV, 책과 함께 많은 시간을 보낸다. 이렇게 현대인의 삶에서 각종 커뮤니케이션 미디어는 필수적인 위치를 차지한다. 그 과정에서 미디어는 우리의 태도와 가치관, 행동에 여러 가지 중대한 영향을 미친다.

이는 비단 현대의 현상만은 아니다. 인간이 사회를 이루고 살아온 이래 어느 시대나 커뮤니케이션은 필수였다. 커뮤니케이션 없이는 인간이 모여서 사회를 이루는 것이 불가능했을 것이다. 인간들은 어느 시대에나 가능한 모든 수단을 동원하여 환경에 대한 정보를 구하고 자신의 의사를 표현하면서 주변 사람들과 교류하고 공감하며 살아왔다. 이용하는 미디어의 형태와 종류만 바뀌고 다양해졌을 뿐이다.

그렇다면 옛날 사람들은 어떻게 커뮤니케이션을 하였을까? 살아가는 데 필요한 정보를 어떻게 얻었으며 주변 사람들과의 소통은 어떻게 하였을까? 이러한 물음에 답을 찾아보았다. 조선 시대의 백성들은 개인적 차원에서 어떻게 커뮤니케이션하며 살았는지를 규명하려는 것이 이 책의 주된 목적이다. 그들은 어떠한 미디어를 이용하여 생활에 필요한 정보를 구하고 환경의 변화를 인지하였는가? 주변의 가족이나 동료들과는 어떻게 커뮤니케이션을 하면서 살아갔는가? 이 책에서는 조선 시대 일반 백성들의 다양한 인간 커뮤니케이션 양태를 분석해 볼 것이다.

어느 시대 어느 사회나 인간들은 가능한 모든 수단들을 동원해서 정보를 얻고 환경에 적응하며 살아갔던 것처럼 조선 시대의 백성들도 가능한 수단들을 최대한 이용하여 커뮤니케이션했을 것이다. 여기서는 그들의 다양했던 인간 커뮤니케이션 양상을 체계적, 구체적으로 분석해 볼 것이다. 일반적으로 인간 커뮤니케이션이라 하면 인간이 행하는 모든 종류의 커뮤니케이션을 의미한다.[3] 이 책에서는 사람과 사람 사이의 직접적인 의사소통 행위를 이루는 구두 커뮤니케이션뿐만 아니라 미디어를 매개로 이루어지는 커뮤니케이션, 즉 문자나 그림, 인쇄 등을 이용한 커뮤니케이션까지 포괄하여 살펴보고자 한다.

3. 제도적 커뮤니케이션사를 넘어서

기존의 역사 서술은 대부분 정치사 중심이다. 최근 들어 사회사나 문화사, 미시사 등 역사 연구의 영역은 매우 폭넓어졌지만 여전히 정치사가 중심이다. 언론사 분야도 마찬가지다. 정치 변동에 따른 미디어 중심의 역사가 대부분이며 전통 시대에 대한 연구도 왕실 중심의 제도적 커뮤니케이션에 대한 연구에 치중한다. 역사 연구에서 일반 백성들의 삶이 제대로 조명되지 못하고 있는 것과 마찬가지로 언론사 분야에서도 전통 시대 일반 백성들의 커뮤니케이션에 대한 연구는 거의 이루어지지 못하고 있다.

이러한 면에서 조선 시대 일반 백성들의 커뮤니케이션 양태를 분석하는 작업은 적지 않은 의의를 지닐 것이다. 이를 통해 우리는 조선 시대 인간 커뮤니케이션의 다양한 양태를 보다 폭넓게 알 수 있으며 언론사 연구에서 상대적으로 주목받지 못했던 전통 시대 일반인들의 커뮤니케이션을 재조명할 수 있는 계기도 될 것이다.

매스 미디어가 보급되기 이전의 전통적 커뮤니케이션에 대한 국내의 연구는 매우 부진한 것으로 보인다. 기존의 언론사 연구는 대부분 매스 미디어 중심의 역사 연구에 치중하고 있으며 매스 미디어 이전, 즉 전통 시대의 커뮤니케이션에 대한 연구는 아직 초보적인 단계를 벗어나지 못한다.

전통 시대를 다룬 연구들도 대부분 조선 시대를 대상으로 하며 그중에서도 제도적 커뮤니케이션 중심의 연구 경향을 보인다.[4] 다시 말해 그동안 학계의 연구들은 대부분 조선 시대에 존재하였던 다양한 커뮤니케이션 제도에 초점을 맞추어 그 운용과 특성, 의미 등을 분석한다.

물론 일반 백성들의 커뮤니케이션에 대해서도 다양한 연구들이 이루어졌다. 그동안 이 분야의 관련 연구들은 특정 미디어나 장르를 중심으로 커뮤니케이션 현상을 정리해 왔다. 민요와 가면극, 민화, 탈춤과 판소리, 그리고 참요와 만민공동회, 동요 등을 중심으로 조선 시대 백성들의 커뮤니케이션의 양상을 분석하였다.[5] 하지만 이 연구들은 대부분 자료의 제한 때문에 개괄적인 서술을 크게 벗어나지 못하였다.

이처럼 조선 시대 일반 백성들의 커뮤니케이션을 체계적으로 분석하는 작업이 부진한 것은 무엇보다도 자료의 문제 때문이다. 보존된 기록들은 대부분 정부 관련 공식적 기록들이거나 그 밖의 비공식적 기록들도 문자 해독 능력을 갖춘 사대부층 중심이다. 대다수 백성들은 문자로부터 소외되었기에 스스로 기록을 남길 수 없었다. 따라서 그들이 어떻게 커뮤니케이션하며 삶을 영위했는지를 알려 주는 직접적인 자료는 찾아보기 매우 힘들다. 또한 뒤에서 상술하겠지만 조선 시대 일반 백성들의 커뮤니케이션은 기본적으로 음성 언어를 기반으로 하는 구두 커뮤니케이션에 의존하였다. 이러한 음성 언어는 잠시 공간을 울리고는 사라져 버린다. 물론 그중 일부, 특히 권력층의 커뮤니케이션은 문자화된 기록으로 남겠지만 일반 백성들의 음성 언어는 흔적을 남기지 않기 때문에 이를 체계적으로 연구하기가 매우 어려울 수밖에 없다.

4. 소설은 당시 사회의 거울

조선 시대의 일반 백성들을 대상으로 하는 이 책도 이러한 자료의 제약으로부터 자유롭지 못하다. 일반 백성들이 삶 속에서 구체적으로 어떻게 커뮤니케이션했는지를 직접 알 수 있게 해 주는 자료는 찾기 힘들다. 간접적인 자료에 의존할 수밖에 없는 실정이다.

프랑스의 코린 쿨레Corinne Coulet[6]는 고대 그리스인들의 커뮤니케이션 양태를 분석, 규명한 바 있다. 쿨레의 연구에서 사용한 분석 자료는 호메로스Homeros의 《일리아스*Illias*》와 《오디세이아*Odysseia*》를 비롯하여 그 시대에 만들어진 여러 고문헌들이었다. 고대 그리스의 서사시인 이 문헌들과 그 시대 철학자들이 남긴 문헌들을 토대로 하여 당시 사회의 다양한 커뮤니케이션 양태를 분석한 것이다. 쿨레의 이 작업은 당시 일반 사람들의 커뮤니케이션 양태에 대한 분석에까지 이르지는 못했지만 고문헌들을 토대로 당시의 커뮤니케이션 양상을 분석했다는 점에서 이 책의 모델이자 출발점이 되었다.

앞에서 인용한 로버트 냅의 연구[7]도 이 책의 저술에 중요한 지침이 되었다. 냅은 쿨레보다도 더 다양한 자료를 동원하여 로마 시대 다수 백성들의 삶을 규명해 낸다. 냅은 지배층이 남긴 자료에는 보통 사람들의 삶이 그려진 경우가 매우 드물다며 다른 다양한 자료들에 주목한다. 그가 사용한 분석 자료로는 고대 소설을 포함한 문학 작품 외에도 로마 시대 법률 문서에 담긴 다양한 판례들, 우화와 격언, 파피루스 문서, 묘지 비문, 그림이나 낙서 등의 예술 작품에까지 이른다. 이 다양한 자료들에 남겨진 기록들을 통해 로마 시대의 99%를 차지하는 일반인들 삶의 다양한 모습들을 그려 내고 있다.

이들의 연구에서 시사점을 얻고 출발한 이 책의 분석 자료는 조선 시대의 고전 소설이다. 물론 전통 시대의 고전 소설도 기본적으로 허구의 세계다. 하지만 소설은 당시의 사회상을 잘 반영한다. 일찍이 죄르지 루카치György Lukács의 미학 이론을 계승하여 소설사회학의 체계를 제시한 바 있는 뤼시앵 골드만Lucien Goldmann[8]은 소설이란 "사회 속에서 개인의 일상생활을 문학적 차원으로 전환시키는 것"으로서 "하나의 사회적 역사"를 구성하게 된다고 설파한 바 있다.

냅도 고대 문학은 중요한 정보의 원천이라고 주장하였다. 그는 소설은 픽션이라고 한계를 지적하는 논의들에 대해 역사 자체도 사건에 대한 해석이라면 그 자체도 픽션일 수 있다고까지 주장하였다. 나아가서 냅은 문학 작품을 통해 로마 시대의 다양한 실제 세계를 분석해 낸 선구적 연구들을 다음과 같이 소개한다.[9] 퍼거스 밀라Fergus Millar는 고대 로마의 루키우스 아풀레이우스Lucius Apuleius가 170년경에 쓴 소설《황금 당나귀》라는 작품을 토대로 2세기 로마 제국의 다양한 측면을 분석하였다. 이 작품은 원형이 그대로 보존된 가장 오래된 소설로서 세계 최초의 장편 소설로 평가된다.[10] 키스 홉킨스Keith Hopkins는《이솝의 생애》라는 작품을 분석하여 노예 출신으로 알려진 이솝이 살아온 이야기를 통해 당시 노예 세계를 그려 냈다. 존 담스John D'Arms는 1세기에 가이우스 페트로니우스 아르비테르Gaius Petronius Arbiter가 쓴 것으로 알려진 풍자 소설《사티리콘Satyricon》을 통해 1세기 후반 로마 피지배 계층의 삶을 분석하였다.

소설을 통해 과거 사회의 다양한 측면을 분석하는 작업들은 국내 학계에서도 활발하게 이루어지고 있다. 예를 들어 신소설을 통해 당시의 어법을 분석한 연구도 있으며 판소리 소설에서 조선 시대 하층 여성들의 열烈의식을 분석해 내기도 하였다. 또한 여성들의 성의식 변화 연구나, 조선 후기의 매점매석이나 고리대금업 등을 비롯하여 화폐 경제의 여러 양상을 소설을 통해 분석하기도 하였다.[11] 이러한 연구들이 잘 보여 주는 바와 같이 소설 분석을 통해 당시 사회의 다양한 측면을 규명해 낼 수 있다.

이 책은 조선 시대의 소설들이 당시 사회의 커뮤니케이션 양태를 분석할 수 있는 좋은 소재가 된다는 전제에서 출발한다. 구체적으로 조선 시대에 생산, 유통되어 읽힌 다양한 한글 고전 소설과 개화기의 신소설을 통해 당시 사람들이 가족이나 공동체 내에서 다른 구성원들과는 어떠한 방식으로 커뮤니케이션했으며 공동체 내에 문제가 발생하였을 때 어떻게 커뮤니케이션하고 해결 방안을 모색하였는지 등의 다양한 커뮤니케이션 양태를 분석해 보려고 한다. 소설을 선정하여 그 속에 나타난 백성들의 커뮤니케이션 사례들을 귀납적으로 추출하고 이 사례들을 인간관계 및 미디어 유형에 따라 체계적으로 분석, 정리해 보려 한다.

이러한 작업은 전근대 커뮤니케이션사 연구에 중요한 기여가 될 것으로 생각한다. 소설을 통해 사회와 역사를 규명하는 새로운 시도는 기존 한국 언론사 연구의 범위와 시각을 확대하며 전통 시대의 전근대 커뮤니케이션 연구라는 공백을 메워 나갈 단초를 제공해 줄 것이다. 이렇게 다수 백성들의 삶을 규명하지 않고서는 역사는 언제나 미완성일 수밖에 없다. 역사를 움직인 영웅이나 강자들의 행위가 그 시대에 어떻게 받아들여지고 어떤 의미를 지녔는가를 알려면 당시 일반 백성들에 대한 지식과 정보가 필수적이기 때문이다.

1) 8편의 한글 소설 분석

조선 후기에 접어들면서 소설은 그 종류도 다양해지고 보급도 대폭 확대되었다. 최근까지 존재 사실이 파악되는 것만 해도 총 858종에 이른다고 한다.[12] 이 책에서는 그중 한글 소설을 주로 살펴볼 것이다. 한문 소설은 독자층이 한문 해독이 가능한 사대부 계층으로 한정되어, 그 표현되는 구체적 양상도 제한적일 수밖에 없다. 반면 한글 소설은 상대적으로 폭넓은 독자층을 대상으로 하고, 창작, 유통된 종류와 판본도 훨씬 많다. 따라서 당시 사람들의 삶의 양상이 비교적 다양하게 반영되었을 것으로 판단된다.

조선 시대의 한글 소설 중 현재 전하는 것만 수십 종에 이르며 같은 제목의 소설이라도 다양한 판본이 존재한다. 필사와 구전口傳에 의존하던 시대에는 하나의 텍스트라도 쓰는 사람이나 말하는 사람에 따라서 차이가 날 수밖에 없었다. 그래서 같은 소설이라도 다양한 판본이 존재하게 되는 것이다. 조금씩 차이가 나는 다양한 판본들까지 고려하면 헤아리기 어려울 정도로 많은 텍스트가 존재한다. 그중에서 국문학 분야에서 조선 시대 한글 소설을 전공하는 전문 연구자의 자문을 받아 중국 소설을 번역한 것은 제외하고 장르를 안배하여 이 책의 분석에 적합한 소설을 표 1과 같이 8종을 선정하였다. 소설의 선정 원칙은 당시 많은 사람들에게 읽혔다고 평가되는 것을 중심으로 하였다. 여러 장르를 포괄하도록 한 것은 가능하면 다양한 관계와 상황에서의 커뮤니케이션 사례들을 추출하기 위한 것이다. 판본은 완성도가 높은 것으로 평가되는 것을 선정하였다.

소설 8편 중 《조웅전》과 《소현성록》은 중국을 무대로 펼쳐지는 작품이다. 하지만 이 소설들도 조선에서 창작된 것으로서 작가나 대상 독자도 모두 조선인이었다. 따라서 작품 속 인물들의 생각과 행동은 당시 조선 백성들의 그것으로 볼 수 있을 것이다.

표 1. 분석 대상 한글 고전 소설 목록

장르	제목	판본	출처	비고
가족소설	소현성록	이대 소장본	조혜란·정선희 역주(2010), 《소현성록 1》, 서울: 소명출판.	이 소설은 삼대에 걸쳐 일어나는 내용으로 전체 4권이지만 비슷한 스토리가 세대를 달리하여 전개되므로 여기서는 1권만 분석하였다.
세태소설	배비장전	신구서림본	신해진 옮김(1999), 《조선 후기 세태소설선》. 서울: 월인. (번역, 인용은 석인해 주해(1999), 《배비장전》, 서울: 한국문화사 참조)	본문에서 인용시 두 문헌은, 신해진, 1999, 《배비장전》과 석인해, 1999, 《배비장전》으로 구분하였다.
	이춘풍전	서울대 가람본	신해진 옮김(1999), 《조선 후기 세태소설선》, 서울: 월인.	
영웅소설	조웅전	조희웅 역본	조희웅 역주(2009), 《조웅전》, 서울: 지식을만드는지식.	이 판본은 조희웅이 김동욱 엮음(1973), 《영인고소설판각본전집影印古小說板刻本全集》에 실린 것을 대본으로 하고 다른 판본들을 참고해 현대어로 옮기고 주석한 것이다.
	홍길동전	경판 24장본	김일렬 역주(1996), 《한국고전문학전집 25》, 서울: 고려대 민족문화연구소.	
연애소설	숙향전	박현균 역본	박현균 옮김(2007), 《숙향전》, 서울: 보리.	박현균은 북한의 연구자로서 북한의 문예출판사가 2006년에 펴낸 것을 그대로 보리출판사에서 출판한 것이다. 어떤 판본을 기본으로 하였는지는 확인이 안 된다.
판소리소설	춘향전	박기홍 사설본	김진영 외 엮음(1997), 《춘향전전집 1》, 서울: 박이정.	
	심청전	완판 71장본	김진영 외 엮음(1998), 《심청전전집 3》, 서울: 박이정.	

2) 9편의 개화기 신소설 분석

잘 알려진 대로 개항 이후 한국 사회에는 제국주의 세력이 밀어 닥치면서 급격한 사회 변동이 야기되며 여러 가지 새로운 문물도 도입되었다. 이 과정에서 근대적 인쇄술이 도입되어 근대 신문과 잡지가 나타나고 우편과 통신 제도가 도입되는 등 커뮤니케이션 분야에서도 새로운 변화들이 다양하게 나타났다. 이 책에서는 개화기의 신소설도 분석함으로써 새롭게 나타나는 커뮤니케이션의 양상을 조선 후기와 비교해 가며 분석해 보려고 한다.

개화기라 하면 일반적으로 개항 이후부터 일제강점기 이전까지를 대상으로 한다.[13] 대부분의 한국사 연구들이 이러한 시기 구분을

표 2. 분석 대상 신소설의 특징 및 주제

제목	작가	발표 연도	특징 및 주제
혈의누血의淚	이인직	1906	최초의 신소설로 신교육과 자유 결혼을 묘사한 작품
치악산雉岳山	이인직	1908	양반의 부패와 고부간 갈등을 다룬 작품
은세계銀世界	이인직	1908	부패한 관리를 비판한 정치 소설
빈상설鬂上雪	이해조	1908	소실 때문에 패가망신하는 가정의 비극을 다룬 작품
구마검驅魔劍	이해조	1908	미신으로 가산 탕진하는 내용
화의혈花의血	이해조	1911	부패한 관료의 몰락을 다룬 작품
추월색秋月色	최찬식	1912	신지식층의 애정관, 결혼관을 다룬 작품
화상설花上雪	김우진	1912	축첩 문제의 폐해를 다룬 작품
재봉춘再逢春	이상협	1912	신분 차이로 빚어지는 갈등을 다룬 작품

채택한다. 그러나 이 책의 분석에서 1910년 일본에 강제 병합되기 이전만을 대상으로 할 경우, 분석 대상 소설이나 작가가 소수에 한정되고 만다. 최초의 신소설 작가로 알려진 이인직과 이해조만이 1910년 이전에 작품 활동을 활발하게 하였다. 이 시기에 나온 다른 작가의 신소설로는 안국선의 《금수회의록》이 있으나 이는 잘 알려진 바와 같이 우화의 형식을 빌어 외세의 침략을 비판한 것으로서 당시의 사회 현실을 분석하려는 이 책의 성격과는 맞지 않아서 배제하였다.

나머지 대부분의 신소설들은 1910년 이후에 발간되었다. 따라서 이 책에서는 당시 사회의 다양한 커뮤니케이션 현상을 분석하기 위해 1910년대 초반에 간행된 여러 작가들의 작품도 분석 대상에 포함시켰다. 일제 강점 직후이기는 하지만 사회의 커뮤니케이션 현실이 몇 년 사이에 커다란 변화를 겪기는 어려우므로 개화기의 현실로 받아들일 수 있으리라는 판단에서다. 표 2에 나타난 바와 같이 1912년도의 작품까지 포함하였다.

2장

조선 시대의
구두 커뮤니케이션

잘 알려진 대로 인쇄 미디어가 보편화되기 이전의 전통 시대는 주로 음성 언어를 사용한 구두 커뮤니케이션에 의존하였다. 조선 시대도 마찬가지다. 한자와 한글이라는 문자가 존재했지만 문자 해독은 일부의 사대부 계층에만 국한되었다. 목판과 금속 활자 등 전통의 인쇄술도 존재하였지만 왕실과 사찰, 양반층 등 소수의 특권층만이 누렸을 뿐 대다수 백성들은 소외되었다. 이런 상황에서 커뮤니케이션은 음성 언어에 의한 구두 커뮤니케이션에 주로 의존할 수밖에 없었다. 이러한 구두 커뮤니케이션이 사회적 관계와 상황에 따라 어떻게 이루어졌는지를 살펴보기로 하자.

1. 혈연 간 커뮤니케이션

먼저 혈연 간에는 어떻게 커뮤니케이션을 하였는지 알아본다. 부부와 부모 - 자식 간, 동기간으로 나누어 소통 양태를 살펴보자.

1) "부인이 너무 어려워하시니 내가 피하여 나가겠습니다": 부부간

(1) 부부간에도 묵언?: 조선 시대의 부부 생활

조선 시대 양반 부부의 전형적인 모습은 대화가 별로 없었다. 널리 알려진 대로 유교의 삼강오륜 중 삼강에서 군신 간, 부자간과 함께 부부간의 지켜야 할 도리를 강조하며 그 실천 윤리라 할 오륜에서도 부부유별을 내세운다. 또한 말로써 자신의 속내를 드러내기보다는 말없이 이루어지는 소통을 강조하는 동양적 커뮤니케이션 사상의 바탕 위에서 대화가 활발하게 이루어질 수가 없었던 것이다. 더구나 남들이 보는 앞에서 부부간의 대화는 더욱 드물었다.《소현성록》(26)을 보면 주인공 부부의 생활을 다음과 같이 묘사한다.

> 일찍이 부인과 함께한 지 10여 년이 되도록 부인은 처사가 희롱하거나 성나서 소리 지르는 것을 보지 못하였고 처사는 부인이 크게 웃거나 거꾸로 말하거나 갑자기 성을 내어 소리를 높이는 것을 듣지 못하였다. 남편은 과묵하고 부인은 곧고 깨끗하며, 남편은 순하고 편안하며 부인은 부드럽고 온화하였다. 서로 어긋날까 두려워하고 예의를 공경하여 부부가 출입할 때 반드시 서로 일어나서 보내고 일어나서 맞으며 방석에서 물러나 예의를 갖추었다. 집안사람과 종들과 온 집안이 일찍이 저 부부가 가까이 앉아 있는 것을 보지 못하였으니 바로 공경하는 손님과 같았다.

부부가 서로 상대를 '공경하는 손님'처럼 존중하며 살았다는 말이다. 유교 예절 속에서 자라며 교육 받아온 조선 시대 양반 부부는

《소현성록》

작자·연대 미상의 고전 소설로 일종의 가족 소설이다. 여러 종류의 이본이 전하는데, 이 책에서는 이대 소장본을 판본으로 하였다. 주인공 소현성은 8대 독자 소광의 유복자로서 위로 월영, 교영 두 누나와 함께 어머니 양씨 부인, 그리고 아버지의 후실인 석씨, 이씨 부인과 함께 살았다. 소현성*은 과거에 장원급제하고 화연의 딸과 혼인하였다. 현성은 지극한 효성으로 어머니를 극진히 모시나, 화씨 부인과의 금실은 좋지 않았다. 이에 서모 석씨의 조카를 후처로 맞아들이자 화씨 부인이 투기한다. 그러나 현성이 두 부인을 공평하게 대하고, 가사를 화씨 부인에게 전임하자, 투기심이 누그러진다. 소현성을 좋게 본 추밀사 여운은 딸을 세 번째 부인으로 보낸다. 여부인은 석씨 부인의 자색을 질투하여 모해한다. 신비의 약 개용단改容丹을 먹고 석씨 부인으로 변신하여 남편에게 교태를 부리며 욕정을 돋우니, 소현성은 크게 노하여 석씨 부인을 본가로 보낸다. 여씨 부인은 그래도 남편이 자기를 멀리하자 다시 화씨 부인으로 변신하여 남편을 원망하기도 하고 유혹하기도 한다. 이에 소현성은 화씨 부인도 멀리한다. 그러던 중 소현성은 친지들로부터 개용단의 이야기를 듣고 모든 것이 여씨 부인의 음모임을 알게 되자, 여씨 부인을 내보내고 석씨 부인을 다시 데려온다. 자기 딸이 내쫓긴 것에 앙심을 품은 여추밀은 황제에게 소현성을 모함하여 강주 안찰사**로 보내게 한다. 하지만 현성이 소란한 민심을 수습하고 적의 무리들을 평정하자 황제는 현성을 예부상서 겸 참지정사에 홍문관 태학사를 제수하고 상경하게 한다. 후에 소현성은 승서가 되어 화씨, 석씨 두 부인과 함께 화목하게 살았다.

* 이 소설에서 주인공의 이름은 소현성 외에도 소생, 소경 등이 혼용된다. 본문에서는 인용문에 표기된 이름을 그대로 따라서 설명하였다.

** 안찰사는 중국 송나라와 명나라 때 지방 군현郡縣의 치적治績과 풍교風敎를 감독하고 범법을 단속하던 관직이며 고려 시대에도 1012년(현종 3년)에 각 도 행정의 최고 책임을 맡던 관직의 명칭을 절도사節度使에서 안찰사로 바꾸었다.

모두 자신의 감정이나 생각을 잘 드러내지 않는 문화 속에서 살아가고 있었다. 서로 예의와 격식을 갖추는 이러한 관계는 조선 시대 양반가 부부의 전형적인 모습이라 할 수 있다.

《소현성록》(75)에서는 주인공이 먼 곳에 부임하여 가족과 이별하는 장면에서 부인에게 당부의 말을 건넨다. 이 장면을 소개하며 "여러 사람들이 엿보다가 바야흐로 생이 화씨와 말하는 것을 처음으로 들었다"고 묘사하였다. 주변 가족들로서는 부부가 대화하는 장면을 처음으로 보고 들었다는 말이다. 그만큼 부부간의 대화는 거의 없었으며 더욱이 다른 사람들이 함께 있는 상황에서는 더욱 그러했던 것으로 보인다.

묵언의 윤리는 여자에게 더욱 강조되었다. 널리 알려진 대로 '암탉이 울면 집안이 망한다'는 말에서 잘 드러나는 이러한 윤리가 고전 소설에서도 나타난다. 《소현성록》(371)을 보면 소실의 투기로 한바탕 홍역을 치르고 정리해 가는 과정에서 "옛글에 부인 여자가 바깥일을 총괄하여 혹 나라를 엎고 집을 망하게 한 사람이 한둘이 아니었다. (……) 늘 암탉이 새벽을 주관하는 일이 있을까 걱정하였"다는 언급이 나온다. 널리 알려진 대로 유교적 윤리에 의해 여자들에게 더욱 묵언의 윤리가 강조되었음을 말해 준다.

부부간의 꼭 필요한 대화는 두 사람만이 있는 내실에서 주고받았던 것 같다. 따라서 부부간의 대화는 주로 밤에 이루어진 것이다. 심지어 밤에 내실에서 대화하면서도 주변을 살피기도 하였다. 《소현성록》(119)을 보면 정실부인이 투기로 속을 썩이자 주인공은 밤에 부인의 방으로 가서 책망하는 장면을 "사랑이 다 들은 뒤에 좌우를 돌아보고 인적이 있는지 창을 열어본 후에 소리를 낮게 하고 말을 조용히 하면서, 매우 경계하고 책망하며 말하였다"라고 묘사한다. 밤에 내실에서 대화할 때도 세심하게 주변을 살펴 주변에 다른 사람들이 없는 것을 확인하고는 목소리를 낮추어 말하였다는 것이다.

이 소설에는 낮에 부부가 집안에서 우연히 만나게 되자 주인공이 부인에게 말을 거는 장면도 나온다. 이에 부인은 매우 당황하고 어려워하며 다시 안채로 들어가려 한다. 이를 주인공이 보고는 "마침 경치가 아름다워 감상하고 있었는데 부인이 여기에 왔으니 잠깐 앉아 쉬는 것이 옳습니다. 어찌 들어가십니까?"라고 말을 건넨다. 그러자 부인 석씨는 더욱 당황하는데 이를 "석씨가 참정이 처음으로 낮에 말하는 것을 듣고 시험하는가 싶어 더욱 부끄러워하며 감히 한마디도 못하고 진퇴양난進退兩難하여 머뭇거리는 태도가 진실로 더욱 애원하는 듯하고 예쁘기도 하여 심신을 녹게 하였다"고 묘사한다. 남편이 낮에 말 거는 것이 처음이었다는 것이다. 그러자 주인공은 "부부가 비록 공경하고 엄숙해야 한다고 하지만 이처럼 내외할 것은 아닌데 부인이 너무 어려워하시니 내가 피하여 나가겠습니다"라고 말하며 자리를 피한다(《소현성록》, 341). 낮에 부부가 대면하여 대화를 나누는 것이 매우 드물었기에 그만큼 어렵고 불편한 일이었음을 알 수 있다.

이러한 생활상은 조선 시대 양반의 주거 공간과 밀접한 관련이 있다. 양반집의 구조는 대개 안채와 사랑채로 구분되어 있다. 안채는 여성들의 공간이었다. 집안의 여성 중 가장 어른이 안채의 안방을 차지하고 그 외 며느리들의 방이 따로 마련되었다. 남자들의 공간은 사랑채였다. 안채와 사랑채는 담과 문으로 격리된 형태가 일반적이었다.[14]

안채와 사랑채의 구분은 엄격하였다. 양반 남자들은 밤에는 부인의 방에 들어가서 자고 아침에 제일 어른의 거처인 정당正堂에 들러 문안드리고는 나와서 낮에는 사랑채에 머물렀다. 낮에는 남자들이 안채에 들어가는 것은 엄격히 금지되었다. 《이춘풍전》(349)을 보면 춘풍의 부인이 남장을 하고 도승지의 어머니를 만나는 장면에서 도승지가 이를 보고는 내당에 남자가 들어왔다고 "네 놈이 웬 놈으로 대부인 내당 안에 체면 없이 출입할까? 저놈 바삐 결박하여라"고 호령하는 장면이 나온다. 여기서 대부인이 자초지종을 설명하여 문제없이 넘어갔지만 낮 시간에 남자의 내당 출입은 엄격하게 금기시되고 있었음을 알 수 있다.

그러다 보니 한집에 살면서도 남녀 간에는 서로 얼굴을 마주칠 기회가 그리 많지 않았다. 《홍길동전》(31)에서 홍길동이 집을 떠나기로 작정하고 어머니에게 작별 인사를 올리자 어머니는 아들의 손을 잡고 통곡하면서 "네 어디로 가려 하느냐? **한집에 있어도 거처하는 곳이 멀어 늘 보고 싶었는데**, 이제 너를 정처 없이 보내고 어찌 잊으랴. 부디 쉬 돌아와 만나기를 바란다"라고 아쉬움을 토로한다. 같은 집에 살면서도 처소가 다르고 멀어 만날 기회가 많지 않았음을 알 수 있다.

가끔씩 급한 일이 있을 때에는 남자들이 내당에 들어가기도 하였다. 《홍길동전》(14)을 보면 태몽을 꾼 길동의 아버지가 내당으로 들어가서 부인을 만나는 장면을 다음과 같이 묘사한다.

공이 길동을 낳기 전에 한 꿈을 꾸었다. 갑자기 우레와 벽력이 진동하며 청룡이 수염을 거꾸로 하고 공公을 향하여 달려들기에 놀라 깨니 한바탕 꿈이었다. 마음속으로 크게 기뻐하며 생각하기를, '내 이제 용꿈을 꾸었으니 반드시 귀한 자식을 낳으리라' 하고 **즉시 내당으로 들어가니**, 부인 유씨가 일어나 맞이하였다. 공은 기꺼이 그 고운 손을 잡고 바로 관계하

판소리로 불렸는지는 확실하지 않지만, 판소리의 영향을 받아 창작된 판소리계 소설이다. 여러 종의 이본이 있지만 서울대 가람문고본이 시기가 앞서면서도 내용도 풍부한 것으로 평가되고 있다. 이춘풍은 가정은 돌보지 않고 놀러 다니느라 가산을 탕진하고 빚까지 진다. 돈이 떨어진 춘풍은 기생에게까지 천대를 받게 되었으며 아내 김씨는 굶주려서 거동도 어려울 지경에 이른다. 이를 본 춘풍은 자신의 방탕한 생활을 반성하며 아내에게 서약까지 한다. 이에 김씨는 열심히 품팔이를 하여 돈을 모은다. 춘풍은 다시 교만해져서 호조戶曹에서 돈을 빌리고 아내가 모은 돈까지 합해서 평양으로 장사를 하러 간다. 하지만 명기 추월에게 빠져 돈을 탕진하고는 추월의 집에서 하인 노릇을 하는 수모까지 당한다. 이 소식을 들은 김씨는 이웃에 사는 참판이 평양 감사로 부임하게 되자, 간청하여 남자로 변신하고 비장裨將이 되어 평양에 간다. 추월의 집을 찾아가 추월의 간교한 행색과 남편의 거지 같은 모습을 확인하고는 추월을 엄히 문책하여 남편의 돈을 돌려 주게 하고 춘풍 역시 태장笞杖을 쳐서 죄를 다스린다. 춘풍은 의기양양하여 집으로 왔으나 아내가 비장의 복장으로 나타나서 꾸짖자 다시 망신만 당한다. 춘풍은 비장이 아내인 것을 알고는 개과천선하여 화목하고 부유한 가정을 이룬다.

고자 하였으나, 부인은 정색을 하고 말했다.

"상공께서는 위신을 돌아보지도 않은 채 어리고 경박한 사람의 비루한 행위를 하고자 하시니, 첩은 따르지 않겠습니다."

하며 말을 마치고는 손을 떨치고 나가 버렸다.

간밤에 꾼 용꿈이 귀한 아들을 얻을 태몽이라 생각하여 바로 내당으로 가서 부인과 관계하려 하였으나 부인이 거부하여 뜻을 이루지 못하고 말았다. 대신 차를 들여 온 노비 춘섬과 관계하여 길동을 낳게 된 것이고, 이로 인해 길동은 적자가 되지 못하고 서얼의 운명을 안고 태어났던 것이다. 이처럼 급한 용무가 있으면 내당에 들어가는 경우도 없지 않았지만 대개의 경우 남자들은 낮 동안에는 내당 출입을 삼갔던 것이 일반적이었다.

이와 같이 엄격한 양반 집안에서는 내당과 외당이 분리되어 정보의 교류가 거의 없었으며 심지어 노비들 간에도 교류를 하지 못하게 한 경우도 있었던 것 같다.《소현성록》(369)을 보면 당시 소경의 집안 분위기를 다음과 같이 묘사한다.

승상의 치가治家함이 엄하여 **내당의 시녀들이 감히 중문 밖으로 나가 외당의 종들과 만나는 일이 없었다.** 또 양부인이 내당의 일을 총괄하지만 승상이 장성한 후에는 외당의 일을 알지 못하니, 하물며 젊은 부인이야 어찌 작은 호령이라도 문밖으로 나가게 하겠는가?

내당의 일은 집안의 최고 어른인 주인공의 어머니가 총괄하고 외당의 일은 주인공 소경이 맡아서 서로 분리되어 있었다는 말이다. 집안 식구들 전체가 모일 필요가 있을 때는 안채와 사랑채 중간에 있는 중당中堂이 이용되었다. 결혼식과 같은 대표적인 집안 잔치도 주로 중당에서 치러졌다.《소현성록》(155)을 보면 주인공이 둘째 부인 석씨를 맞아들이는 예식도 중당에서 치렀다. 혼례를 올리는 날 신부집에 가서 신부를 데리고 집에 이르니 **"중당에 혼인 예식을 치를 자리가 잘**

1. 조선 시대 양반집의 모습. 강릉 선교장의 안채와 하인들이 거주하는 행랑채의 모습. 전면의 행랑채가 안채와 사랑채를 구분하는 역할도 하고 있다.　　출처: 국립민속박물관

차려 있었다"는 것이다. 여기서 혼례를 올리고 부부의 연을 맺었다.

사랑채에 주로 거주하는 남자들이 안채에 전할 말이 있을 경우에도 이 중당에 와서 노비를 불러 메시지를 전하였다. 《소현성록》(373)에서 주인공 소승상이 투기하는 부인 화씨를 호되게 질책하는 편지를 전하는 장면을 "중당으로 나와 아이에게 명하여 종이에 쓴 것을 주면서 화씨에게 갖다 주라고 하였는데"라고 묘사한다. 남녀 간에 엄격하게 내외하던 당시의 풍습에 따라 부인에게 직접 전하지 않고 중당에 와서 노비에게 전달하도록 시킨 것이다.

반대로 안채의 여성들이 남자들에게 전할 말이 있을 때에도 마찬가지로 노비를 보냈다. 《치악산》(291)을 보면 사위가 일본에 가서 홀로 이인직이 1908년 발표한 신소설이다. 개화한 이판서의 딸 이씨 부인은 완고한 홍참의의 전처 소생 아들 백돌에게 시집가지만 서모인 시어머니 김씨와 시누이의 구박 때문에 힘들어한다. 위로가 되었던 남편 백돌마저 장인의 도움으로 일본으로 유학간 뒤 시어머니는 며느리를 간음한 것으로 오해하여 치악산으로 내쫓는다. 치악산에서 겁탈 위기를 모면한 이씨 부인은 승려가 되지만 그 미모로 인하여 파문을 당하자 자살을 기도한다. 이씨 부인의 몸종 검홍이는 복수를 계획하고 귀신 장난을 벌여 홍참의 집안을 쑥대밭으로 만든다. 홍참의는 집을 나와 방랑하다가 우연히 며느리임을 모른 채 여승을 구출하게 되고 집에 돌아와 김씨 부인을 내쫓는다. 목숨을 건진 이씨 부인은 친정으로 돌아가게 되고 유학을 마친 백돌은 처가 죽은 줄 알고 장인의 중매로 혼인하게 되지만 신부가 이씨 부인임을 알고는 기뻐하며 이후 모두 화목하게 살게 된다.

남은 딸이 시집살이에 고생한다는 이야기를 들은 이판서 부인은 "어찌 몹시 놀랐던지 가슴이 덜컥 내려앉고 몸이 벌벌 떨려서 이판서 들어오기만 기다리다가 갑갑증이 나서 **사랑으로 계집종을 내보내는데**"라고 묘사한다. 대처가 필요한 새 소식을 듣고도 남편을 기다리다가 결국 사랑으로 하인을 보냈다는 말이다. 그 정도로 안채와 사랑채의 구분은 엄격하였으며 여성들의 행동반경도 제약되었음을 알 수 있다.

남자들이 안채에 들어간 것은 아침마다 어른에게 문안을 드릴 때와 밤에 부인의 처소에 갈 때만 허용되었다. 아침이면 모든 식구들은 집안의 최고 어른의 거처, 즉 정당에 모여 문안을 올림으로써 하루를 시작하였다. 《소현성록》(295/365)을 보면 "다음 날 아침에 정당에 모였는데"라는 표현이 여러 차례 사용된다. 아침이면 정당에 계신 어머니께 문안드리는 것이 날마다의 일상이었던 것이다.

(2) 부부간에도 상호 경어

이처럼 부부간의 대화가 원활하지는 않았지만 부부간에 대화할 때에는 대체로 상호 경어를 사용하였다. 《소현성록》(75)의 주인공이 먼 곳으로 부임하여 떠나면서 부인과 다음과 같은 대화를 나눈다.

> "당신이 황제의 명을 받들었으니 시어머니의 슬픔과 저의 마음을 헤아리겠습니까? 그러나 멀리 가시니 몸을 잘 돌보시고 일들도 잘 다스리시고 얼른 돌아오시길 원합니다."
> 어사가 천천히 말하였다.
> "호광 땅이 비록 멀지만 평안한 곳이고 내 또 몸이 건강해서 다른 염려가 없소. 다만 아침저녁 문안과 낮 세 때 문안을 못하니 어머니를 뵙지 못하는 것이 자식으로서 참기 어려운 바이오. 부인은 어머니 앞을 떠나지 말고 뵙는 것을 게을리 마시오."
> 드디어 몸을 일으켜 나가려다가 다시 말하였다.
> "언제 돌아올지 말할 수 없으니 부인은 부디 잘 지내시오."

부부가 헤어지며 서로의 아쉬움과 당부를 나누며 양쪽 모두 경어를 사용하여 대화한다. 《배비장전》(석인해, 1999, 8~9)에서도 주인공 배비장이 제주도로 부임하게 되자 그 부인은 먼 곳에 가는 남편을 격

《배비장전》

현재 전하는 소설 《배비장전》은 20세기 이후 만들어진 활자본으로 현재 2종의 한글본만이 남아 있다. 19세기 조선 시대를 반영하고 풍자하는 세태 소설이다. 제주 목사로 부임하는 김경을 따라 주인공 배비장은 예방의 소임을 맡아 함께 제주에 간다. 머나먼 땅에 부임하는 남편에 대해 걱정이 태산 같은 부인에게 배비장은 결코 주색잡기에 빠져 가산을 탕진하는 일이 없을 것이라고 장담하고 떠난다. 하지만 배비장은 그곳 기생 애랑의 계교에 넘어가서 그녀에게 홀딱 빠져 버려 온갖 망신을 당하며 뒤주 속에 갇히는 신세까지 된다.

정하여 머나먼 제주 땅에는 부디 단념하고 가지 말라고 말린다. 이에 배비장은 "단망으로 언약함을 어찌 아니 가오리까?" 하여 단망, 즉 관원의 자리에 자신만이 추천되었는데 어찌 안 가겠느냐고 대답한다. 이 부부는 이어서 다음과 같은 대화를 주고받는다.

> "제주는 도중島中이나 물색이 번화하여 자래自來로 색향이라. 만일 그곳 가셨다가 주색에 몸이 잠겨 회정치 못하오면, 부모에게 불효되고 처자에게 못할 일 두루 당합치 않사오니 심량조처 하옵소서."
> "그 일은 염려 마오. (……) 대장부 뜻을 한번 세운 후에 어찌 요만한 여자에게 신세를 마추리까, 중맹을 하오리니 아무쪼록 방심하고 어머님께 효양하오."

멀리 떨어진 섬이지만 미인과 기생이 많아서 예로부터 색향으로 알려진 제주에 남편이 가게 되자 부인은 이를 걱정하며 주색에 빠져 못 돌아오면 큰일이라고 말을 건넨다. 이에 배비장이 얼마든지 맹세할 테니 걱정 말고 어머니를 잘 모시라고 안심시키며 부탁하는 내용이다. 이 두 장면의 대화에서 소경 부부와 배비장 부부 모두 경어를 사용하여 대화함을 알 수 있다.

그러나 높임의 정도에서 남자와 여자가 다소 차이를 보인다. 우리말의 경어에는 존경법과 겸양법, 공손법의 세 가지가 있다. 존경법은 '드시다'나 '하시다'처럼 주체를 높이는 어법이고 겸양법은 '여쭈다'처럼 자신을 낮춤으로써 상대방을 높이는 어법이며 공손법은 종결어미 '습니다,' '어요' 등을 사용하여 공손하게 표현하는 어법을 말한다.[15] 부인은 남편에게 존경법과 겸양법, 공손법을 모두 사용하며 깍듯하게 높이고 있다. 하지만 남편은 부인에게 위의 예에서 '게을리 마시오'라거나 '잘 지내시오' 혹은 '효양하오'라는 하오체의 예사 높임을 사용한다.

물론 남편이 부인에게도 '하소서'의 공손법을 사용하는 사례도 등장한다. 《조웅전》(67)을 보면 조웅의 어머니인 왕부인이 남편을 만나는 꿈을 꾸는 장면에서 다음과 같은 대화를 나눈다.

이날 왕부인이 등하燈下에서 일몽─夢을 얻으니 승상이 들어와 부인의 몸을 만지며 왈,
"부인이 무슨 잠을 깊이 자나이까? 날이 새면 대환大患을 당할 것이니 웅을 데리고 **급히 도망하소서.**"
하거늘, 부인이 망극하여 문 왈,

《조웅전》

작자 연대 미상의 영웅 소설로 한자어를 많이 사용한 것이 특징이다. 중국 송나라 문제 때 승상 조정인은 이두병의 참소를 당하자 음독자살하고 만다. 그의 외아들 조웅도 이두병의 모략을 피하여 어머니와 함께 도망간다. 온갖 고생을 하며 유랑하던 조웅 모자는 월경도사를 만나 강선암으로 들어가 지내게 된다. 그 뒤 도사를 찾아가 병법과 무술을 전수받은 조웅은 강선암으로 돌아가던 도중 우연히 장진사 댁에서 묵게 되었다. 그날 밤 그 집의 장소저와 인연을 맺고는 혼인을 약속한다. 이때 서번이 침입하자 조웅이 나서서 이를 물리친다. 한편, 스스로 천자라고 칭한 이두병이 조웅을 잡는다고 군대를 일으켰으나 도리어 조웅에게 연패하여 사로잡히고 만다. 천자는 이두병 일파를 처단한 뒤 조웅을 제후로 봉한다.

"이 깊은 밤에 어디로 가리이까?"

승상 왈,

"수십 리를 가면 자연 구할 사람이 있을 것이니 급히 **떠나소서.**"

남편인 승상이 부인에게 '도망하소서,' '떠나소서' 하는 식으로 공손법을 사용하며 대화하는 경우도 볼 수 있다. 《조웅전》(87)에서는 남편이 역시 부인의 꿈에 나타나 "웅이 이 앞으로 지나거늘 부인이 어찌 모르고 잠만 자시나니이까?"라고 하여 부인에게 공손법을 사용한 사례도 나타난다.

《조웅전》(119)의 주인공 조웅도 어머니를 만나러 가는 길에 유숙

했던 장진사 집의 처자와 인연을 맺고는 아침에 길을 떠나며 처자와 다음과 같은 대화를 나눈다.

> 은은한 정으로 밤을 지내고 삼경이 지나 원촌遠村의 닭이 우는지라. 웅이 일어나니 소저 왈,
> "모친이 낭군을 보려 하시니, 오늘 머물러 모친을 보시고 훗날 가소서."
> 웅이 답 왈,
> "내 모친을 천리 밖에 두고 떠난 지 삼년이라. 일각一刻이 여삼추如三秋하니 어찌 일신들 머물리오?"

여기서도 소저는 깍듯한 경어를 사용하지만 조웅은 예사 높임의 하오체를 사용한다. 이러한 사례들은 부부간에 기본적으로 상호 존중하는 커뮤니케이션 양태를 유지하고는 있지만 남녀에 따라 그 높임의 정도에서 다소 차이가 있음을 보여 준다. 부인은 남편에게 여러 가지 경어법을 사용하여 최대한으로 높이지만 남편은 공손법을 사용하거나 하오체의 예사 높임을 사용하는 경우들이 많았다. 이는 조선 시대의 남성 중심 문화가 부부간 대화에서도 반영된 것으로 볼 수 있다.

(3) 상민 부부는 예사 높임: 신분에 따른 차이

부부간의 경어법 사용은 신분에 따라 차이를 보였다. 하위직 관리나 상민들의 경우는 부부간의 대화에서 격식이나 높임의 정도가 양반들보다 완화된 형태로 나타났다. 《이춘풍전》(329~330)을 보면 이춘풍이 부인과 다음과 같은 대화를 나눈다.

춘풍 아내 곁에 앉아 하는 말이,

"여보시오, 내 말씀 들어보소. (……) 이녁은 어찌하여 부모의 세전지물을 일조에 다 없애고 수다한 노비 전답 누구에게 다 떠넘겨 처자를 돌보지 않고 일신을 맡겨 기주탐색嗜酒貪色 호투천好鬪賤을 주야로 방탕하여 이렇듯이 즐겨하니 어이하여 살자는 말인가?" (……)

춘풍이 대답하되,

"자네 내 말 들어보게. 그 말이 다 옳다 하되 (……) 나도 이리 노닐다가 나중에 일품되어 후세에 전할리라."

춘풍의 아내가 어찌하여 부모의 물려준 유산을 하루아침에 다 날리고 많던 노비와 전답을 누구에게 다 넘겨 버리고 처자식을 돌보지도 않고 술을 즐기고 색을 탐하여 투전을 주야로 즐겨하니 어찌 살겠는가라고 한탄하는 내용이다. 이에 이춘풍은 다른 사람들의 사례를 들먹이며 나도 나중에는 잘 되어 후세에 이름을 남기겠다는 말로 받아 넘긴다. 여기서 춘풍의 아내와 이춘풍은 서로 '들어보소,' '들어보게'와 같이 예사 높임말을 사용한다.

《심청전》(214~216)을 보면 심청을 출산한 직후 딸을 낳았음을 확인하고 서운해하는 곽씨 부인과 심봉사가 대화를 나눈다. 곽씨 부인이 "신공 드려 만득으로 낳은 자식, 딸이란 말입니까?"라고 늙어 어렵게 얻은 자식이 딸이라고 서운함을 토로하였다. 이에 심봉사가 "마누라 그 말 마오. 첫째는 순산이오. 딸이라도 잘 두면 어느 아들 준다고 바꾸겠소"라고 말을 잇는다. 죽음을 눈앞에 둔 곽씨 부인은 남편에게 "건너 마을 귀덕 어미 내게 절친하여 다녔으니 어린아이 안고 가서 젖을 먹여 달라 하면 응당 괄세 안이하리니. 천행으로 이 자식이 죽지 않고 자라나서 제 발로 걷거든 앞 세우고 길을 물어 내 무덤 앞에 찾아와서 너의 죽은 모친 무덤이로다 가르쳐 모녀 상면하면 혼이라도 원이 없겠소"라고 당부의 말을 남긴다. 여기서도 부부는 예사 높임체를 사용하여 대화하고 있음을 알 수 있다. 지위가 높은 양반집에서는 부부간 상호 깍듯한 경어를 사용하지만 몰락 양반이나 상민들의 경우는 말 높임의 정도가 완화된 형태로 나타났던 것이다.

⑷ 남편은 직위로 불러: 부부간의 호칭

부부간의 호칭에서도 남녀 간 차이가 있었다. 관직에 있는 양반의 경우 부인은 남편을 그 직위로 부르는 게 일반적이었다. 《소현성록》의 주인공은 천자와 신하 사이에 오가는 문서를 관리하던 상서라는 직위에 있었는데 그의 부인은 직접 대화에서는 '상공'이라는 호칭과 '낭군'이라는 호칭을 주로 사용하였다. 《소현성록》(239)을 보면 소실 여씨가 변신법을 사용해서 조강지처 화씨로 변하여 투기하는 모습을 보이며 상서에게 무심함을 토로하자 상서가 이를 의심하며 다음과 같은 대화를 주고받는다.

> "**낭군**이 여씨는 자주 찾고 저는 멀리 대하니 어찌 애달프지 않겠습니까?"
> 상서가 대답하였다.
> "**부인**은 조강지처라 중요하게 여겼는데, 요새 **부인**의 행적을 보면 정이 없어지는군요. 내가 **여씨**인들 각별히 후하게 대접할 일이 없으며, 또 그 인물됨이 거의 **석씨**와 다르지 않으니 불행하게 생각합니다."

화씨가 문득 얼굴빛을 고치고 말을 하지 않으니, 상서가 의심이 일어났다. 그러니 어찌 그대로 보내겠는가? 짐짓 그 소매를 이끌어 일어나 말하였다.

"**부인**은 녹운당으로 돌아가는 것이 어떠합니까?"

화씨가 사양하며 말하였다.

"**상공**은 여기에서 밤을 지내십시오."

남편 소경은 부인을 '부인'이라 부르고 그 자리에 없던 다른 소실들은 성씨를 붙여 '여씨,' '석씨' 등으로 불렀으며 부인은 남편을 '낭군' 혹은 그 직위를 붙여 '상공'이라는 호칭으로 대화를 이어가고 있다. 이처럼 남편은 직접 대화에서는 '부인'이라고 부르며 제3자와의 대화에서 부인을 칭할 때는 부인의 성씨를 부르는 경우가 대부분이었다. 양반 남자가 자기 부인을 성씨로 부르는 것은 당시 양반들에 흔했던 축첩제와도 무관하지 않은 것으로 보인다. 부인이 여럿 있으니 다른 사람에게 자기 부인을 칭할 때 그 성씨로 구분할 필요가 있었던 것이다.

부인들이 타인과의 대화에서 자신의 남편을 언급할 때는 그 직위를 호칭으로 사용하였다. 《소현성록》(222)에서 억울한 누명을 쓴 석씨 부인이 남편에게 전할 말을 시녀에게 하면서 "어머님과 **상서가** 나가기를 재촉하시는데"라고 하여 남편을 그 직위 '상서'로 칭하였다.

부부간의 호칭도 신분에 따라 차이가 있었다. 몰락 양반을 풍자한 《이춘풍전》(329~330)의 앞에서도 인용한 장면에서 가산을 탕진한 이춘풍의 처지를 부인이 한탄하며 남편을 '여보시오'나 '이녁'이라 부르고 남편은 부인을 '자네'라고 호칭한다. 부부간 호칭의 높임 수준이 완화되어 있음을 알 수 있다.

(5) 처첩 간에도 상호 경어

축첩제가 용인되었던 조선 시대의 양반들은 대부분 일부다처였다. 《소현성록》에 나타난 처첩 간의 대화를 보면 주인공의 어머니 세대와 부인 세대가 다소 다른 양상을 보여 준다. 소생의 어머니인 정부인 양씨는 서모인 석씨와 이씨에게 "너희들이 그걸 어찌 아느냐?"(88)고 하대한다. 때로는 "집안을 어지럽게 하느냐?"고 꾸짖기도 하였다. 이에 첩은 "머리를 조아려 사죄할 뿐이었다"고 묘사한다(115~116).

그러나 첩들은 본부인에게 항상 높임말을 사용한다. 양부인이 첩 석씨와 자신의 둘째 딸의 성품을 말하며 "내가 근심하는 것은 이 아이가 소씨, 양씨 두 가문의 맑은 덕을 떨어뜨리지는 않을까 하는 것이다"라고 걱정하자 석씨가 "첫째 낭자가 씩씩하고 정직하시나 오히려 둘째 낭자만 못하시거늘 부인이 어찌 늘 둘째 낭자의 서리 같은 기질을 나쁘게 여기십니까?"라고 경어를 사용하여 답한다. 정부인은 높이거나 낮추지 않고 평어체로 말하지만 첩은 높임말을 사용한다. 이는 주인공 본부인의 성품에 따른 것일 수도 있지만 그 어머니의 경우 집안의 최고 어른이었다는 점도 연관이 있을 것으로 보인다. 하지만 주인공 소생의 처첩들은 상호 존대한다. 《소현성록》(259)에서 정부인 화씨와 첩 석씨가 다음과 같은 대화를 나눈다.

"내가 연달아 밤을 새워 그런지 온 몸이 피곤하여 견딜 수가 없으니 두어 날 쉬려 합니다. 그러니 부인이 서당에 가 간호해 주십시오."
석씨가 그녀의 병이 또 가볍지 않음을 보고 대답하였다.
"제가 민첩하지 못하여 아픈 지아비의 침상을 잘 살피지는 못하겠지만 계속하여 갈 것이니, 부인은 마음을 놓고 조리하십시오."

주인공이 병이 나서 이를 간호하던 정부인도 몸이 안 좋아지자 첩에게 부탁하는 말을 주고받으며 두 사람은 상호 경어를 사용한다. 이처럼 부인이 집안의 최고 어른인 경우를 제외하고는 처첩 간에는 상호 경어를 사용하여 대화하는 것이 일반적이었다.

(6) 예법의 완화: 개화기의 변화

양반 부부도 예사 높임

개화기에도 부부간의 커뮤니케이션에서는 대체로 서로 높임말을 사용하며 대화를 하였다. 이는 양반층뿐만 아니라 하인들의 경우에도 마찬가지였다. 《치악산》(303)에서 남자 주인공의 아버지 홍참의가 부인에게 "마누라, 무슨 걱정되는 일 있소?"라고 말을 건네자 그 부인은 응대하며 "눈으로 보지도 말고, 귀로 듣지도 말고, 입으로 말도 말고, 하루바삐 죽어 몰랐으면 좋겠소"라고 말한다. 두 사람 모두 예사 높임말을 사용한다.

《치악산》(313)에는 노비 부부의 대화 장면도 나온다. 남편 고두쇠가 부인 옥단이를 보며 "응, 무엇을 그리 하나, 일 다 잘되었나. 에끼, 넨장, 돈은 없지마는 식전에 나가서 술이나 한 잔 먹고 오겠네"라고 말하자 옥단이는 "업쇠 아버지는 걸핏하면 술 소리만 하네. 오늘은 술 먹지 마오, 일 낭패하리다"라고 답한다. 하인 부부간에도 깍듯하지는 않지만 경어체로 대화한다.

이러한 양상은 양반 가문 출신으로 외국 유학까지 마친 개화된 최찬식이 1912년에 발표한 소설로 신지식층의 애정관과 결혼관을 다룬 작품이다. 이시종의 외딸 정임과 김승지의 외아들 영창은 동갑으로 어릴 적부터 오누이처럼 지내며 부모들에 의해 정혼한 사이다. 김승지가 초산 군수로 부임한 뒤 그 지역에 민란이 일어나 김승지 부부는 뒤주에 갇혀 물속에 버려지는데 청인의 도움으로 살아나 만주에 정착하였다. 겨우 살아 남은 영창은 영국인 스미트의 도움으로 영국에 유학하게 되었다. 정임은 어릴 적 정혼한 사람이 있음에도 부모가 다른 사람과 억지로 결혼시키려 하자 집을 나와 일본으로 건너가 대학에 들어가 수석으로 졸업한다. 어느 날 공원에서 마주친 강한영은 짝사랑하던 정임을 추행하려다 실패하자 칼로 찌른다. 이를 우연히 목격하게 된 영창이 정임을 구하지만 오히려 범인으로 몰리고 만다. 하지만 재판을 통해 혐의가 풀리고 정임과 재회하여 혼인하게 된다. 만주 신혼여행 중에 우연히 그곳에 살고 있던 영창의 부모도 다시 만난다.

젊은 부부의 경우도 마찬가지였다. 《추월색》(51)에서 외국 유학을 마치고 결혼한 주인공 영창과 정임이 신혼여행 중에 나누는 대화를 보면 두 사람 모두 높임말을 사용한다. 영창이 "저곳이 내가 스미트 박사 만났던 곳이오. 저곳을 다시 보니 감구지회感舊之懷를 이기지 못하겠소"라고 옛 기억을 되살리며 감회서린 말을 하자 부인 정임은 "그 감창感愴한 말씀이야 어찌 다하오리까. 오늘날 부모가 살아 계시면 우리를 오작 귀해 하시겠소"라고 가슴에 사무치는 슬픈 감정을 어찌 다하겠느냐고 응답한다.

1912년 발표한 이상협의 소설로 신분 차이로 빚어지는 갈등을 다룬 작품이다. 허씨 부인은 재산이 많은 백정 출신 백성달의 딸이었으나 하나뿐인 딸을 양반에게 시집보내려는 부모의 뜻에 따라 허부령의 양녀가 되어 이참서에게 시집을 간다. 백정의 딸을 양반과 혼인하게 하였다는 이유로 허부령은 백성달은 물론 양녀인 허씨 부인에게서도 돈을 뜯어내 곤경에 처하게 만든다. 병환 중인 친모 최씨 부인의 소식을 알리려 한 백성달은 친딸 허씨 부인을 곤경에 처하게 한다. 백정의 딸이라는 사실이 드러나 남편을 곤경에 빠뜨릴까 염려한 허씨 부인은 집을 나와 탑골승방에 기거하게 된다. 이 모든 사실을 알게 된 허부령은 뒤늦게 참회하여 이참서에게 지난 일을 모두 말하게 된다. 계급 차별을 폐습이라 여기던 이참서는 허씨 부인을 찾아 백정의 딸 백영자와 다시 혼인을 하게 된다.

이처럼 개화기 양반 가문의 경우에는 나이 든 세대나 젊은 세대 모두 부부간에 예사 높임체의 경어를 사용하여 대화하는 것으로 나타났다. 하지만 그 높임의 정도는 조선 후기에 비해 상당히 완화되어 겸양법이나 공손법을 사용하는 사례는 거의 없었고, 예사 높임의 경어체가 많이 사용되었다. 개항 이후 새로운 문물이 도입되어 서구적인 사상과 가치관도 서서히 도입되면서 전통의 유교적 윤리는 약화되기 시작하였다. 이에 따라 부부간 상대에 대한 높임의 정도도 약화된 것으로 볼 수 있다.

개화기에도 부부간의 대화에서 남여가 각기 높임의 정도가 다른

> ## 《화상설》
> ---
> 김우진이 1912년에 발표한 소설로 축첩 문제의 폐해를 다룬 작품이다. 젊어서 상처한 권참판은 유씨 부인과 혼인하여 애경을 낳았다. 그러나 권참판이 벼슬길에 진주로 간 사이에 첩인 평양집의 계략에 의해 유씨 부인은 애경을 용이 할멈에게 맡기고 절에 들어가 여승이 된다. 권참판은 진주로 내려가서 또 다른 첩 진주집을 맞는다. 집으로 돌아온 권참판은 영칠을 양자로 삼는다. 애경이 자라서 용이 할멈으로부터 자신의 신세에 관해 전해 듣고 한탄하여 강에 빠져 죽으려 할 때에 영칠이 이를 구하여 집으로 데려온다. 권참판이 노쇠하여 죽자 평양집은 권참판의 첩이 되기 전에 낳은 아들에게 재산을 넘겨 주기 위해 영칠을 죽인 후 외사촌 오라비인 윤치용을 시켜 진주집도 살해하고 애경이마저 청나라에 팔아 버린다. 평양집과 윤치용으로부터 위기를 넘긴 영칠의 아들 수목은 유씨 부인이 기거하는 절에 머물게 된다. 청나라에 팔려간 애경은 장사를 하던 외삼촌을 만나 서울로 돌아온다. 이후 절에서 유씨 부인과 애경, 수목이 상봉하게 된다. 악행을 저지른 평양집은 윤치용에게 이용만 당하고 재산을 탕진했으며 그동안의 죄가 드러나 잡혀간다.

사례들이 많았다. 부인은 남편에게 공손하지만 남편은 부인에게 예사 높임 혹은 평어체 정도를 사용하는 경우들이 많았다는 말이다. 《재봉춘》(25)을 보면 허씨 부인이 남편 이참서에게 "본가에 잠간 다녀오겠습니다"라고 말을 건네자 남편은 "본가에는 왜 별안간에 간다고 그리해?"라고 평어체에 가까운 말투로 대답한다. 《화상설》(162)에서도 권참판 부부의 대화를 보면 부인인 평양집이 "영감, 어찌하여 그리 늦게 올라오셨습니까?"라고 묻자 "무슨 먹고살 일 났나, 그리 급하게 올라

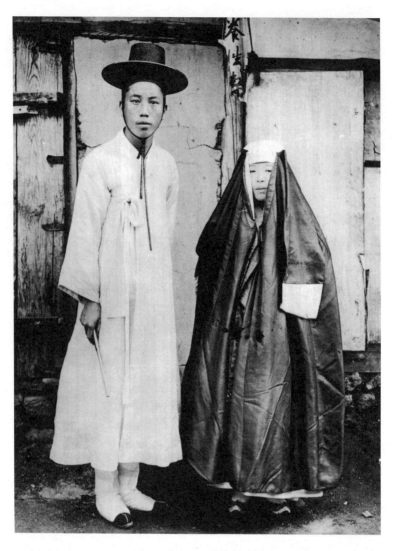

2. 개화기의 젊은 부부의 모습. 남편은 두루마기에 갓을 쓰고 부인은 장옷을 입고 있다.

출처: 국사편찬위원회

올 것 무엇이야"라고 남편이 답한다. 이러한 사례들은 다른 신소설에서도 어렵지 않게 찾아볼 수 있다. 개화기에 오면서 조선의 전통 예법이 많이 완화되기는 하였지만 그래도 남성 중심의 문화는 여전하였음을 보여 준다.

　나아가서 양반 부부의 경우도 때에 따라서 반말을 하는 사례도 보인다. 《재봉춘》(58)에서 이참서가 부인을 부르며 "물어볼 말이 있으니 이리 좀 와"라고 반말을 사용한다. 이어서 "나는 다시 아무 말도 할 것 없어"라고 반말 투로 말을 이어 간다. 이 경우에도 부인은 같이 반말로 응대하지 않고 "좀 참으시오"라고 경어를 사용한다.

　화가 나면 부인에게 욕을 하는 사례도 등장한다. 《치악산》(364)을 보면 하인 부부가 싸우는데, 부인이 하루 종일 바깥출입을 하여 밥도 못 먹고 굶은 남편 길동이 부인 추월이에게 언성을 높인다.

　　"이년아, 어디를 갔다냐?"
　　"에그 참, 이년이 다 무엇이야. 내 이름이 이년인가. 또 가기는 어디를 갔다고 저리 하누. 인제야 아낙에서 나오는데."
　　"경을 칠 년, 내가 모르는 줄 알구. 이년, 어디 좀 보자."

　욕하며 소리 지르는 남편에게 부인도 지지 않고 맞상대를 한다. 특수한 상황이기는 하겠지만 남편이 부인에게 욕을 하듯이 거칠게 말한다.

영감, 마누라 등 새로운 호칭 등장
개화기의 부부간 호칭은 매우 다양해진다. 부인이 남편을 부르는 호

칭으로는 양반 계층에서는 '영감'이라는 용어가 가장 많이 사용되었
다. 《치악산》(287)을 보면 김씨 부인이 남편 홍참판에게 며느리와 사
돈에 대해 험담을 하며 "영감도 참 딱하시오. 지금 영감께서 사돈에게
그런 업신여김을 보시면서 그런 말씀을 하시오"라고 말한다. 《화의
혈》(385, 387)에서도 이시찰과 하룻밤을 보낸 다음날 선초는 이시찰을
남편으로 여기고 '영감'이라 부르고는 "인제는 제가 댁사람이 되었사
온대"라고 말을 잇는다.

　또한 자식의 이름에 아버지를 붙여 부르는 경우는 신분에 상관없
이 많았다. 《은세계》(419)를 보면 양반인 최봉평 부부의 대화에서 자
식의 이름을 붙여 "여보 옥순 아버지"라고 남편을 부른다. 《치악산》
(313)에서도 노비 부부가 대화를 나누며 "여보 업쇠 아버지"라고 남편
을 부른다. 그 밖에 '서방'이라고 부르는 사례도 양반이나 천민 계층
모두에서 많이 나타났다. 《빈상설》(21, 29)을 보면 양반 부인은 남편에
게 "서방님, 내 말삼 들으시오"라고 하며 천민 부인은 남편을 "여보
유서방"이라고 부른다.

　개화기에도 남자들은 하루의 대부분을 사랑에 머물다 보니 남편
을 '사랑'으로 지칭하는 사례도 등장하였다. 《혈의누》(48)를 보면 미국
에 간 남편 김관일에 보낸 편지에서 부인은 남편을 '사랑'이라는 표현
으로 지칭한다.

　　(……) 옥련이는 어디 가서 죽었는지 다시 소식이 묘연하고, 이곳은 죽기
　　로 결심하여 대동강 물에 빠졌더니 뱃사공과 고장팔에게 건진 바 되어
　　살았다가 부산서 이곳 친정아버님이 평양에 오셔서 **사랑에서** 미국 가셨
　　다는 말씀을 전하여 주시니, 그 후로부터 마음을 붙여 살아있삽. 세월이

《화의혈》

소설가 이해조가 1911년 발표한 신소설이다. 전남 장성에 사는 최호방은 나이 마흔에 퇴기 춘홍을 얻어 선초와 모란 두 딸을 두었다. 선초는 재색과 천성이 남달리 뛰어날 뿐 아니라 여느 기생과 달리 백년해로할 낭군만 기다리며 절개를 지킨다. 이 소문을 들은 이도사는 동학란 평정이라는 구실로 부정하게 삼남 시찰사가 되어 많은 양민을 동학당으로 몰아 죽이고 부정축재를 한 뒤 장성에 도착한다. 선초를 욕심낸 이도사는 아버지 최호방을 동학 관계 혐의로 누명을 씌운다. 선초는 아버지를 살리려는 효성 때문에 굴복한다. 그러나 그녀는 이도사에게 백년해로를 맹세하고 계약서까지 요구하는데, 그가 배반하자 자살한다. 그 뒤이도사는 공금횡령죄로 처벌을 받고 선초의 혼령에 시달리며 액운이 그치지 않는다. 이때 언니의 원수를 갚으려는 동생 모란이 나타나 만인 앞에서 이도사의 죄를 폭로하여 몰락하게 만든다.

《빈상설》

소설가 이해조가 1908년에 발표한 신소설이다. 서판서의 아들 정길은 뚜쟁이 화순댁의 소개로 기생 평양집을 첩으로 들이고는 본처 이씨 부인을 쫓아 버린다. 평양집은 하녀 복단이를 죽여 하인 돌이를 시켜 매장해 버리고 이씨 부인을 악처로 몰아 불량배에게 팔아넘기려 한다. 이를 엿들은 하인의 도움으로 이씨 부인은 쌍둥이 남동생 승학과 변복하여 위기를 넘긴다. 승학은 뚜쟁이의 조카 옥희와 동침하고, 하인 돌이로 하여금 평양집의 죄를 고발케 하여 법의 심판을 받게 한다. 마침 이씨 부인의 아버지 이승지가 귀양살이에서 풀려나자 이씨 부인도 곤경에서 벗어난다. 승학은 옥희와 결혼하고 정길은 과오를 뉘우치고 개심하여 상해로 공부하러 간다.

어서 가서 고국에 돌아오시기만 기다리옵나이다.

그러나 **사랑에서는** 몇십 년을 아니 오시더라도 이 세상에 계신 줄을 알고 있사오니 위로가 되오나, 옥련이는 만나보려 하면 황천에 가기 전에는 못 볼 터이오니, 그것이 한되는 일이압. 말씀 무궁하오나 이만 그치옵나이다.

남편을 '사랑'이라는 용어로 지칭하고 있음을 알 수 있다. 같은 소설《혈의누》(52)를 보면 제3자가 그 집의 남자 어른을 '사랑양반'이라 지칭한다. 옥련의 집에 낯선 사람, 즉 우체부가 편지를 전하려고 집안을 기웃거리자 이를 본 이웃의 여인이 야단을 치며 "웬 사람이 남의 집 안마당을 함부로 들여다보아. 이 댁에는 사랑양반도 아니 계신 댁인데, 웬 젊은 연석이 양반의 댁 안마당을 들여다보아"라고 언성을 높인다. 집안의 남자 어른을 '사랑양반'이라고 지칭하고 있는 것이다. 이렇듯 남자들이 하루의 대부분을 사랑에서 머물다 보니 그를 지칭하는 용어로까지 사용되고 있음을 알 수 있다.

한편 부인의 호칭으로도 특정 공간을 지칭하는 '아낙'이라는 용어가 사용되기도 하였다. 아낙이란 집안에서 부녀자들이 머무르는 곳을 이르는 말이다. 보통 가정의 여인을 일컬어 '아낙네'라고 부르는 용어가 여기서 유래된 것임을 알 수 있다.

《빈상설》(25)을 보면 평양댁이 하인을 보내 남편을 좀 들어오시라고 말을 전한다. 이에 하인은 사랑채에 가서 "서방님, **아낙**에서 여쭈십니다"라고 말을 전한다. 여기서 아낙이란 장소가 아니라 상전 부인을 말한다. 이 아낙이라는 용어는 그 외에는 대부분 안채라는 공간을 가리키는 말로 사용되었다. 《구마검》(102)에서 주인공 함진해 집을 방

《혈의누》

소설가 이인직이 1906년 11월 26일에 발표한 장편 소설로 1906년 7월 부터 10월까지 〈만세보〉에 연재되었다. 《혈의누》는 최초의 신소설로 평가된다. 1894년 청일 전쟁이 평양 일대를 휩쓸었을 때 어린 옥련은 피난길에 부모를 잃고 부상을 당하지만 일본군에 의해 구출되어 이노 우에 군의관의 도움으로 일본에 건너가 소학교를 다니게 된다. 그러나 이노우에 군의관이 전사하고 그 부인한테 구박을 당하자 옥련은 방황 하던 중 구완서를 만나 함께 미국으로 건너간다. 미국에서 공부를 마친 옥련은 극적으로 아버지를 만나게 되고 구완서와 약혼한다.

《은세계》

이인직이 1908년에 발표한 장편 소설이다. 강릉 두메산골에 사는 최병 도는 부지런히 일해서 재물을 모아 상당한 부자가 되었다. 매관매직이 횡행하던 당시 남의 재물을 빼앗아 자신의 배만 채우던 강원 감사는 최병도의 재물을 빼앗기 위하여 억지로 죄를 뒤집어 씌운다. 저항하던 최병도는 관찰사에게 붙잡혀가 모진 고초를 겪는다. 이에 동네 젊은이 들이 민요를 일으키려 하나 최병도는 이를 만류하지만 풀려나 돌아오 는 길에 죽고 만다. 이에 충격을 받은 부인은 유복자 옥남을 낳은 뒤 정 신 이상에 걸린다. 최병도의 친구 김정수가 재산 관리를 맡아 옥순, 옥 남 남매를 미국으로 유학 보낸다. 이후 김정수가 파산하고 죽자, 옥순 남매도 자살을 시도하지만 미수에 그친다. 갖은 고생을 겪고 공부를 마 치고 10여 년 만에 고국으로 돌아온 옥순과 옥남은 어머니와 재회하고 폐인이 되었던 어머니는 잃었던 정신을 되찾는다.

문한 사촌이 마중 나온 하인에게 "영감 어디 계시냐?"라고 묻자 "아낙에 계신데"라고 답하며 말을 이어간다. 《빈상설》(21)에서도 노비 금분이가 남편에게 "여보 유서방, 이불 덮고 불 끄고 자오. 나는 아낙에 들어가 자겠소"라고 말한다. 이 사례들에서 아낙은 안채라는 공간을 의미하는 용어다.

집안에서 안채와 사랑채로 남녀의 활동 공간이 엄격하게 구분되는 것도 개화기에 오면 다소 완화된 것으로 보인다. 바로 앞에서 인용한 《구마검》(102) 사례에서도 낮에 주인공 함진해가 아낙에 있다는 것도 이러한 사실을 보여 준다. 《치악산》(341)에서 하인 고두쇠가 아낙에 있는 김씨 부인을 만나려 하는 장면을 다음과 같이 묘사한다.

> 이웃 행랑방 앞으로 돌아다니며 춘심이·추월이를 깨운다.
> "여보 꾀쇠 어머니, 여보 점돌 어머니, 이것 큰일 났소. 말은 차차 하려니와, 두 분이 다 일어나서 나와 같이 아낙으로 좀 들어갑시다. **낮 같으면 내가 혼자라도 들어가겠소마는 밤이라 혼자 들어갈 수는 없소.**"

고두쇠의 이 말에서 밤에는 여전하였지만 낮에는 어느 정도 남자들의 아낙 출입도 용인되었던 것을 알 수 있다. 낮에도 남자들의 아낙 출입을 엄격하게 통제하였던 조선 시대에 비해 공간에서 남녀유별이 완화되었음을 알 수 있다.

부인을 부르는 호칭도 개화기에 오면 많은 변화를 보인다. 부인을 직접 '부인'이라 부르는 사례는 거의 없었으며 직접 부를 때는 '마누라'라는 호칭이 가장 많이 사용되었다. 《추월색》(18)을 보면 양반인 이시종이 여주인공인 딸의 정혼 소식을 자기 부인에게 전하며 "마누라,

《구마검》

소설가 이해조가 1908년에 발표한 신소설이다. 함진해의 세 번째 부인 최씨는 무지한 여인으로 무당의 말만 듣고 외아들 만득이가 자주 앓는 것은 전처 귀신을 비롯한 여러 귀신들의 탓이라 믿고 매일 굿만 한다. 그러다 만득이가 죽자 이번에는 자식을 얻으려고 조상의 산소를 옮기는 데 재산을 탕진한다. 함진해의 사촌 동생 함일청은 문중의 종회宗會를 열어 자기의 아들 종표로 하여금 종가를 상속하게 하였다. 종표는 신학문을 공부하여 판사가 되어 무녀들의 본색을 폭로하고 미신을 타파한다.

오늘 정임이 혼사를 확정하였소"라고 말을 건넨다. 《재봉춘》(49)을 보면 백정인 백성달 부부는 양반 허부령에게 양녀로 보낸 딸이 고생한다는 사실을 한탄하며 "마누라도 기가 막히지 아니하오?"라고 말을 시작한다.

한편 제3자와의 대화에서 자기 부인을 칭할 때는 '아내'라는 호칭이 가장 많이 사용되었다. 《재봉춘》(75)을 보면 백성달이 대화에서 "아내는 자식 보고 싶은 생각이 간절하고, 나는 보게 하여 주고 싶은 마음이 간절한고로"라고 표현한다. 《혈의누》(23)에서도 "그만한 아내는 얻기 어렵다"는 표현이 등장한다.

여기서 주목할 것은 '마누라'라는 호칭의 변화다. 마누라라는 호칭은 요즘은 대개 자신의 부인을 낮추어 지칭하는 용어로 사용되지만 조선 시대에는 주로 고관대작의 부인이나 상대방의 부인을 높여 부르는 말로 사용되었다. 《이춘풍전》(347)에서도 춘풍의 처가 도승지의 어머니에게 여러 차례 상을 차려 접대하자 그 대부인이 오히려 미안해한다. 이에 춘풍의 처는 "소녀가 혼자 먹기 어렵기로 **마누라님** 전에 드렸더니 치사를 받자오니 도리어 감사 무지 하오이다"라고 하여 상대를 '마누라님'이라 높여 부르는 장면이 나온다. 《심청전》(220)에서도 심청이 먹을 젖을 동냥하려는 심봉사가 우물가의 인기척에 귀 기울이다가 "여보시오 **마누라님** 여보 아씨님네 이 자식 젖을 좀 먹여 주오"라고 부탁한다. 마누라라는 호칭이 상대를 정확히 모르는 상태에서도 높여 주는 호칭으로 사용되고 있는 것이다.

그러나 개화기에 오면 '마누라'라는 용어가 신분을 초월하여 보편적으로 편하게 사용되는 용어로 정착되었다. 신소설에 나타난 것들을 보면 대개 자신의 부인을 직접 부르는 호칭으로 많이 사용되었다. 앞서 살펴본 《추월색》(18)에는 남편이 부인을 '마누라'라고 부르는 장면이 여러 차례 나온다. 딸에게서 편지가 온 사실을 전하면서 "마누라, 마누라! 정임이 편지가 왔소구려"(43)라고 말하며 나중에 오랜만에 딸이 돌아온 소식을 "마누라, 마누라! 정임이가 왔소구려"(54)라고 알린다. 이러한 용례는 《재봉춘》(49, 60, 71)과 《혈의누》(17), 《치악산》(303) 등 다른 소설에서도 매우 일반화되었음을 보여 준다.

한편 다른 사람의 부인을 이 용어로 칭할 때는 님을 붙여 '마누라님'이라고 한 사례가 여러 차례 등장하였다. 《치악산》(352)을 보면 하녀 옥단이가 무당을 가리켜 "에그, 저 **마누라님을** 모셔오지 아니했더면 어찌할 뻔하였습니까"라고 표현한다. 그 외에도 《구마검》(93), 《빈상설》(30, 53)에도 이렇게 다른 기혼 여성을 '마누라님'이라고 칭하는 사례들이 나온다.

그 외에 하인들 사이에서 나이 많은 여자에게 마누라라는 용어가 사용되기도 하였다. 《빈상설》(19)을 보면 하인 금분이가 상전 평양댁에게 "아씨, 혼자 계셔요? 차집 마누라는 어디 갔습니까?"라고 물어본다. 이에 평양댁은 "너 왜 인제 왔느냐? 몇 차례를 불렀는데. 차집은 제 집에 잠깐 다녀오겠다고 갔단다"라고 대답한다. 차집이란 부유한 집에서 음식 장만 등의 잡일을 맡아보는 여자를 말한다. 이 소설에서 차집 마누라는 나이가 많은 사람으로 설정되어 있다(《빈상설》, 24). 하인이지만 나이가 많기에 노비인 금분이는 '차집 마누라'라고 부르는 반면 상전은 그냥 '차집'이라 부르는 차이를 보인다. 이처럼 개화기의 '마누라'라는 호칭은 기혼 여성을 가리키는 일반적인 용어로 많이 사용되었음을 알 수 있다.

신소설에서도 축첩제의 사례들이 상당히 많이 등장한다. 정실과 후처들 사이에는 개화기에도 대체로 상호 경어를 사용하였다. 《화상설》(181~182)을 보면 본처인 평양집이 후처 진주집과 대화하는 장면에서 "여보 **아우님**, 어저께가 청명淸明이 아니오?"라고 호칭은 깍듯하지만 어투는 평어체로 말한다. 반면 후처는 "**형님**이 먼 길에 가실 수가 있습니까? 하인 중에 아무라도 보내지요"라고 답한다. 형님, 아우님이라 부르면서 서로 깍듯이 대했다.

이처럼 조선 시대 부부간의 구두 커뮤니케이션은 개화기로 오면서 예법과 격식이 상당히 완화되었다. 이러한 사실은 봉건 지배 체제가 와해되면서 이를 뒷받침하던 유교적 가치관과 윤리도 약화되어 가고 새로운 문물과 사상이 보급되기 시작했던 때문으로 볼 수 있다.

2) "모친 슬하를 떠나려 하오니, 염려치 마소서": 부모와 자식 간

(1) 부모와 자식의 커뮤니케이션

자식들은 예를 다하고

유교 윤리 속에서 부모와 자식의 관계도 삼강오륜에서 부위자강父爲子綱을 두 번째로 꼽을 만큼 강조되는 덕목이었다. 부모와 자식 간에는 엄격한 예법과 격식이 요구되었다. 특히 양반들의 경우 자식은 매일 아침 부모에게 가서 문안 인사를 드리는 것으로부터 하루 일과를 시작하였다. 《소현성록》(69)을 보면 주인공 소생의 하루 일과를 "새벽 북이 울리면 일어나 세수하고 아침 문안을 드리고 대궐에 가서 조회에 참석한 후 어머니께 하루 세 때 문안"한다고 묘사한다. 소설에서 주인공의 아버지는 이미 돌아가신 상태였기에 어머니가 집안의 최고 어른이었다. 주인공의 아침 첫 일과가 어머니의 거처인 정당正堂에 가서 문안드리는 것이며 하루에 세 번 문안드린다는 것이다. 문안을 드릴 때에도 방안으로 들어가는 것이 아니라 방 밖에서 문안을 올렸다. 《소현성록》(33~34)을 보면 "새벽닭이 처음 울 때 세수하고 부인 숙소 창 밖에서 소리를 나직이 하여 문안을 여쭙고 회답을 기다려 두 번 절하고 물러"났다는 것이다. 방 밖에서 문안 인사를 올리고 회답을 듣고는 다시 절하고 물러나는 형식이었던 것이다.

　　부모와 자식 간의 커뮤니케이션도 이러한 엄격함 속에서 이루어졌다. 부부 사이와 마찬가지로 부모와 자식 간에도 커뮤니케이션이 활발하지는 않았다. 특히 묵언의 윤리가 강조된 남자들, 즉 부자간의 커뮤니케이션 사례는 고전 소설에서도 매우 드물었다.

    부모와의 대면 상황에서 자식은 스스로를 '소자,' '소인' 등으로 낮추었다. 《배비장전》(석인해, 1999, 8)을 보면 주인공 배비장이 제주도에 비장으로 가게 된 사실을 어머니에게 전하며 "소자가 팔도강산 명구승지名區勝地를 낱낱이 보았으되, 제주는 도중島中이라 시하에 이측키 어려워서 지우금至于今 못 갔더니 다행히 친한 양반 제주 목사 제수되어 도임길 떠나면서 비장으로 가자 하니 한번 다녀오을이다"라고 자신을 '소자'라 칭하며 경어를 사용하여 말을 풀어간다. 여기서 '시하에 이측키 어려워서'라는 표현은 부모를 모시고 있기 때문에 그 곁을 떠나기 어려웠다는 말이다.[16]

    《홍길동전》(19)에서는 홍길동이 서자로서 호부호형 못하는 서러움을 아버지에게 토로하며 "소인이 평생 설워하는 바는, 소인이 대감 정기精氣를 받아 당당한 남자로 태어났고, 또 낳아 길러 주신 부모님의 은혜를 입었음에도 불구하고 아버지를 아버지라 못 하옵고, 형을 형이라 못 하오니, 어찌 사람이라 하겠습니까"라고 자신을 '소인'이라 낮추며 말한다. 이 대화에서 홍길동은 자신의 아버지에 대해 '대감'이라는 호칭을 사용하였다.

    한편 제3자와의 대화에서는 자기 아버지를 칭할 때에는 '부친'이라는 호칭을 사용하였다. 《홍길동전》(65)을 보면 천문을 보며 부모님의 안부를 짐작하던 홍길동은 어느 날 천문을 보다가 눈물을 흘리자 주변 사람들이 놀라서 무슨 일이냐고 묻는다. 이에 홍길동은 "내가 부모의 안부를 하늘의 별을 보고 짐작하더니, 지금 하늘을 본즉 부친의 병세가 위중하신지라"라고 답한다. 하늘의 모양을 보니 아버지의 병이 위중하신 것 같다는 말이다. 제3자들과의 대화에서는 자기 아버지를 '부친'이라 칭하였음을 알 수 있다.

어머니와의 대화에서도 마찬가지였다. 면전 대화에서는 대부분 '모친'이라 호칭하며 항상 깍듯한 경어를 사용하였다. 홍길동은 서자의 설움을 토로하다 아버지에게 야단맞고는 집을 떠날 결심을 하게 된다. 이에 어머니 침소를 찾아가서는 떠나려 한다고 말씀 드리며 "소자가 모친과 더불어 전생연분이 중하여, 금세今世에 모자가 되었으니, 그 은혜가 지극하옵니다. 그러나 소자의 팔자가 기박하여 천한 몸이 되었으니 품은 한이 깊사옵니다. 장부가 세상에 살면서 남의 천대를 받음이 불가한지라, 소자는 자연히 설움을 억제하지 못하여 모친 슬하를 떠나려 하오니, 엎드려 바라건대 모친께서는 소자를 염려하지 마시고 귀체를 잘 돌보십시요"라고 고한다(《홍길동전》, 19). 어머니는 '모친'이라 높이고 자신은 '소자'라 낮추며 경어를 사용한다.

《조웅전》(55)의 주인공 조웅도 마찬가지였다. 태자와 만난 이야기를 어머니에게 전하며 "모친은 염려치 마소서. 사람의 사생死生은 재천在天하옵고 영욕榮辱은 재수在數하오니 어찌 염려 있사오며, 또 남의 자식이 되어 어찌 불공대천지수不共戴天之讐를 목전에 두고 그저 있사오리이까?"라고 말한다. 사람이 죽고 사는 것은 하늘에 달렸고 영예와 치욕은 운명에 달려 있으니 어찌 염려하겠으며, 또 남의 자식이 되어 이 세상을 같이 살 수 없는 철천지원수를 눈앞에 두고 어찌 가만히 있을 수 있겠냐는 말이다. 어머니에게 예의를 다하여 높임말을 사용한다.

부모는 평어체로

한편 부모는 자식과의 대면 상황에서 별도의 호칭을 사용하지 않고 '너' 혹은 '네' 등의 인칭 대명사로 지칭하였다.《조웅전》(125)에서 먼 길을 다녀온 조웅이 어머니에게 인사드리며 "모친은 그사이 기체氣體 일향—向하시니까?"라고 문안을 여쭙자 어머니는 "나는 잘 있거니와, 네 그사이 어디 가 머물며 저 칼과 말을 어디서 얻었느뇨"라고 응답한다. 서자의 설움을 말한 홍길동에게도 그 아버지, 어머니 모두 "재상 집안에 천한 종의 몸에서 태어난 자식이 너뿐이 아닌데"라며 야단을 친다(《홍길동전》, 19).

　부모들이 면전에서 자식의 이름을 부르는 경우는 많지 않았다. 《조웅전》(84~85)을 보면 피난길에 오른 조웅 모자가 중으로 신분을 위장하고자 머리를 깎은 모습이 서글퍼 붙잡고 통곡한다. 부인이 아들을 달래며 말하기를 "**웅아** 울지 마라. 내 심사 둘 데 없다"라고 이름을 부르며 말한다. 이 사례 외에는 부모가 자식의 이름을 면전에서 직접 부른 경우를 찾아보기 힘들다.

　제3자와의 대화에서 자식을 언급할 때는 대개 그 이름을 거명하였다. 홍길동의 아버지가 병을 이기지 못하고 죽게 되자 옆을 지키고 있던 부인과 길동의 형에게 "내가 죽어도 다른 한이 없으나, **길동**의 생사를 알지 못하는 것이 한스럽구나"라는 말을 남긴다(《홍길동전》, 67). 아무런 여한이 없으나 길동의 생사를 모르는 것만이 안타깝다는 말이다. 《조웅전》(67)에서도 주인공이 정변에 의해 위기에 처하자 돌아가신 아버지가 어머니의 꿈에 나타나 "날이 새면 대환大患을 당할 것이니 **웅을** 데리고 급히 도망하소서"라고 이른다. 이처럼 조선 시대의 이름은 직접 면대면 상황에서는 거의 사용되지 않았으며 제3자와의 대화에서 주로 사용되었음을 알 수 있다.

　호칭으로 이름을 잘 사용하지 않는 현상은 당시의 문화적 풍토에 기인한다. 한자 문화권에서는 사람의 이름을 직접 부르는 것이 예에 어긋난다고 여겼던 인식이 강했다. 이를 실명경피속實名敬避俗이라 하였다.[17] 대신 성인이 되면 부모가 붙여 주는 자字를 부르거나 스승이나 웃어른, 친구 등이 지어 주던 호를 즐겨 사용하였다.

부모와 자식 간의 대화 상황은 며느리에게도 동일하게 적용되었다. 며느리는 시어머니에게 경어를 사용하여 예의를 다한 반면 시어머니는 며느리를 '너'라고 칭하며 하대하였다. 《소현성록》(152)을 보면 남편의 소실을 맞아들이는 날이 가까워 오는 가운데 투기하는 며느리 화씨 부인에게 시어머니가 "경의 길일이 다다랐으니 너는 예복을 다스려야겠다"고 명한다. 혼인날이 가까워 오자 시어머니는 화씨 부인을 다시 불러 타이르며 "너는 참을 수 있을 것 같으면 참여하고 참지 못하겠으면 깊이 들어가 여러 사람의 비웃음을 받지 마라"고 이른다. 이에 며느리가 "어머니께서 저의 죄를 용서하시고 이렇듯 가르치시니 제가 어찌 받들어 행하지 않겠습니까"라고 말한다. 이에 시어머니는 다시 "네가 만일 참는다면 이는 복이 될 것이다"라고 응답하였다(156~157). 며느리는 시어머니에게 '어머니'라는 호칭을 사용하고, 자신은 '저,' '제'로 낮추며 경어를 사용한 반면 시어머니는 며느리를 '너'라고 부르며 하대한다.

처가와의 관계에서도 장인은 사위를 '자네'라 호칭하며 하대하고, 사위는 경어를 사용하며 예를 다하였다. 《소현성록》(181)을 보면 주인공과 장인이 만나는 장면에서 장인은 "어진 사위가 요사이 내 집에 오지 않았는데 무슨 이유가 있었나?"라고 '사위'라 칭하거나 "자네는 나의 마음을 모르고 정이 없음이 심하군" 하며 '자네'라는 호칭을 사용하였다. 그러나 주인공 소경은 항상 경어를 사용하며 예의를 갖추었다. 제3자와의 대화에서 사위를 칭할 때는 성인이 되면 붙여 주는 또 다른 이름자를 부르기도 하였다. 《소현성록》(256)에서 주인공의 장인 석참정이 딸과 대화에서 사위를 지칭하며 "자문이 심하게 노하였으냐?"라고 하여 사위의 자를 사용한다.

반면 장모와 사위 간에는 상황에 따라 다른 양상을 보여 준다. 《춘향전》(265)을 보면 월매가 이도령에게 "도련님 안주가 없는 것은 장모의 허물이니 용서하시고 술이나 많이 잡수시오"라고 말한다. 양반집 사위를 보게 된 월매가 사위에게 도련님이라는 호칭과 함께 깍듯하게 경어를 사용한다. 반면 세월이 흘러 거지 행색으로 돌아온 이몽룡을 보고는 장모가 "이서방 어찌하여 이 모양이며 왜 저리 되었나"라고 하대하는 대목이 나온다(《춘향전》, 304). 여기서 장모와 사위 간에는 상황에 따라 장모가 사위에게 존대도 하지만 (예사 낮춤으로) 하대하는 것은 초기에는 신분의 차이도 있으므로 존대하였지만 시간이 흐른 뒤에는 편하게 하대하였던 것으로 볼 수 있다.

《조웅전》(133)에서도 조웅이 하룻밤 인연을 맺었던 처자를 다시 찾아 병중에 있던 것을 약으로 낫게 하니 그 어머니가 매우 기뻐하며 "그대는 실로 우리 집 은인이라"고 치하하며 "이제 공자를 만나매 여식의 일생을 부탁코자 하나니, 공자는 허락을 아끼지 말고 나의 바라는 마음을 저버리지 말라"고 청한다. 이에 조웅은 "유리 걸객을 더럽다 아니하시고 감격한 말씀으로 부탁하시니, 감사 무지하와 감히 사양치 못하옵거니와, 북당 존명이 있사오니 돌아가 즉시 소식을 사뢰리다"라고 무한한 감사의 마음과 함께 북당, 즉 어머니에게 말씀 드리고 바로 연락드리겠다는 말을 깍듯한 경어로 표현한다. 아직 결혼하기 전이기는 하지만 장모가 될 어른은 평어로 사위가 될 조웅은 경어로 대화를 나눈다.

(2) 신분에 따른 차이

적서의 차별

부모와 자식 간의 관계에서도 적자와 서자의 신분에 따른 차별은 엄격하였던 것으로 보인다. 널리 알려진 바와 같이 홍길동은 서자라서 호부호형을 할 수 없었고 어린 시절 호부호형 할 때면 매번 야단을 맞았으며(《홍길동전》, 17), 이런 신세를 한탄하여 집을 나가려고 아버지에게 고하는 대목에서도 "재상 집안에 천한 종의 몸에서 태어난 자식이 너뿐이 아닌데, 네가 어찌 이다지 방자하냐?"(19)라고 강하게 꾸지람을 듣는다. 같은 아버지의 자식이더라도 어머니의 신분에 따라 자식의 신분이 정해졌으며 가족 간의 관계도 그 영향을 받았던 것이다. 나중에 홍길동의 아버지는 임종 직전에 큰아들에게 유언을 남겨 적서를 구분하지 말고 길동의 어머니도 잘 대접하라고 하였다(《홍길동전》, 67).

홍길동과 그 아버지의 대화는 당시 조선 사회에서 적서의 차별이 엄격하였으며 상위계층 집안에서 일반적이었음을 보여 준다. 이러한 적서 차별은 조선 초기부터 존재하였으나 15세기 이후 양반 인구를 제한할 필요성 때문에 더욱 심해지면서 서얼에 대해서는 관직으로의 출세도 제한받았다. 서얼들 사이에도 어머니의 신분에 따라서도 차별을 받았다. 먼저 천첩, 즉 어머니가 천민인 자손부터 제약하기 시작하여 나중에는 양첩, 즉 어머니가 양인인 경우에도 적용되었다. 어머니의 신분에 따라 자식이 등용될 수 있는 한계도 정해져 있었다.[18]

축첩제로 인한 양상

축첩제가 용인된 상황에서 조선 시대 집안 내의 관계는 서모와 서자들이 존재하는 등 복잡하였다. 이러한 상황은 《소현성록》에 잘 나타난다. 적자와 서모는 상호 경어체를 사용하였다. 서모는 적자에게 '낭군'이라는 호칭과 함께 경어를 사용하며 대화하였다(59). 작은딸이 음행을 저지르자 이에 분노한 주인공의 어머니 양부인이 부모 자식 간의 인연을 끊는다며 독주를 내려 죽게 한다. 이를 말없이 지켜보기만한 주인공에게 서모 석파가 울면서 "낭군은 살려달라는 말도 한마디 안 하십니까?"라고 안타까워하자 소생은 차분히 설명하며 "옳은 일을 하시는데 그게 하시라고 아뢰는 것은 자식의 도리가 아닙니다. 어머니께서 처단하시는 바가 합당하지 않은 것이 없으니 장차 무엇이라고 하면서 말리면 좋겠습니까? 서모는 밝히 가르쳐 주십시오"라고 말한다. 그러자 서모는 놀라면서 "저희들이 생각이 어두워서 아득하게 깨닫지 못하고 있었는데 낭군의 금옥 같은 말씀을 들으니 봄꿈을 깬듯하군요"라고 말을 받는다. 서모와 자식이 서로 경어를 사용한다.

적자가 서모에게 깍듯하게 대하는 예는 《소현성록》(95~96)에서도 찾아볼 수 있다. 타 지역에 갔다가 돌아오는 서모를 적자가 다음과 같이 맞이한다.

석파가 그러겠다고 하고 모든 이들에게 하직 인사를 하고는 교자에 올라 자운산으로 돌아왔다. 시랑이 문 밖에 나와 맞으며 석파가 교자에서 내리는 것을 보고 땅에서 절하니 석파가 황망하게 붙들며 말하였다.

"전날 아이였을 때에도 과분하던 것이었는데 하물며 조정의 신하가 되어 지위가 춘경에 이르셨는데 어찌 첩에게 절하기를 이렇게 과도하게 하십니까? 앞으로 제 복이 줄어들까 걱정입니다."

그러자 시랑이 말하였다.

"서모는 이 어인 말씀이십니까? 조정 대신으로 어른 되었노라 하기를 서모에게 하겠습니까?"

가마에서 내리는 서모에게 땅에 엎드려 절하며 맞이하자 서모가 과분하다고 말리는 데도 적자는 당연한 도리라고 말한다.

서모와 며느리, 즉 적자의 부인 간에도 마찬가지였다. 서모는 적자의 부인을 '낭자' 혹은 '부인' 등으로 칭하며 격식을 차리며 아주 높임말을 사용한 반면 며느리는 서모에게 예사 높임말을 사용한다. 《소현성록》(108)을 보면 서모가 주인공의 첩을 새로 들이려 하자 정실부인이 이에 발끈하는데 우연히 마주친 서모에게 화난 표정을 짓자 서모는 "낭자가 무슨 일로 이토록 평안하지 않으신지요?"라고 말을 건넨다. 이에 며느리는 "내 일찍이 서모와 원수진 일이 없는데 무슨 까닭으로 나를 미워하여 적국을 천거하는지요?"라고 항의조로 쏘아 부친다. 여기서 적국이란 본처에게 있어 둘째 부인이나 첩 또는 첩과 첩 사이를 일컫는 말이다.[19] 투기심이 강한 정부인의 성격 탓이기도 하겠지만 친부모에게라면 생각도 못할 행동을 서모에게는 거침없이 한다.

서모는 며느리를 타이르며 "부인은 슬퍼 마십시오"라고 '부인'이라는 호칭으로 서두를 뗀 뒤 여러 가지로 설득하면서 "지금 고집스럽게 투기를 하면 꽃다운 얼굴과 마음이 상하고 남들이 우습게 여길 것입니다. 상서의 마음이 석씨에게 돌아가면 그때는 뉘우쳐도 늦습니다"라고 달랜다. 며느리이지만 부인이라는 호칭과 경어를 사용하면서 정중한 어투를 쓴다.

질투심이 강한 정부인과 달리 마음씨 착한 주인공의 둘째 부인은 정부인의 계략으로 억울한 누명을 쓰게 되었다. 이에 시어머니가 불러 사실 관계를 확인하려 하나 둘째 부인은 자신의 억울함을 하소연하기보다는 "입이 있어도 죄가 없음을 변명하지 못하니 죽을죄를 청할 따름입니다"라고 자신의 잘못이라고 받아들이고 만다(《소현성록》, 219). 이는 둘째 부인의 성품 탓이기도 하겠지만 시부모가 너무 어려워 자신의 속마음을 드러내기 힘들었던 것으로 볼 수 있다.

(3) 개화기의 변화

아버지, 어머니 호칭의 보편화

개화기의 신소설들에서도 자식들은 부모에게 공손한 경어를 사용하고 부모들은 자식에게 하대하는 양상은 조선 후기 고전 소설들과 같았다. 다만 호칭에서는 뚜렷한 변화를 보였다. 자식들은 부모를 대개 '어머니,' '아버지'로 부르고 경어로 말하였으며 부모는 자식에게 '너' 등의 인칭 대명사로 부르며 낮춤말을 쓰는 것이 일반적이었다.《혈의누》(49)를 보면 미국에서 극적으로 만난 부녀간의 대화 장면에서 딸은 "**아버지**, 나는 내일이라도 우리 집으로 보내 주시오"라고 말한다. 이에 아버지는 "네가 고국에 가기가 그리 바쁠 것이 아니라 우선 네가 고생하던 이야기나 어서 좀 하여라"고 응답한다. 딸은 '아버지'라고 부르며 존대하고, 아버지는 딸을 '네'라는 인칭 대명사로 호칭하고 하대하며 대화한다. 같은《혈의누》(25)에서도 아버지 최씨가 죽은 줄 알았던 딸, 즉 주인공 옥련의 어머니를 꿈에서 만나는데 딸이 "아버지 여기를 어찌 오셨소"라고 말을 건넨다. 이에 아버지 최씨는 "이애, 네가 죽으려고 벽상에 유언을 써서 놓은 것이 있더니 어찌 살아왔느냐. 아까 꿈을 꾸니 네가 언덕에서 떨어져 죽었더니 지금 너를 보니 이것이 꿈이냐, 그것이 꿈이냐?" 하며 말을 이어 간다. 부녀간의 대화는 앞의 사례와 같은 형태로 이루어지고 있음을 알 수 있다.

《화의혈》(376)에서는 딸 때문에 죄 없이 잡혀갔다 딸 때문에 풀려난 아버지가 사연을 듣고는 화를 내자 딸 선초가 "아버지 왜 이러십니까? 좀 참으십시오. 이래도 제 팔자요, 저래도 제 팔자올시다"라고 달랜다. 이에 아버지는 "에라, 왜 요리 방정을 떠느냐? 나 살자고 자식을 팔아먹어!"라고 소리 지른다. 이처럼 자식은 '아버지'라고 부르며 공손한 경어를 사용한 반면 아버지는 자식에게 하대하며 대화한다.

어머니와의 대화에서도 마찬가지였다. 《재봉춘》(52)에서 주인공 이참서와 그 어머니 조씨 부인이 여러 가지로 궁지에 몰린 며느리 문제에 대해 다음과 같은 대화를 나눈다.

> 조씨 부인 "내가 며느리가 미워서 이 말을 하는 것이 아니라, 첫째는 내 집안 일이 딱하고, 둘째는 네 명예를 보아서 이런 말을 하는 것이니, 조금도 어찌 마라."
> 이참서 "어머니 말씀을 어찌 알 리가 있겠습니까? 더구나 내 집과 내 몸을 위하여 말씀을 하신다는데."
> 조씨 부인 "그러면 내 말대로 네가 며느리를 잘 처치하겠느냐?"
> 이참서 "어머님 말씀을 의심낼 리도 없고, 어머님 명령을 어길 리도 없으나, 혼인은 인간 대사되는 동시에 이혼도 또한 인생의 최대한 불행인고로, 나는 더욱 자세히 조사하여 제가 과연 그런 부정한 행실이 있는 것을 확실히 안 연후에 서서히 조처를 하려고 생각합니다."

어머니는 자식을 '네'라고 부르며 하대하는 반면 자식은 '어머니'

라 부르며 공손한 경어체를 사용한다. 《화상설》(172)에서도 권영칠의 아들 수목이가 어머니에게 "어머니 어머니, 아버지께서 비명에 돌아가셨어요"라고 말하자 그 어머니 한씨 부인은 "이애, 그것이 무슨 소리야. 어린애가 무엇을 알아"라고 답한다. 여기서도 모자간에 같은 형태의 대화가 이어졌다.

모녀간에도 마찬가지였다. 《추월색》(20)을 보면 주인공 정임이 어머니에게 "어머니 어머니, 도화가 이렇게 피었으니 작년에 영창이 떠나던 때가 발써 되었습니다그려"라고 말하자 어머니는 "참, 세월이 쉽기도 하다. 어제 같던 일이 발써 돐이로구나"라고 말을 받는다. 《화의혈》(369~370)에서도 선초를 욕심낸 이시찰이 선초의 아버지를 동학당이라고 누명을 씌워 잡아 가두자 선초와 어머니가 몹시 걱정하며 다음과 같은 대화를 나눈다.

"**어머니**, 저 일을 어쩌하면 좋단 말씀이요? 우리 지금 승문고라도 쳐서 아바지 무죄하신 발명을 하여 보십시다." (······)

"이애, 승문고도 소용없다. 이 일이 본관이나 관찰사가 관계하는 바가 아니오, 이시찰이 우리를 미워서 너의 아바지에게 죄를 씌우는 일인데 아무 짓을 하기로 효험이 있겠느냐?"

조선 시대의 고전 소설에서는 면전에서 '아버지'라는 호칭을 사용한 사례를 찾아볼 수 없었지만 개화기 신소설에서는 어렵지 않게 찾을 수 있다. 그만큼 이 아버지라는 호칭이 많이 사용되기 시작하였음을 보여 준다. 어머니에 대해서도 마찬가지다. 고전 소설에서는 드물게 면전에서 '모친'이라는 호칭을 사용한 사례가 있었지만 개화기에 오면 직접 '어머니'라 부르는 사례가 매우 많이 등장하였다. 모친이라는 한자 표현 대신 어머니라는 한글식 호칭이 마찬가지로 일반화되고 있음을 말해 준다.

자식은 이름으로 불러

개화기에 오면 부모가 자식의 이름을 부르며 대화하는 사례가 많았다.《치악산》(288)에 나오는 모녀간 대화 장면을 보면 어머니가 딸을 "이애 남순아"라고 부르며 대화를 이어간다.《혈의누》(48)에도 미국 땅에서 극적으로 부녀간에 재상봉한 뒤 아버지가 "이애 옥련아, 그만 일어나서 너의 어머니 편지나 보아라"며 어머니가 보낸 편지를 보라고 건넨다.《구마검》(138)에서도 사촌동생의 아들을 양자로 받은 최씨 부인이 양자 종표에게 "종표야, 날이 선선하다. 핫옷을 갈아입어라," 즉 날이 선선하니 솜옷으로 갈아입으라고 대화를 이어간다.

이처럼 개인의 이름이 호칭으로 빈번하게 사용된다. 전술한 대로 조선 시대에는 이름을 직접 부르는 사례가 거의 없었고, 성인이 되고 나서는 자나 호를 부르거나 관직으로 부르는 경우가 많았다. 이러한 전래의 풍습이 개화기에 들어 상당히 약화되었음을 알 수 있다.

자식이 관직에 있을 경우 그 직위로 부르는 사례는 개화기에도 여전하였다.《재봉춘》(31, 78, 81)을 보면 어머니가 참서관으로 있는 자식을 대부분 "참서야"라고 불렀다. 반면 조선 시대에 많이 사용하였던 소자, 소인, 부친, 모친 등의 한자식 표현은 거의 찾아볼 수 없었다.

이와 같은 양상은 장인, 장모와 사위 간에도 대등소이하였다.《치악산》(53/284)에서 장인이 사위를 "이애 홍철식아"라고 이름으로 부르며《재봉춘》(26/81)에서는 장인이 사위를 '참서'라고 직위로 호칭한다. 처숙모가 조카사위를 이름으로 호칭한 사례도 등장하였다. 《추월색》(47)의 주인공 정임과 영창이 우여곡절 끝에 결국 결혼식을 치르게 되는데, 식장에서 정임의 외숙모가 나서서 연설을 하게 된다. 연설에서 이 외숙모는 조카 정임은 '이정임'으로 호칭하고 조카사위에 대해서는 '김영창 씨' 혹은 '영창 씨'라고 칭한다. 친조카는 이름만으로 부르면서 조카사위에게는 씨 자를 붙여 부르고 있다.

출가한 딸을 부를 때는 시집의 성 뒤에 '집'이나 '실'을 붙여 부르는 호칭이 사용되기 시작하였다. 《혈의누》(26)를 보면 부녀간의 대화에서 아버지가 출가한 딸을 '김집아'라고 부른다. 김씨 집안에 시집간 딸자식을 칭하는 것이다. 《빈상설》(72)에는 부부가 나누는 대화에서 시집가서 고생 끝에 죽은 딸을 생각하며 "죽은 서쩝은 다시 살아오는 수가 없소그려"라고 말한다. 서씨 집안에 시집간 딸을 말하는 것으로서 이는 '서집'의 오자인 것으로 볼 수 있다.[20] 《재봉춘》(27, 42, 60)에서는 부부간의 대화에서 시집간 딸을 지칭하며 '이실'이로 부르는 사례가 여러 차례 등장하였다. 위의 사례들은 각기 김씨 집안과 서씨, 이씨 집안으로 시집간 딸을 부르면 시댁의 성을 따서 부르는 호칭이다.

조선 시대 《홍길동전》에서 나타났던 적서 차별의 양상도 신소설에서는 찾아볼 수 없었다. 《치악산》(276)을 보면 홍참의의 서녀 남순이가 아버지에게 달려들며 '아버지'라 부르자 아버지는 "남순이, 왜 나왔느냐?"고 대화를 이어가는 장면이 나온다. 《홍길동전》에 나오듯이 조선 시대에는 서자는 호부호형을 하지 못하였지만 개화기에는 서자도 자연스럽게 '아버지'를 부를 수 있게 바뀐 것이다. 신분의 차이에 따른 차별이 개화기에 오면 매우 약화되었음을 보여 준다.

이와 같이 개화기로 오면서 부모, 자식 간의 예법도 많이 완화되었으며, 호칭도 한자식 조어보다는 고유어 호칭이 주로 사용되고 있으며 적어도 가족 내에서는 적서의 차별도 사라지고 있음을 알 수 있다. 개항과 함께 새로운 문물이 들어오면서 전통의 문화도 많은 변화를 겪을 수밖에 없었다. 백성들의 커뮤니케이션 양태도 유교적 예법과 격식이 완화되고 호칭도 한자식보다 고유어가 더 많이 사용되기 시작한 것이다.

3) "언니는 어머니 숙소에 변고가 있었던 것을 모릅니까?": 동기간

(1) 장유유서의 커뮤니케이션

나이가 가장 중요한 기준

형제간의 커뮤니케이션에서는 나이가 가장 중요한 기준이었던 것으로 보인다. 삼강오륜에서도 장유유서라 하여 나이 많은 사람을 존중하고 공경할 것을 강조한 것과 같은 맥락이다. 손위의 형제는 손아래 동생들에게 하대하며 그 반대로는 경어를 사용하였다. 성별은 변수가 되지 않았다.《소현성록》(40)을 보면 시아버지가 역적의 모함을 당해 홀로 유배지로 떠나가는 누나를 주인공 소경이 걱정하며 "제가 생각해 보니 여자의 사덕 중에는 절개가 으뜸입니다. 누이는 타향에 있지만 몸 숨기기를 소상* 보옥같이 하고, 조심하기를 깊은 연못에서 봄 얼음 디디는 것같이 하고, 뜻을 쇠와 돌같이 단단하게, 가을 서리같이 매섭게 하셔서 훗날 다시 만나기 바랍니다"라고 말한다. 몸가짐을 조

---

* 중국 호남성의 동정호 남쪽에 있는 지역으로 소수와 상수가 합쳐지는 곳이다(《소현성록》, p.40 각주).

심하여 부디 다시 만나자는 당부였다. 이에 누나 교영은 부끄러워 울면서 "네 말을 잊지 않겠다"라고 응답한다. 여기서도 동생은 경어를 사용하고 누나는 평어체로 대화한다.

형제간에는 벼슬과 같은 지위도 변수가 되지 못했다. 누나는 동생의 지위에 상관없이 하대하며 동생은 깍듯한 경어를 사용하였다. 《숙향전》(285)을 보면 동생인 상서댁을 누나 여씨 부인이 방문하여 만나는 장면에서 누나가 화를 내며 "요사이 벼슬이 높고 위엄이 중하면 동기도 업수이 여겨 절제하려 하느뇨?"라고 언성을 높이자 동생인 상서가 황공해하며 "어찌 이르시는 말씀이니이까?"라고 응대한다. 숙향이 억울한 누명을 쓰고 상서에 의해 죽을 위기에 처한 것을 숙향을 어여삐 여기던 그 누나가 듣고는 동생을 찾아가 잘못을 바로 잡으려는 과정에서 이루어진 대사다. 누나는 비록 동생이 높은 벼슬을 하고 있지만 평어체를 사용하며 야단친다. 하지만 동생은 깍듯한 경어체로 응대한다.

자매간에도 마찬가지였다. 《소현성록》(205)을 보면 의자매 사이인 윤씨와 소씨가 대화하는 장면에서 손아래인 윤씨는 "언니는 어머니 숙소에 변고가 있었던 것을 모릅니까?"라고 경어를 사용하여 묻는다. 하지만 언니 소씨는 "나는 듣지 못하였는데, 무슨 일인가?"라고 평어로 답한다.

《조웅전》(57~60)에도 이러한 관계가 나타난다. 왕부인의 사촌 동생 왕열은 임금의 조서를 짓는 일을 맡아보는 관리였다. 조정에 괴이한 일이 이어지는 심란한 형국에 누나에게 편지를 보내 조심하라고 당부하면서 "황상 근심하시고 조정이 또한 화복을 가리지 못하오니 누님은 이를 해득하여 알게 하소서"라고 맺는다. '누님'이라는 호칭과 '하소서'라는 공손법의 경어 표현을 사용한다. 하지만 왕부인은 답장

《숙향전》

17세기 말엽에 창작된 고전 소설이다. 김전과 부인 장씨가 자식이 없다가 뒤늦게 딸 숙향을 얻는다. 숙향이 세 살 때 도적의 난이 일어났는데, 김전 부부는 피란길에 숙향을 잃어버린다. 부모를 잃은 숙향은 사슴의 도움으로 장승상집에 들어가 양녀가 된다. 숙향은 다른 노비 사향의 흉계로 도둑 누명을 쓰고 쫓겨나 물에 빠져 죽으려 하자 용녀가 구출한다. 하루는 숙향이 불에 타서 죽게 되었는데 다시 화덕진군에 의해 구출된다. 배가 고파 죽게 되었을 때는 천태산 마고 할미가 구출해서 같이 살게 된다. 어느 날 숙향은 자신이 선녀가 되어 천상에서 노는 꿈을 꾸고 그 광경을 수로 놓는다. 할미가 숙향의 수예를 저자에 내다 파는데 이 수예를 보고 반한 천상배필 이선이 숙향과 혼인을 한다. 이 사실을 안 이선의 아버지 이상서는 낙양원에게 숙향을 죽이라고 한다. 숙향이 자기 딸이라는 사실을 모르는 낙양원 김전은 잃어버린 딸을 생각하며 차마 죽이지 못한다. 이상서도 숙향의 비범함을 보고 마음이 달라져, 숙향을 자신의 집에 두고 사람됨을 시험한다. 이선은 과거에 장원 급제하고 부모의 승낙을 얻어 화목하게 지내게 된다. 이후 이선은 용궁과 봉래산에 가서 황태후의 병을 치료할 약을 구해오는 공을 세워 초나라 왕이 되고 숙향과 함께 선계로 돌아간다.

에서 "놀랍고 놀랍도다. 멀지 아니하여서 소장지환蕭墻之患이 날 것이니 너는 부질없이 벼슬 탐치 말고 일찍 해관 걸귀하라"고 하여 호칭도 '너'라고 하면서 평어체의 어법으로 머잖아 내부 환란이 일어날 것이니 벼슬자리 욕심 부리지 말고 돌아오라고 말한다. 벼슬이나 성별과 상관없이 손위는 하대를 하고 손아래는 경어를 사용한 것이다.

처가 및 시집과의 관계

이러한 관계는 혼인으로 맺어지는 처가 및 시집과의 관계에서도 적용되었다. 처남, 매부 간에도 나이에 따라 손위와 손아래의 관계가 기준이 되며 벼슬의 고하 등은 중요하지 않았던 것으로 보인다. 《소현성록》(191)의 주인공 소생이 첩을 들이는 잔치에서 손위 자형 한생과 다음과 같이 대화한다.

> "이제 장모님께서 비록 신부를 데려올지라도 이처럼 단정한 체하는 신부는 없을 것입니다. 자문아, 네가 조정에 가서는 상쾌하고 숙엄하여 전혀 이렇게 않더니 어찌 집에서는 이처럼 얌전하냐?"
>
> 상서가 바야흐로 잠깐 희롱하여 말하였다.
>
> "어떤 사람이 자형처럼 부모님 눈앞에서는 모진 기운을 드날리고 벼슬살이하면서는 아랫사람에게 몸을 구부려 공손하게 대하는 경우가 있겠습니까?"

소설에서 당시 자형의 직위는 밝히지 않고 있다. 그도 과거에 3등으로 급제하였지만 처남인 주인공은 장원급제하였으므로 벼슬은 어린 처남이 더 높았을 수도 있다. 하지만 자형은 처남에게 '자문아'라고 자를 부르고 농담조로 말을 건네며 하대하여도 처남은 깍듯한 경어를 사용한다. 손위 자형이 손아래 처남의 자를 부르는 것은 《소현성록》의 다른 곳에서도 볼 수 있다. 자형이 "자문이, 어디 갔었는가?"라고 묻자 소경이 "두루 구경했습니다"라고 경어로 대답하였다(46).

이러한 관계는 시집에서 여성들 사이에서도 적용되었다. 《소현성록》(157)을 보면 주인공이 새로 첩을 들이는 과정에서 손위의 시누이 소씨가 올케 화씨에게 위로의 말을 건네며 "그대는 말과 안색을 편하게 하여 첫째 부인의 위엄을 갖추도록 하게"라고 '〜하게'체를 사용한다. 이에 소씨는 감사하다고 하고는 말없이 있었다고 한다. 여기서도 손위와 손아래의 대화 양상은 동일하게 나타났다.

(2) 개화기의 변화

호칭의 변화

형제간의 커뮤니케이션은 개화기에도 별다른 변화 없이 나이가 가장 중요한 기준이 되었다. 반면 호칭에서는 많은 변화를 보인다. 손위는 손아래 동생들에게 이름을 부르거나 '이애'라 하대하며 그 반대로 손아래는 누님, 형님, 오라버니 등의 호칭을 사용하였다.《은세계》(456~458)를 보면 옥순과 옥남 남매가 대화를 나누며 누나인 옥순은 "이애 옥남아"라고 이름을 부르는 반면 동생인 옥남은 '누님'이라 부르며 대화한다.《화의혈》(409)에서 억울하게 죽은 선초가 여동생 모란의 꿈에 나타나서 "이애, 모란아"라고 동생의 이름을 부르며 "네 형의 뼈에 사모친 설원도 하여다고"라고 당부한다. 성별에 따라서 형(《구마검》, 102, 130), 오라버니(《화상설》, 178, 186), 누님(《은세계》, 458, 461;《화상설》, 198), 오빠(《구마검》, 119) 등 적합한 호칭을 사용하여 대화한다.

여기서 특기할 만한 사실은 오늘날에는 손위 형제를 부르는 칭호를 남녀에 따라 구분해서 사용한다. 남자가 손위의 남자 형제를 부를 때는 형, 손위의 여자에게는 누나라고 부르는 것이 일반적이다. 하지만 개화기 신소설에는 이러한 성별 구분이 엄격하게 적용되지 않았던 것으로 보인다.《화의혈》(409)이나《화상설》(207)에서처럼 자매간에 손위를 형이나 형님이라 부르는 사례는 요즘에도 없지 않지만 여성이 손위 여성에게 누님이라 부르는 것은 오늘날에는 찾아보기 힘들다. 그러나 개화기에는 이러한 용례도 어렵지 않게 찾아볼 수 있다. 《재봉춘》을 보면 주인공인 허씨 부인이 시어머니의 조카인 숙희에게 '누님'이라 부르는 장면이 여러 차례 나온다. 허씨가 아침 문안드리러 시어머니 방에 갔다가 숙희가 함께 있는 것을 보고는 "누님은 벌서 오셨읍더니까?"라고 공손한 경어로 묻자 숙희는 "이애, 너 오늘 꽤 일찍 일어났구나" 하고 하대하며 말을 받는다(24). 같은 소설에서 곤경에 처해 몰래 친정에 편지를 써서 우체통에 넣다가 숙희에게 들킨다. 이 장면에서 숙희는 허씨 부인에게 "형님이오?"라고 말을 건네자 놀란 허씨 부인은 "누님이오?"라고 받는다. 이렇게 양쪽이 모두 형님, 누님으로 호칭하는 것은 나이는 숙희가 많지만 허씨 부인의 남편보다는 손아래이기 때문인 것으로 보인다. 이처럼 친자매간은 아니지만 나이가 더 많은 사람을 '누님'이라고 부르는 것은 현대와는 다른 용례다.

예법의 완화

형제간의 대화에서도 조선 후기에는 손아래가 깍듯한 경어를 사용하였지만 개화기에는 경어를 사용하여도 예사 높임체가 대부분이었다. 예컨대 《화상설》(207)을 보면 동생이 "여보시오 형님, 너무 슬퍼 마시오. 어느 때든지 분풀이할 날이 있겠지요" 하고 말을 건네자 언니는 "이 사람 흘게 늦은 소리만 하고 있네"라고 물정 모르고 태평한 소리 한다고 응답하였다. 《치악산》(402)에서도 김씨 부인과 김생원 남매가 대화하는 장면에서 김생원이 "누님, 너무 설워 마시오. 그것이 무비제 팔자이지, 그리된 일을 지금 와서 생각을 하면 무엇이 능하겠소"라며 위로한다. 이에 김씨 부인은 "오냐, 아무러나 하자. 모진 목숨을 끊지는 못하고 평생을 이 구석에서야 살 수가 있겠니"라고 응답한다. 남자 동생은 '누님'이라는 호칭과 함께 예사 높임말을 사용하고 누나는 아주 낮춤말로 답한다. 이러한 사례들로부터 개화기에는 예절과 격식이 많이 완화되었음을 알 수 있다.

2. 비혈연 간 커뮤니케이션

어느 사회에서나 커뮤니케이션이 혈연관계에만 국한되지는 않는다. 혈연을 넘어서는 다양한 사람들과의 커뮤니케이션을 통해 더 많고 다양한 지식과 정보를 얻고 새로운 사회적 관계를 만들어 가게 되는 것이다. 조선 시대에도 마찬가지였다. 폐쇄적인 봉건 사회이기는 했지만 다양한 관계 속에 커뮤니케이션이 이루어지면서 사회적 관계와 삶이 이루어진 것이다. 그러면 혈연이 아닌 다양한 관계에서의 커뮤니케이션 양태를 이미 아는 사이와 모르는 사이의 두 차원으로 나누어서 살펴보기로 하자.

1) "이처럼 염려하옵시니 감사 만만하거니와": 아는 사이

(1) 사돈 간에는 예의를 다하여

사돈 간의 관계에서는 상호 경어를 사용하는 것이 일반적이었다. 사돈을 어려워하며 예의와 격식을 다하는 문화적 전통은 오늘날까지도 상당한 수준으로 남아 있다. 조선 시대에도 마찬가지였다. 사용 언어도 경어를 사용하였을 뿐만 아니라 자신의 자녀는 낮추고 상대의 자녀를 칭찬함으로써 서로 존중하고 예의를 다하였다.《소현성록》(331~332)을 보면 주인공의 사촌이 결혼하는 날 사돈댁의 부인들도 자리를 함께하게 되었다. 이 자리에서 주인공의 어머니 양부인은 딸의 시어머니, 즉 사돈 부인과 다음과 같은 대화를 나누었다.

"부인이 뛰어난 딸을 두셨으면서도 제 아들의 못나고 추함을 싫어하지 않으시어 혼인하기를 허락하셨습니다. 며느리가 그윽하고 한가로우며 정숙하여 숙녀의 풍채가 있으니, 이는 다 부인의 덕택입니다."
양부인이 겸손하게 사례하며 말하였다.
"홀로된 제가 못난 자식을 거룩한 가문에 보내고 밤낮으로 걱정하는 바는 죄를 얻을까 하는 염려입니다. 그런데 부인들께서 너그러우시고 거룩하신 덕을 열어 세월을 무사하게 지내니, 이는 다 높으신 가문의 어지심 덕분이며, 어진 사위들이 관대하여 아내의 작은 허물을 용서한 덕입니다. 제가 감격함을 이기지 못하여 구천에 가더라도 이 은혜를 반드시 갚겠습니다."

양쪽 모두 자기 자식의 부족함을 거론하며 거두어 주는 상대 집안의 너그러움을 칭송하는 식으로 격식을 갖추어 예를 다한다. 그러나 사돈과 화장실은 멀수록 좋다는 옛 말도 있듯이 사돈 사이의 커뮤니케이션 사례는 소설 속에서도 매우 드물었다. 그만큼 커뮤니케이션의 기회가 제한되었던 것으로 볼 수 있다.

(2) 동료 사이의 커뮤니케이션

한편 동료들 사이에서는 서로를 형님 또는 형이라 칭하며 상호 존대
하였다. 상대가 나이가 어리더라도 하대하지 않고 지위를 존중해 주
었다. 《소현성록》(236)을 보면 집 근처에서 낚시하던 주인공 상서에게
같이 과거에 급제했던 동료들이 찾아와 다음과 같은 대화를 나눈다.

> "**형님**이 여기에 왜 와계십니까?"
> 상서가 답하였다.
> "국화 향기를 맡으니 맑고 깨끗한 가을 물이 생각나서 여기에 나왔습니
> 다. 그런데 **여러 형들**이 찾아오니 매우 다행스럽습니다." (……)
> "**소형**은 진실로 맑고 자상한 사람입니다. 이런 선경을 대하여 낚시를 노
> 니니 어찌 아름답지 않겠습니까? 저희들은 형이 부럽습니다. 신선이 산
> 다는 영주산을 아침저녁으로 대하셨군요."

14세의 어린 나이에 장원급제한 주인공보다는 다른 동료들 대부
분이 나이가 더 많았을 것이다. 그럼에도 불구하고 주인공을 형이라
부르고 있다. 주인공도 이를 받아서 '여러 형들'이라는 호칭을 사용하
고 그 어법도 상호 경어를 사용한다.

《배비장전》(석인해, 1999, 51~52)을 보면 꾀병을 부리는 배비장을
보고 주변의 동료들이 이를 알면서도 맞장구쳐 주는 장면을 다음과
같이 묘사한다.

> "예방께서는 급곽란인 듯 싶으니 침이나 한 대 맞으시오."

"아니오. 나는 침 맞을 병이 아니요. 좀 진정하면 낫겠소."

여러 비장이 웃음을 참고 방자 불러 하는 말이,

"예방 나으리 병환이 본병환이라 하시니 진정하여 잘 모시고 오너라."

(……)

배비장 심중에 대단 환희하여

"여러분 동관께서 이처럼 염려하옵시니 감사 만만하거니와, 아무쪼록 사
또께 미안치 않도록 잘 여쭈어 주시기를 바라오. 애고, 배야."

함께 일하는 동료들 사이에도 상호 경어를 사용하여 대화한다. 이
처럼 동료들 사이에는 상호 존중하며 경어를 사용하는 것이 일반적이
었다고 할 수 있다.

(3) 개화기의 변화

서로 이름으로 불러: 친구 사이

개화기 신소설을 보면 동년배의 친구 사이에는 격식을 차리기보다
는 친밀하고 편하게 주고받는 커뮤니케이션이 일반적이다. 상호 간에
이름을 부르거나 '자네'라 칭하며 평어로 대화를 나누었다. 《은세계》
(417)를 보면 친구 사이의 두 남자가 "여보게 치일이," "여보게 주삼
이"라고 서로 상대의 이름을 부르며 대화를 이어 간다. 《추월색》(17)
에서는 원래 친구 사이에 사돈을 맺게 된 두 남자의 대화에서 "자네
는 저러한 아들을 두었으니 마음에 오작 좋겠나"라고 사윗감을 칭찬
한다. 친구 사이의 이러한 대화 상황은 《화상설》(202)에도 등장한다.
오랜만에 주막에서 우연히 만난 친구 간에 "여보게 순우, 자네 만난

지 오래일세"라고 반가워하자 상대방도 "아 윤팔인가, 참 몇 해 만에 보나. 그런데 자네 어디 가는 길인가?"라고 화답한다. 《화의혈》(351)에서도 여주인공이 기생이 되어서도 남자 옷을 입으면서까지 절개를 굳게 지키는 것에 대해 주변의 여러 의견들을 소개한다. 그 내용을 보면 어떤 이는 '이애 선초야'로 말을 시작하고 어떤 이는 '여보게 선초씨'라고, 또 다른 이는 '자네'라 칭하며 칭찬하거나 혹은 타이른다.

친구 사이의 이러한 관계는 젊은 사람들의 경우도 마찬가지였다. 부모가 사돈을 맺기로 결정한 《추월색》의 젊은 남자 주인공 영창이 "이애 정임아, 나는 너한테로 장가가고, 너는 나한테로 시집온다더라"고 말은 건네자 여 주인공 정임은 "장가는 무엇 하는 것이오, 시집은 무엇 하는 것이냐?"라고 받는다. 서로 평어체로 이름을 부르며 편하게 대화한다. 때로는 이름이나 별다른 호칭 없이 '야' 혹은 '이애' 하고 부르는 사례도 등장하였다. 《추월색》(49)의 여주인공 정임을 짝사랑하던 강소년은 시내에서 친구를 만나자 "이애, 오래간만에 만났으니 술이나 한잔씩 먹자"고 말을 건넨다.

사돈 간의 커뮤니케이션

사돈 간에는 개화기에도 상호 경어를 사용하여 공대하였다. 《치악산》(393)을 보면 사돈 간인 이판서와 홍참의가 다음의 대화를 나눈다.

> **홍참의** "허, 지낸 일을 생각하고 대감을 뵈오니, 평일에 제가 齊家를 잘못하여 그런 화란을 빚어내게 한 홍○○의 얼굴이 뜨겁소. 무남독녀로 딸 하나 두신 대감의 정리도 가이없거니와, 며느리 저 하나만 믿던 이놈의 집일도 말이 못되었소."

이판서 "흥, 미거한 여식은 제 팔자가 기험하여 그런 변을 당하였으니 수원수구誰怨誰咎*를 하겠소마는, 풍편으로 들더라도 영애의 화변은 그런 가이없을 데가 어디 있단 말씀이요."

'대감'이라 부르며 경어를 사용하여 대화한다. 자기 자식은 '미거한 여식'이라 낮추고 상대의 자식은 남의 자식을 높여 주는 용어 '영애令愛'라고 불러 준다. 《치악산》(388)에서는 이판서의 부인 정씨가 사돈 집안의 자식 남순에게 다음과 같이 말한다.

(……) 에그, 엄전도 하지. 우리 딸이 일상 칭찬을 하더니 과연 명불허득인걸, **아직 시집가기 전이니 처음 보아도 하게를 하네.** 여기가 아무리 사돈집이기로 이리할 사돈이 있고 저리할 사돈이 있지. 우리 두 사돈집이야 무슨 흉허물이 있겠나. 조금도 불안하여 말고 자네 남매가 한방에 같이 있게."

이 말에서 우리는 당시 사돈 간의 예법을 찾아볼 수 있다. "시집가기 전이니 처음 보아도 하게를 하네"라는 말에서 사돈댁의 손아래 자식이라도 결혼하였으면 하대를 하지 않았음을 알 수 있다. "아무리 사돈집이라도 불안해하지 말고 편하게 있으라"는 말에서 당시 사돈들 간에 예의와 격식을 차리는 문화가 강했음을 짐작할 수 있다.

---

* 남을 원망하거나 탓한다는 뜻이다.

'자네'와 '소인': 신분이 다른 경우

신분 차이가 나는 경우는 아랫사람은 경어를 윗사람은 평어체를 사용하였다. 《재봉춘》(22)을 보면 양반인 허부령이 백정 출신의 부자 백성달에게 "어, 자네 그동안 관계치 아니한가?"라고 그간의 안부를 묻자 백성달은 "네, 저는 관계치 아니하나 처 병이 대단히 걱정이올시다"라고 대답한다. 양반은 자네라 부르며 하대하지만 천민은 경어를 사용한다. 같은 양반이지만 지위가 낮은 사람을 존중해서 부를 때는 '노형'이라는 호칭을 사용하였다. 《화의혈》(358)을 보면 전라도 장성에 동학운동 평정을 위해 내려 왔던 이시찰이 신대감에게 잘 평정되었다고 상황을 보고 하자 신대감은 "노형이 큰 훈로를 세우셨소"라고 치하한다.

하인들이 대화에서 상전을 칭할 경우에는 남자에 대해서는 '영감,' 여자에 대해서는 '마님' 혹은 '아씨'라는 호칭을 자주 사용하였다. 《구마검》(96)을 보면 노파가 여주인공 최씨 부인과 대화하는 가운데 남자 주인공 함진해를 칭하며 "마님, 인제는 걱정 마옵시오. 영감께서 허락을 하셨읍니다"라고 말한다. 《빈상설》(14)에서는 하인인 복단의 어머니가 주인공 서정길의 본처 이씨 부인과 대화하며 "적소에 가신 우리 댁 영감께서도 오래지 아니하여 풀려 오셔서 내직 벼슬이나 하시면 좀 좋겠읍니까?"라고 말한다.

여자 하인들이 상전과 대화하며 자신을 칭할 때는 '쇤네'라는 표현이 주로 사용되었다. 《치악산》(297)을 보면 하인 옥단이 훌쩍훌쩍 울자 김씨 부인이 "요 방정맞은 년, 식전 참에 계집년이 왜 쪽쪽 우느냐?"고 핀잔을 준다. 이에 옥단이는 "쇤네는 마님을 모시고 온 터이오니 죽어도 마님을 위하여 죽고, 살아도 마님을 위하여 살고, 울어도 마님을 위하여 우는 터이오니, 마님이 쉰네 마음을 알아주시지 못하면 쉰네는 죽어도 한을 못 풀고 죽겠습니다"라고 답한다. 옥단이의 대답에서 쉰네라는 표현이 세 번이나 사용되었다. 《빈상설》(15)에서도 하인 금분이가 집에 들어오며 상전인 이씨 부인에게 "아씨, 무엇을 하십쇼? 쉰네 왔습니다"라고 말을 건다. 이 표현은 그 밖에도 여러 차례 등장하였다(《빈상설》, 27, 61~62, 《화상설》, 205; 《재봉춘》, 65, 68; 《치악산》, 272, 297, 314, 338 등).

반면 남자 하인은 상전에게 자신을 '소인'이라 칭하였다. 《치악산》(307)에서 하인 고두쇠가 상전 홍참의에게 "오늘밤에 소인 아니더면 댁에서 도적을 맞을 뻔하였습니다. 아까 웬 도적놈이 담을 뛰어 넘어가다가 소인에게 쫓겨 달아났습니다"라고 말한다. 이러한 용례는 《치악산》에 여러 차례 등장한다(284, 365 등). 《빈상설》(75)에서도 하인 거복이가 이승지에게 말하면서 "영감 자제 서방님께서 영감 풀리신 문적文蹟을 가지시고 내려오시더니, 소인의 말씀을 들으시고 편지를 써서 소인을 주시며, 제주 배소配所로 건너가 모시고 올라가라 분부" 하셨다는 식으로 소인이라는 표현이 여러 차례 등장한다.

신분의 차이가 나는 남자들 사이에서도 '영감'이라는 호칭이 사용되었다. 《재봉춘》(77)에서 백정 출신의 백성달이 양반인 허부령과 대화하며 "영감, 이번에는 정말씀이니까?"라고 영감이라 부르며 묻는다. 이어지는 대화에서도 백성달은 "그러면 인제는 영감을 참마음으로 믿을 터이니, 영감께서도 참마음으로 저희들을 사랑하시면 영감 댁 일은 발벗고나서서 보아 드리겠습니다"라고 계속 영감이라는 호칭으로 말을 잇고 있다. 전술한 대로 양반 계층의 부부 사이에서도 영감이라는 호칭을 많이 사용하였음을 고려하면 이 칭호는 관계나 신분, 성별을 초월하여 양반의 남자 어른을 칭하는 일반적 호칭이었다고 할 수 있다.

《치악산》(284)을 보면 사위 백돌이 장인 집을 방문하자 하인들이 이 사실을 알리며 안채로 달려가 "마님 마님, 원주 새서방님 오십니다"라고 아뢴다. 《치악산》(288~289)에서는 하인 검홍이 젊은 이씨 부인과 대화하는 장면에서 이씨 부인은 "이애 검홍아"라고 이름을 부르지만 하인 검홍이는 "아씨"라고 부르며 대화한다. 《화상설》(191)에서는 노비인 순돌과 윤만이 나누는 대화에서 여자 상전 평양댁을 언급하며 "자, 이것 보아라. 이만하면 술을 암만 먹어도 돈은 부족치 않다. 이 돈이 다 우리 마마님께서 수목이를 집어세라고 주신 것이다"라고 '마마님'이라는 호칭을 사용하였다.

또한 상대가 나이 많은 양반일 경우 '선생님'이라는 호칭도 사용되었다. 《구마검》(116)을 보면 남자 주인공 함진해가 임씨 성의 지관에게 '선생님'이라 호칭하며 대화하는 장면이 나온다. 함진해가 "선생님, 선생님께서 이같이 박복한 위인을 아시기가 불찰이시올시다. 아무쪼록 불쌍히 보셔서 화패나 다시없을 자리를 지시하여 주옵소서"라고 부탁하자 임 지관은 함진해를 보고 "영감이 산리山理를 모르니까 그 말하기도 쉬우나, 말을 들어보면 짐작이 나서리다"라고 상대를 '영감'이라 부르며 대화를 이어간다.

나이 어린 상전이 하인을 부를 때는 하인의 자식 이름 뒤에 아범이나 어멈을 붙여 호칭하였다. 《화상설》(188)을 보면 상전인 애경이 하인 순돌에게 "여보게 간난이 아범, 무슨 꽃구경을 이렇게 멀리 가셨나?"라고 묻는다. 순돌이라는 이름이 있지만 하인이더라도 나이가 많은 사람에게 직접 이름을 부르지는 않고 자식의 이름 앞에 아범을 붙여 부르고 있다. 같은 《화상설》(192)에서는 상전인 수목이 하인 윤만이를 "여보 갑득 아범"이라 부르며 대화를 이어 간다.

《재봉춘》(68)에서는 허씨 부인이 어릴 적 유모였던 수철 어멈을 만나자 "이것이 누구요? 수철 어멈이 아니오?"라고 반긴다. 이에 대해 수철 어멈은 "옳지! 인제 알겠군! 그래 작은 아씨가 이것이 웬일이오?"라고 상전을 '작은 아씨'라 부르며 대화한다.

앞에서 부부 사이에 마누라라는 호칭이 조선 후기에 비해 훨씬 편하게 자주 사용되는 용어가 되었다고 지적하였지만 아는 사이의 대화 중 나이 많은 여성을 직접 칭하거나 상대방의 어머니를 칭할 때에도 이 마누라라는 호칭이 사용되었다. 이러한 사례는 여러 곳에서 찾아볼 수 있다. 앞서 《치악산》(352)에서 살펴본 것처럼 여주인공의 시어머니 김씨 부인이 하인 남순, 옥단과 함께 보살과 대화하며 보살을 '마누라님'이라 칭한다. 《구마검》(92~93)에서는 무당이 자신을 찾아온 노파와 대화하며 노파를 '마누라님'이라 부른다. "아무렴. 먹는 것은 어디로 갔든지 마누라님 지휘를 내가 아니 들으며, 또 돈이 생기기로 내가 마누라님을 모르는 체하겠소?"라고 굿을 부탁하러 온 노파의 기분을 맞춰 준다. 《빈상설》(53)에서는 승학이 화순집의 딸 옥희와 나누는 대화에서 화순집을 언급하며 "그 마누라님은 나도 두어 번 뵈왔지. 어쩐지 색시 어머니 되시는 마누라님 얼굴이 방불하더라"라고 말한다. 대화 상대의 어머니를 '마누라님'이라고 높여 부르며 대화한다. 이를 볼 때 조선 시대에는 대갓집의 여자 어른을 칭하는 용어로 사용되던 '마누라'라는 호칭이 개화기에 오면 다양한 상황에서 나이 많은 여성을 존중해 주며 부르는 호칭으로 변화되었음을 알 수 있다.

2) "젊은이는 어디에서 오십니까?": 모르는 사이

(1) 신분과 나이가 주요 변수

커뮤니케이션은 아는 사이에서만 이루어지지는 않는다. 폐쇄된 사회라면 공동체 내의 아는 관계 속에서 이루어지는 커뮤니케이션이 거의 태반을 차지하겠지만 공간적 유동성이 높아진 사회에서는 모르는 사람과도 부딪치며 대화가 필요한 상황이 많아지게 마련이다.

　모르는 사람과의 커뮤니케이션에서는 신분의 차이가 어법을 결정하는 가장 큰 변수가 된 것으로 보인다. 양반들이 기생이나 뱃사공 같은 천민이나 중인을 대할 때에는 거의 예외 없이 하대하는 어법을 구사하였다. 《조웅전》(69~70)에서 배를 타고자 하는 왕부인이 지나가는 배를 향하여 "선주船主는 급한 사람을 구완救援하라"고 재촉하자 어린 사공이 배를 세우고 "어떤 사람이 바삐 가는 배를 만류하나니까?"라며 배에 오르기를 재촉하였다는 장면이 나온다. 나이가 어리기도 하였지만 양반인 부인은 뱃사공에게 하대하고 사공은 존대함을 알 수 있다.

　《조웅전》(101)의 주인공 조웅이 주막의 주인에게 "어제 칼 팔려 하던 노인이 어디 있으며 오늘은 어찌 아니 오나니이까?"라고 경어를 사용하여 물었다. 이에 주인은 "그 노인이 어디 있는지 모르되, 칼을 팔려 하고 왕래한 지 일삭이 넘었으되, 값도 중할 뿐 아니라 혹 사고자 하는 사람이 있어도 즐겨 팔지 아니 하더이다"라고 경어는 아니지만 하대도 아닌 평어체로 답한다. 조웅이 당시 어린 나이였지만 행색이나 여러모로 보건대 신분이 양반집 자제인 것으로 보여 주막집 주인이 하대하지 않고 평어체를 사용한 것으로 볼 수 있다.

《조웅전》(102)에서는 위의 장면에 바로 뒤이어 주막집 주인이 그 노인과 대화하는 장면이 나온다.

주인이 노옹더러 물어 왈,

"어떤 아이가 노인의 거주와 칼 금을 묻더이다"

하니 노옹이 대경 왈,

"그 행색이 어떠하더뇨?"

주인 왈,

"거동이 이러저러하더이다."

노옹 왈,

"그 아이 거주를 아는가?"

주인 왈,

"알지 못하나 기다리소서, 다시 오리이다."

여기서 주인은 깍듯하지는 않지만 경어를 사용한 반면 노인은 평어로 말을 한다. 아마도 이 장면에서는 나이가 주요 변수가 되어 연장자는 하대를 하고 연소자는 경어를 사용한 것으로 볼 수 있다. 그 뒤에 웅이를 만난 노인은 "그대 이름이 웅이냐?"라고 반말로 묻자 조웅은 "웅이옵거니와 존공은 어찌 소자의 이름을 아시나니이까?"라고 상대를 '존공'이라 칭하며 깍듯한 경어를 사용한다. 이처럼 당시의 대화에서는 나이가 중요한 변수였음을 알 수 있다.

《소현성록》(60~61)에서도 주인공 소경이 친구들과 기생을 불러 풍류를 즐기는 장면에서 기생의 노래를 듣고는 "진정 명창이로구나.

다만 너희들의 곡조가 새롭지 않으니 내가 가사 하나를 지어 너희 빈손에 값을 더하겠다"라고 말하고는 새로 가사를 지어 주었다. 이에 기생들이 크게 기뻐하는데 그중 한 기생이 "저는 기녀이나 실은 군자를 사모하여 다른 사람을 섬기지 않았으니 상공 밑에서 수건과 빗 시중 들기를 바랍니다"라고 말한다. 여기서도 소경은 기생들에게 하대하지만 기생은 경어를 사용하여 존대한다.

신분이 같을 경우에는 나이가 중요한 기준이었던 것으로 보인다. 《배비장전》(석인해, 1999, 33)을 보면 애랑이 방자에게 말을 건네며 다음과 같은 대화가 전개된다.

"**이애**, 네 무엇을 찾느냐?"
"옷 찾소."
"무슨 옷이냐?"
"베 고의 적삼이요."
"**이놈아**, 이 삼월에 베옷을 내어 무엇 하느냐?"

애랑이 방자에게 '이애' 혹은 '이놈'이라며 하대하지만 방자는 '하오'체를 구사한다. 모르는 사이였지만 외모나 상황으로 보아 신분이 금방 판단 가능하며, 애랑이 방자의 나이가 자기보다 적다고 보아서 하대하였을 것이다. 그러나 이후 친교가 쌓이면서 방자 역시 애랑의 이름을 부르며 서로 편하게 반말을 주고받는 형태로 바뀐다. 배비장의 편지를 전하러 온 방자가 애랑에게 "이애, 애랑아! 답장을 하되 너무 허수이 말고 진득히 좀 당겨라"(석인해, 1999, 72) 하며 반말로 너무 쉽게 굴지 말고 애를 좀 먹이라고 말한다. 처음에는 존대를 하던 방자가 이제는 익숙하고 친해지니 함께 반말을 주고받는 사이로 바뀐 것이다.

(2) 신분을 모르면 외관이 중요

모르는 사이에는 신분이나 나이도 확인이 안 되는 경우가 많으므로 첫 만남에서는 대개 조심스럽게 상호 존대를 하는 경우가 많았다. 《소현성록》(267)에서 안찰사 신분의 주인공 소경이 시골의 한 주막에 들어가자 술 마시고 있던 한 노인이 "젊은이는 어디에서 오십니까?"라고 말을 건넨다. 이에 주인공이 "저는 서울 사람으로 산을 구경하러 이곳에 왔습니다. 여러 어르신들은 어떤 사람이십니까?"라고 답한다. 주인공이 외모상으로 보아도 나이가 어림에도 신분이 확인되지 않으니 상대는 노인임에도 경어체로 말을 건네자 주인공도 상대의 신분을 확실히 모르는 상황이고 나이도 많아 보여 경어로 답한다.

　한편 외모나 상황으로 신분이나 연령을 가늠하기 어려운 경우에는 행색이나 옷차림 등 신분의 높고 낮음을 확인할 수 있는 부가적인 정보가 대화에 더 영향을 미친 것으로 보인다. 《배비장전》(석인해, 1999, 104~105)에서 곤경에 빠진 배비장이 물질하는 어느 해녀에게 배편을 물어보며 다음과 같은 대화를 나눈다.

> "여보게 이 사람, 말 좀 물어 보세."
> 그 계집이 한참 물끄러미 보다가 대답도 아니 하고 고개를 외두르니, 배비장 그중에도 분해서 목소리를 돋우어 다시 책망 겸 묻것다.
> "이 사람, 양반이 말을 물으면 어찌하여 대답이 없소?"

"무슨 말이랍나? 양반 양반 무슨 양반이야 **행검이 좋아야 양반이지**, 진정 양반이면 남녀유별 예의염치도 모르고 남의 여인네 발가벗고 일하는 데 와서 말이 무슨 말이며, 싸라기 밥 먹고 병풍 뒤에서 낮잠 자다 왔습나. **초면에 반말이 무슨 반말이여?** 참 듣기 싫군, 어서 가소. 오래지 아니하여 우리 집 남정네가 물속에서 전복 따 가지고 나오게 되면 큰 탈이 날 것이니 어서 바삐 가시라구."

배비장이 양반이라고 반말로 말을 걸었다가 오히려 면박을 당한다. 이 장면에 뒤이어 소설에서는 "배비장이 하방遐方이라고 한 손 놓고 하대를 하다가 그 말을 들어 보니 모양이 또 수통할뿐더러 부끄러운 마음이 앞서"게 되었다고 묘사한다(석인해, 1999, 105). 서울에서 멀리 떨어진 시골이라고 만만하게 보아 하대하였다가 분하고 부끄러운 지경에 처하게 되었다는 말이다. 양반임에도 불구하고 행색이 하도 궁색하니 해녀가 쌀쌀맞게 대하면서 행색으로 보아 양반 같지도 않은데 초면에 무슨 반말이냐며 오히려 면박을 당한 것이다. 또한 물질을 위한 옷차림을 한 여인에게 외간 남자가 말을 거는 데 대해서도 면박하며 남편이 보면 큰일이니 빨리 가라고 재촉한다. 이를 통해 옷차림이나 외모가 신분을 판단하는 데 중요한 기준이 되며, 남녀유별의 엄격함도 잘 알 수 있다.

배비장은 뱃사공에게 배편을 문의하는 장면에서도 같은 경험을 한다. 다음은 배비장이 배편이 있다는 소리를 듣고 반가워하며 뱃사공을 찾아 대화를 나누는 장면이다(석인해, 1999, 108~109).

"어! 이 뱃사공이 누구여?"

사공이 반말에 비위가 틀려,

"어! 사공 왜 찾어?"

"말 좀 물어보면……."

"무슨 말?"

"이 배가 어디로 가는 배여?"

"물로 가는 배여."

원래 배비장이 사공더러 위대하기는 초라하고, '해라' 하자니 제 모양 보고 받을는지 몰라, 어중 벙벙이 말을 내놓다가 사공의 대답이 한층 더 올라가는 것을 보고, 한숨을 휘 – 쉬며,

"허! 내가 춘몽을 못 깨고 또 실수를 하였구나."

어법을 고쳐 입맛이 썩 들어붙게,

"여보시오. 노형이 이 배 임자시오?"

사공은 목낭청의 혼이 씌웠던지 그대로 쫓아가며

"그렇습니다. 내가 이 배 임자올시다."

배비장이 사공에게 존대하기도 어색하고 하대하려니 자신이 없어 어정쩡하게 반말 투로 말을 걸었다. 여기서 목낭청이란 분명하지 않게 어름어름 대답하는 사람을 말한다.[21] 즉 사공도 똑같이 애매한 어투로 대답하자 자신의 실수를 깨닫고는 '당신이 이 배 임자시오?'라고 경어로 말투를 바꾼다. 이에 따라 사공도 말투를 바꾸어서 "그렇습니다. 내가 이 배 임자올시다"라고 경어를 사용하여 대화를 이어간다. 여기서도 행색이 초라한 자가 초면에 반말을 하자 뱃사공도 같이 반말로 응대하다가 말투를 바꾸어 높임말을 쓰자 상대가 따라서 경어로 바꾼 것이다.

《춘향전》(301~302)에서도 과거에 장원급제하여 어사또가 되어서 고향 땅에 돌아온 이몽룡은 신분을 감추고 남루한 차림을 하고는 어느 농부에게 그 마을의 민심과 분위기를 물어보며 다음과 같은 대화를 주고받는다.

농부더러 물어 왈
이 고을 사또께서 공사가 어떠한가
농부 허허 웃고 제가 어사인 듯이 공사를 묻는구나
공사는 이러하지 밥 잘 먹고 술 잘 먹고 그 위에 명관업고
열녀 춘향을 명일 잔치 후 때려 죽인다지
어사또 그 말은 모르는 체하고
여보 춘향이 다른 서방 얻으려고 본관 말을 아니 듣는다지
농부 기겁하여 두 눈을 부릅뜨고 맹호같이 달려들어 어사또 따귀를 붙이는데
정절한 춘향이 생모함 잡아내어 불칙한 욕을 하니 보았느냐 들었느냐
보았으면 눈을 빼고 들었으면 귀를 째자
한번 뺨을 치고 하는 말이
가래 가져오너라 여기 파고 이놈 묻자
하는 소리에 어사또 위급하여 하는 말이
한번 실수는 병가상사라 모르고 한 말이니 고만 물침하소서
늙은 농부 나서면서
그런 말 또 하다간 목숨 살기 어려우니 다시는 그리 말고 어서 가소

그 지역 사또의 평판을 물어보고 춘향이 다른 서방 얻으려고 그

러는 거 아니냐고 짐짓 떠보았다가 농부의 격한 반응에 잘 몰라서 실수한 것이니 탓하지 말아 달라고 사정하여 겨우 봉변을 면하는 장면이다. 양반 신분이지만 허름한 행색으로 위장한 이몽룡과 나이 많은 농부가 서로 평어로 대화를 주고받았다.

《이춘풍전》(343)에서는 기생 추월에게 빠져 가진 돈을 전부 날리고 거덜 난 춘풍이 이제는 추월에게 사환이라도 시켜 달라고 애걸하게 되었다. "추월이, 내말 듣소. 어이 그리 박절한가?"하며 간청한다. 하지만 추월은 안면을 바꾸며 "여보소 이 사람, 자네 언행 못 고칠까? '추월아 추월아' 하고 '합소 맙소'하여, 내 이름 또 부를 텐가? 내 집에 다시 있으며 사환을 하자 하면 체면상에도 못 하겠네"라고 짜증을 낸다. 그동안 이춘풍의 곁에 찰싹 붙어 온갖 교언영색으로 모든 것을 후려내던 기생 추월이 상황이 바뀌자 안면을 싸악 바꾸고는 이제 하대하지 말라고 요구한 것이다. 그럼에도 아무 대책이 없던 이춘풍으로서는 달리 방법이 없어 추월이에게 경어로 바꾸어 말을 이어 갔다. 소설에서는 이를 "'애기씨'라는 말이 절로 나고, '하시오'라는 말이 절로 난다"라고 묘사하였다. 사환이라도 하기 위해 어쩔 수 없이 추월에게 경어체로 바꾸었던 것이다.

(3) 명함을 들인다: 남의 집 방문할 때

남의 집을 방문하였을 때는 대문 앞에서 큰소리로 사람을 불렀다. 이 소리를 듣고 집안에서 누군가 나오면 자신의 신분을 밝혔다. 《숙향전》(275)을 보면 숙향과 인연을 맺게 되는 이선이 숙향의 부모를 찾아가서는 대문 앞에서 "상공이 계시냐"고 물었다. 이에 하인이 "계시나

이다"라고 응답하자 "낙양 동촌 이 위공의 아들 선이 뵈오러 왔음을
고하라"고 자신의 신분과 방문 사실을 알렸다.

　이처럼 초면에 신분을 알리는 경우, 본인의 관직이 없으면 대부분
아버지의 직위로 자신의 신분을 밝혔다. 《홍길동전》에서도 홍길동이
절을 방문하여 스님에게 "나는 경성 홍판서 댁 자제라"(35)고 자신의
신분을 밝힌다. 이렇게 자신의 신분과 가문, 거주지 등 여러 가지 정
보를 상대에게 전하는 것임을 알 수 있다.

　이처럼 남의 집을 방문하여 자신의 신분을 밝히고 뵙기를 청하는
것을 조선 시대에는 '명함을 들인다'고 표현하였다. 《숙향전》에서 숙
향을 찾아 나선 이선은 숙향이 어린 시절을 보낸 장승상 집을 찾는다.
이 대목을 소설에서는 "남군 장승상 집을 찾아가 **명함을 드리니**"라고
표현하였다. 《소현성록》(61)에서도 앞에서도 인용한 바 있지만 주인
공이 손님을 접대하기 위해 기생을 불러 풍류를 즐기며 가사도 지어
주고 하였는데, 그 기생들이 자리가 끝나도 돌아가지 않고 주인공 어
머니께 뵙기를 청한다. 이를 소설에서는 하인이 대부인께 "경내에 있
는 창원루 명창 유낭자, 홍선색, 경황, 선랑 네 명이 부인께 명함을 들
여보냈습니다"라고 전한다. 기생을 집 안에 들였음을 알게 된 대부인
은 주인공 소경을 불러 몸가짐을 더욱 신중히 하라고 크게 꾸짖는다.

(4) 남녀유별은 여전: 개화기의 변화

모르는 사이의 커뮤니케이션은 개화기에도 큰 변화 없이 비슷한 양
상으로 전개되었다. 모르는 사람끼리 처음 만나는 자리에서는 자신
의 사는 곳과 이름으로 신분을 밝히며 대화를 시작하였다. 《구마검》

(121~122)의 주인공이 무당의 말을 듣고 조상의 묘를 옮기려고 자리를 물색하던 중 마땅한 자리의 주인 최생원을 만나는 장면에서 최생원이 "대관절 댁이 누구시오?"라고 묻자 "네, 서울 다동 사는 함일덕이올시다"라고 답한다. 이에 최생원은 "네, 그러하시오? 나는 성은 최가고, 자는 옥여요. 무슨 일로 찾아 계섭더니잇가?"라고 되묻는다. 최생원은 만난 장소가 자신의 집이라서 이름만을 밝힌 것이다. 같은 소설 《구마검》(123)에서는 주인공 함진해를 낯선 사람이 찾아와 만나는 장면을 다음과 같이 묘사한다.

> 어떠한 의표儀表도 선명하고 위인도 진걸한 듯한 사람 하나이 찾아들어와 함진해를 보고 인사를 통한다.
> "주인장이 누구시오니잇가?"
> 함진해가 아무리 살펴보아도 한 번도 본 적이 없는 사람이라.
> "네, 내가 주인이요. 웬 양반이신데 무슨 사로 찾아 계시오?"
> "네, 나는 고양 읍내 사는 강서방이올시다." (……)

이렇게 서로 신분을 확인한 후에 대화를 이어가는 것이다. 남의 집을 방문하여 자신의 방문을 알리고 신분을 밝히는 풍습도 여전하였다. 《빈상설》(34)을 보면 뚜쟁이 화순댁으로부터 평양댁을 소개받아 첩으로 들이고는 본부인도 쫓아내 버린 주인공 서정길이 화순댁의 집을 방문한 장면을 다음과 같이 묘사한다.

> "이리 오너라, 이리 오너라."
> 두어 마디를 부르니까 안으로서 여인의 소리로 대답을 하는데,

"거게 누가 오셨나 여쭈어 보아라."

"소안동 계신 서판서 댁 서방님 오셨다고 여쭈어라."

'이리 오너라'라고 큰소리로 방문 사실을 알리고는 집안의 반응이 있자 자신의 집과 부친의 벼슬로 신분을 밝힌다. 《재봉춘》(18)을 보면 주인공 허씨 부인에게 노비 계순이 들어와서 "송현 허부령 영감 오셨습니다"라고 방문객의 내방을 알린다. 이에 허씨 부인은 "이리 들어오십사고 하여라"고 하여 방문객을 모시도록 명하여 만난다.

신분의 차이가 가장 큰 변수가 되는 것은 개화기도 마찬가지였다. 모르는 사이에는 신분을 정확히 알지 못하는 경우가 많으므로 행색으로 신분을 추정하여 그에 맞춰 대응했던 것으로 보인다. 《치악산》(403)을 보면 친정으로 쫓겨난 홍참의의 첩 김씨 부인이 동생 김생원과 함께 서울로 가는 도중 주막에 들른다. 김생원이 문짝을 치며 "여보게 주막장이, 내행 사처방 하나를 어서 치워 주게"라고 주인을 부른다. 이 말은 귀한 여자 손님이 객지에서 잠시 묵을 방을 준비해 달라는 말이다. 하지만 그 행색이 추레해 오히려 주모에게 타박을 받게 되는 장면을 다음과 같이 묘사한다.

주막장이가 아래 위를 쓱쓱 훑어보더니 빙긋 웃으며,

"어, 이 꼴 같지 않은 것을 다 보겠구. 왜 혀 동강이 끊겼나, 반말은 어따 하며 여보게는 누구더러 여보게야. 어젯밤에 꿈자리가 뒤숭숭하더니, 어 별꼬라지를 구경하는군. 어서 다른 데로 가아."

김생원 "응, 나도 주막장이더러 반말은 할 만한 사람이지. 설사 반말을 좀 하였기로 저리 볼 꼴 사납게 할 것이 무엇 있다구. 그래, 주막장이 명색하고 오는 양반을 쫓는 법이 어디 있노."

주모 "허허, 그래도 죽겠다고 반말이지. 저것은 어디서 잡아온 백성이 저 지경이야. 그래서 주막장이더라 반말 할 사람은 따로 있나. 게가 명색이 무엇이야."

별 것 아닌 걸로 보이는 사람이 반말하며 하는 꼴을 주모가 타박 하자 양반인 김생원은 그럴 만하니 하지 않겠냐며 양반을 이리 쫓는 법이 어딨냐고 항변하며 자신이 양반임을 슬쩍 밝힌다. 그럼에도 주 막 주인은 지지 않고 반말할 사람 따로 있냐며 따지고 들어 옥신각신 한다. 이를 통해 이 시기에도 양반은 주막에서도 신분 대접을 받았지 만 워낙 행색이 초라해 주모에게 양반 대접을 받지 못하고 오히려 구 박받았음을 알 수 있다. 소설 《치악산》에서는 이 대목에서 행색에 따 라 대접이 다른 풍습을 다음과 같이 풀이한다.

주막거리 인심은 염량을 대단히 보는 터이라. 의복도 선명하고 인물도 동탕하고 추종도 여럿이면, 반말은 고사하고 이놈 하더라도 유령시종惟 令是從에 일 분부 거행을 할 터이나, 정강말로 타달타달 걸어오는 행객 들은 말씨를 잘못하다가 능욕 받는 일이 혹간 있는데 (……)

주막거리의 인심은 눈치를 많이 보기 때문에 의복도 깨끗하고 인 물도 잘생기고 복스러우며 하인도 여럿 거느리고 있으면 이놈이라 하 대를 하더라도 명령대로 잘 따르지만 제 발로 터덜터덜 걸어오는 나 그네들은 말 잘못 했다가는 봉변당하는 일이 가끔 있다는 말이다. 이 장면에서도 그러했듯이 의복이나 인물, 일행 등에 따라 상대방의 대첩이 다른 경우가 많았다는 말이다.

《화상설》(194)에서는 어린 시절 못된 첩의 계략으로 집에서 쫓겨
나 우여곡절 끝에 청나라 술집에 팔려간 주인공 애경이 손님으로 온
외삼촌을 극적으로 만나게 된다. 청나라 말도 못 알아듣고 답답한 애
경이 한숨을 내쉬며 무심결에 조선말로 "에구, 하나님 에구"라고 신
세 한탄하는 것을 들은 조선 손님과 다음과 같은 대사가 오고 간다.

> "네가 조선 사람이로구나."
>
> "······."
>
> "어찌하여서 이리 팔려 왔니? 집은 어디이며 성은 무엇이냐?"
>
> 애경이는 마지못하여 대답을 한다.
>
> "집은 평안도 영변이요, 성은······."

영변 출신이라는 말에 놀란 손님이 말을 끊고 자세히 되물어 보
기 시작하여 외삼촌과 조카 사이라는 것을 알게 되며 극적인 상봉이
이루어지는 것이다. 여기서는 상대가 신분도 천하고 나이도 어리니
애경의 외삼촌이 반말로 대화를 시작하고 애경은 존대로 응답하는 대
화가 이어진 것이다.

모르는 사이의 커뮤니케이션에서 개화기에도 남녀유별의 문화는
상당히 강하게 드러난다. 《화상설》(169)에서 자신의 신세를 한탄하여
강물에 뛰어든 애경을 권영칠이 구한다. 권영칠은 애경의 친부인 권
참판이 그 후 양자로 들이게 되는 인물이다. 의식을 되찾은 애경에게
영칠은 "뉘집 처녀인지 모르겠소마는, **모르는 남자가 남의 집 처녀 보
고 말하는 것이 예禮가 아니나** 이런 지경에 체면을 볼 수가 있소. 그런

데 집은 어디요? 무슨 일로 물에 가 빠졌읍더니까?"라고 묻자 애경이 "집은 영변 서원면 화평리올시다. 여기도 영변 땅이오니까?"라고 되묻는다. 자살을 시도한 사람을 구해 놓고 신분을 확인하면서 '모르는 남자가 남이 처녀 보고 말하는 것이 예가 아니'라는 말로 남녀유별을 중시하던 당시의 풍습을 대변한다.

《혈의누》(52)에서는 주인공 옥련의 집에 낯선 남자, 즉 우편군사가 등장하자 하인인 장팔 어미가 "웬 사람이 남의 집 안마당을 함부로 들여다보아. 이 댁에는 사랑양반도 아니 계신 댁인데, 웬 젊은 연석이 양반의 댁 안마당을 들여다보아"라고 호통을 치며 소동을 피운다. 전통적인 양반 댁에서 여성들만의 공간이었던 안채를 낯선 남자가 들여다보자 이에 심하게 반발한 것이다. 개화기에도 남녀유별의 전통은 변함없음을 잘 보여 준다.

모르는 사람에게 말을 걸 때는 '여보'라는 호칭이 자주 사용되었다. 《추월색》(27)을 보면 일본으로 가기 위해 부산에 온 여주인공 정임이 주변의 지나가는 사람에게 부두가 어디냐고 물어보자 "여보, 작은 아씨"라고 부르며 부두 가는 길을 가르쳐 준다. 《혈의누》(15)에서도 청일 전쟁의 와중에서 남편과 딸을 잃고 헤매던 최씨 부인이 역시 가족을 찾아 헤매던 한 남자를 마주치게 된다. 최씨 부인이 먼저 남자 보고 "여보, 웬 사람이요. 여보, 대답 좀 하오"라고 말을 건네자 그 남자도 "여보, 웬 여편네가 이 밤중에 여기 와서 있소?"라고 말을 주고 받는다. 생면부지의 사이에 상대를 '여보'라 부르고 있는 것이다.

(5) 새 시대의 경험: 문화 간의 커뮤니케이션

1876년의 개항 이후 조선 사회는 여러 측면에서 커다란 변화를 겪게 된다. 개항으로 새로운 서구의 문물이 들어오면서 사회적, 문화적 변화를 경험하게 된 것이다. 생전 보지 못한 낯선 외양의 외국인들도 들어오고 제한적이지만 우리 국민들의 외국 진출 사례도 생겨나면서 문화 간 커뮤니케이션이 발생하게 되었다. 소설의 주인공들이 일본이나 미국, 영국 등 외국으로 유학 간 사례도 제법 많았다. 특히《재봉춘》(14)에서는 주인공 중 한 사람인 이참서를 "삼년 작정으로 세계를 유람하고 재작년 봄에 돌아온 당시 양반 개화당開化黨으로 유명한 이균영李均榮"으로 설정한다. 주인공이 3년간 세계 일주 여행을 하고 왔다는 말이다.

그러나 문화 교류의 초창기이며 그 폭도 극히 제한적이었기에 신소설에 나타난 문화 간 커뮤니케이션 사례는 주로 언어의 차이로 인한 현상들이었다. 먼저 언어가 달라 소통이 안 되자 필담을 시도하는 사례들이 등장하였다.《추월색》(57~58)을 보면 백성들의 민란으로 뒤주에 갇혀 강물에 떠내려가던 김승지 부부는 중국인들에 구조되어 낯선 사람들에 둘러싸였는데, 말이 통하지 않자 "그중 어떤 사람이 지필紙筆을 가지고 와서 필담筆談을 하자고" 하여 커뮤니케이션이 이루어진다. 필담을 통해 의사소통을 이룬 이 부부는 그곳이 중국인 왕씨 성을 가진 사람의 집이라는 사실을 알게 된다.

《혈의누》(42)에서도 우여곡절 끝에 일본을 거쳐 미국에 공부하러 간 여주인공 옥련은 미국에 도착하여 말이 통하지 않자 지나가는 청인을 붙잡고 필담을 시도한다. 그러나 낯선 타국에서 한자를 아는 사람을 찾기가 쉬울 리 없다. 소설에서는 이런 어려운 상황을 "그 노동자 중에는 한문자 아는 사람이 없는지 손으로 눈을 가리더니 그 손을 다시 들어 홰홰 내젓는 모양이 무식하여 글자를 못 알아본다 하는 눈치다"라고 묘사한다. 중국 사람이라 하더라도 당시는 문맹이 워낙 많던 시절이기에 한자를 아는 사람은 드물었고, 모른다는 메시지를 눈을 가리고 내젓는 제스처로 표현하고 있는 것이다. 그 와중에 어느 유식한 중국인을 만나게 되는데 그 사람은 주인공 옥련이 일본 옷차림을 하고 있기에 일본 사람인 줄 알고 처음 일본말로 커뮤니케이션을 시도한다. 그러나 그 중국인도 일본어가 능숙한 것은 아니라서 소통에 어려움을 겪지만 그 와중에 옥련이 조선 사람이라는 것을 알아차리고는 필담으로 소통하게 된다. 옥련은 이를 통해 여러 가지 정보를 얻는다. 이처럼 신소설에서는 필담을 통해 언어 차이를 극복하고 소통한 사례들이 제법 여러 차례 등장하였다.

통역을 통해 외국인과 대화하는 사례도 찾아볼 수 있다.《추월색》(54)에서 정임과 영창이 여행 중 부모를 극적으로 만나 부모를 살려준 은인인 중국인 왕씨를 만나게 된다. 중국인과 한국인이 만나는 자리에서는 중국에 상당 기간 머물렀던 아버지 김승지가 통역을 맡아서 커뮤니케이션이 이루어진다. 김승지가 며느리 정임에게 자신이 그동안 크게 신세진 왕씨에게 인사를 하도록 하자 왕씨도 말을 받아서 인사를 건네고는 안심시키는 말을 하는데 이를 김승지가 '통변通辯'을 하여 양자 간 소통이 이루어진다.

또한 뒤에서 상술하겠지만《추월색》(45)에서 정임이 일본에서 보낸 전보를 그 부모가 해독할 수 없자 일본어를 아는 사람에게 번역을 부탁하여 읽는 장면이 나온다. 처음 전보를 받은 정임의 부모가 낯선 글자의 전보를 보고는 놀랍고 갑갑해하는 장면을 "가슴이 섬뜩하여 급히 떼어 보니 전보지는 대여섯 장 겹치고 전문은 모두 꾸불꾸불한 일본 국문이라, 볼 줄은 알지 못하고 갑갑하고 궁금"해한다고 묘사한다. 갑갑한 마음에서 정임의 부모는 "이게 무슨 말인고? 이사이 꿈자리가 어지럽더니 근심스러운 일이 또 생겼나보다. 제가 나올 때도 되었지마는 나온다는 말 같으면 이렇게 길지 아니할 터인데, 아마 병이 들어 죽게 되었다는 말이겠지"라고 중얼거린다. 해독이 안 되어 답답한 마음에 온갖 상념이 교차하며 걱정이 앞서는 모습을 보여 준다. 그러다가 일본어를 아는 사람에게 부탁하여 그 내용을 번역해서 딸이 그동안 어떻게 지내 왔으며 곧 돌아온다는 소식임을 알게 되고는 매우 기뻐한다.

이처럼 개화기에는 개항으로 사람들의 활동 범위가 단위 국가를 넘어 국가 간의 커뮤니케이션 상황이 발생하면서 문화적 차이로 인해 소통이 안 되는 경우들이 나타나게 된다. 이에 따라 개인적 차원에서도 필담과 통역, 번역 등의 새로운 기능이 등장하게 된 것이다.

이와 함께 문화 교류의 폭이 확대되면서 문화 간의 차이에 대한 인식도 나타난다. 《혈의누》(44)에서 미국에 유학 간 주인공 옥련은 유학길에 만나 많은 도움을 받았고 나중에 결혼까지 하게 되는 구완서와 다음과 같은 대화를 나눈다.

일본 풍속에 젖은 옥련이는 제 습관으로 말하거니와, 구씨는 조선서 자란 사람이라 조선 풍속으로 옥련이가 아이인고로 해라를 하다가 생각한즉 저도 또한 아이이라.
구완서 "허허허, 우리들이 조선 사람인즉 조선 풍속대로만 수작하자. 우리 처음 볼 때에 네가 나이 어린고로 내가 해라를 하였더니 지금은 나이 열여섯 살이 되어 저렇게 체대體大하니 해라 하기가 서먹서먹하구나."

옥련 "조선 풍속대로 말하자 하시면서 아이를 보고 해라 하시기가 서먹서먹하셔요."

구완서 "허허허, 요절할 일도 많다. 나도 지금까지 장가를 아니 든 아이라, 아이는 일반이니 너도 나보고 해라 하는 것이 좋은 일이니 숫접게 너도 나더러 해라 하여라. 그리하면 내가 너더러 해라 하더라도 불안한 마음이 없겠다."

같은 조선인이지만 옥련은 어린 시절을 일본에서 보내다 미국으로 왔고, 일본을 거쳐 바로 미국에 온 구완서가 약간의 문화적 차이를 느끼며 나누는 대화다. 같은 소설에서 두 사람은 사랑의 감정이 싹트면서 옥련이 아버지도 극적으로 만나게 되자 구완서가 옥련에게 결혼하자는 말을 꺼내며 다음과 같이 말한다(《혈의누》, 49~50).

"이애 옥련아, 어-실체失體하였구. 남의 집 처녀더러 또 해라 하였구나. 우리가 입으로 조선말은 하더라도 마음에는 서양 문명한 풍속이 젖었으니, 우리는 혼인을 하여도 서양 사람과 같이 부모의 명령을 좇을 것이 아니라, 우리가 서로 부부될 마음이 있으면 서로 직접하여 말하는 것이 옳은 일이다. 그러나 우선 말부터 영어로 수작하자. 조선말로 하면 입에 익은 말로 외짝해라 하기 불안하다."

옆에 옥련의 아버지가 자리하고 있는 가운데 전통의 풍습대로 결혼을 부모 의사에 따르지 말고 서양식으로 자신들의 의사를 따르자

며 이를 위해 먼저 영어로 하자는 제안이다. 뒤이어 구완서는 영어로
말을 이어 가는데 이 장면을 옆에서 지켜 본 옥련의 아버지 김관일은
"딸의 혼인 언론을 하다가 구씨가 서양 풍속으로 직접 언론하자 하는
서슬에 옥련의 혼인 언약에 좌지우지할 권리가 없이 가만히 앉았더
라"(《혈의누》, 50)고 묘사한다. 한국 전통의 풍습에 따르면 부모의 뜻이
우선일 터이지만 서양 문명을 경험한 젊은 두 사람이 사랑을 고백하
며 결혼 약속을 주고받자 그 아버지는 아무런 말도 없이 지켜만 보고
있었다는 것이다.

이처럼 개화기에는 서구의 문물이 한국 사회에 유입되기 시작하
였을 뿐만 아니라 한국인들이 외국을 방문하여 체류하는 사례들도 생
겨나면서 새로운 문화의 수용뿐만 아니라 문화 간의 충돌과 갈등 양
상도 점차 생겨나기 시작했음을 알 수 있다.

3) "마음속 생각을 말하면 판결해 주겠다": 집단 커뮤니케이션

지금까지 일대일의 면대면 상황에서 이루어지는 인간 커뮤니케이션
의 양태를 살펴보았다. 이제부터는 집단적으로 이루어지는 커뮤니케
이션의 양태를 알아보기로 하자.

(1) 사람을 직접 보내: 관청의 하의상달

먼저 관청과 일반 백성들의 커뮤니케이션은 어떻게 이루어졌을까? 이
는 상의하달과 하의상달의 두 가지 차원으로 나눌 수 있다. 관청의 상
의하달은 문서로 이루어지는 사례도 있었는데 이에 대해서는 다음 장

의 미디어 커뮤니케이션에서 자세하게 다룰 것이다. 여기서는 관청이 일반 백성에게 구두 커뮤니케이션을 통해 공지 사항을 전달하는 사례들을 살펴본다. 일반 백성들에게 무언가 알리고자 할 때 당시에는 문맹자가 많았기에 문서로 하기 어려운 경우들이 많았다. 이에 따라 구두 커뮤니케이션으로 이루어진 경우들이 대부분이었다.

지방 관청이 일반 백성들에게 명령을 하달하거나 기타 전달 사항이 있는 경우는 하급 관리들이 직접 방문하여 커뮤니케이션이 이루어졌다. 《춘향전》(285~286)에는 변사또가 춘향을 잡아 와서 수청을 들게 하라고 하급 관리들을 춘향의 집에 보낸다. 두 명의 관리가 춘향의 집을 방문하였으나 춘향과는 원래 알던 사이인지라 방문 목적을 제대로 수행하지 못하고 만다. 이들을 맞은 춘향은 "김번수 오셨나 박번수 오셨나 이번에 상경하여 여독이나 아니 났나 내 집을 찾아오기 뜻밖이오"라면서 반갑게 맞이한다. 내 집을 찾아 온 것이 뜻밖이라는 춘향의 말로부터 관리들이 일반 백성의 집을 찾는 일이 흔하지는 않았음을 알 수 있다.

이에 춘향의 어머니 월매도 나서서 술상을 차려 관리들을 대접한다. 한 잔 두 잔 마시고 관리들은 취기가 올라서야 "사또가 자네를 수청 거행시킨다고 재촉이 대단"하다고 전하고는 "우리가 들었으면 자네 하나 빼내지 못할 리가 있나"라고 술 취한 김에 큰소리친다. 자기들이 춘향이를 곤경에서 빼줄 수 있다고 장담한 것이다. 그런 와중에 '재촉 사령' 한 사람이 또 방문하였다. 당초 보낸 관리들이 아무 소식도 없이 시간이 흐르자 다시 또 사람을 보낸 것이다. 그러나 새로 온 이 관리도 술자리에 합류한다. 이들이 거나하게 취해서 돌아갈 때 춘향은 "돈 석 냥을 내어 놓으며 이것이 약소하나 들어가다가 약주나 한잔 먹고 가소"라고 말하여 건넨다. 이른바 촌지를 준 것이다. 춘향은 곤경에 처한 자신을 잘 봐달라는 뜻에서 돌아가는 길에 술이나 한잔 먹고 가라고 돈 석 냥을 줘서 보낸 것이다.

관리들이 춘향을 데려오지 못하자 변사또는 "저런 죽일 놈이 있나"라고 크게 야단을 치면서 "이 길로 급히 가서 춘향을 불러오되 만일 더디게 거행하다가는 물꼬를 낼 터이니 지금 속히 불러오너라"라고 다시 보낸다. 이에 관리들은 다시 춘향의 집을 방문하여 어쩔 수 없이 춘향을 데리고 변사또에게 대령한다. 이 장면에서 우리는 사또가 하급 관리를 백성에게 직접 보내 명령을 전달, 시행하는 모습과 일반 백성들이 관리를 어렵게 접대하는 당시의 풍습을 알 수 있다.

고전 소설에서는 등장하지 않았지만 신소설에 보면 '급창及唱'이 등장한다. 이는 조선 시대에 군아郡衙에 속하여 지방 수령의 명령을 간접으로 받아 큰소리로 전달하는 일을 맡아보던 사내종을 말한다. 《은세계》(423)를 보면 강원 감사가 기생들을 불러들여 주연을 벌이고 있는데 주인공 최병도를 잡아 왔다는 보고가 들어온다.

목청 좋은 **급창**이가 섬돌 위에 올라서서 웅장한 소리를 쌍으로 어울러서
"강릉 출사 갔던 장차 현신 아뢰오."
하는 소리에 감사의 귀가 번쩍 띄어서 내다본다. 풍류 소리가 별안간에 뚝 구치고 청령聽令 소리가 연하여 높았더라.
"형방 영리 불러라. 강릉 경금 사는 최병도 잡아들여라. 빨리 거행하여라."

강릉에 있는 최병도를 잡으러 보냈던 하급 관리, 즉 장차가 최병도를 붙잡아서 돌아왔음을 관아 내에 큰소리로 알리고 있다. 이 장면

에서 알 수 있는 바와 같이 급창의 역할은 관아 내에 있는 모든 관리들, 혹은 관아에 잡혀 오거나 볼일 보러 왔던 백성들에게 큰소리로 명령이나 상황의 변화를 알리는 것이다.

(2) 백성들도 직접 하의상달

한편 하의상달의 경우, 백성들이 억울한 일을 당하면 직접 관청에 가서 이를 구두로 하소연하며 해결책을 강구해 주도록 요청하였다. 《소현성록》(268~269)의 주인공이 강주 안찰사로 부임하였는데, 하루는 부하 관리가 한 젊은이와 함께 와서 "이 선비가 미친 말을 하면서 어르신께 아뢰겠다고 하여 반일을 싸우다가 마지못하여 데려 왔습니다"라고 고하였다. 이에 안찰사가 "선비는 어떤 사람이며, 무슨 원한이 있느냐? 마음속 생각을 말하면 판결해 주겠다"고 말한다. 그 선비는 자기 부인 취연의 옛 애인 이경수에게 사기당한 사연을 털어 놓으며 "어르신의 신이하고 밝으신 위엄과 덕에 힘입어 취연을 찾고 이경수를 죽여주시기를 바랍니다"라고 부탁한다. 도망간 자기 부인을 찾아 주고 그 애인 이경수를 처벌해 달라는 내용이다. 이에 안찰사는 문제의 당사자들을 불러 문초하여 단죄함으로써 해결해 주었다.

이 장면에서 민원을 제기하는 이들이 하급 관리보다는 최상위자에게 직접 하소연하기를 희망하였다는 점이 주목할 만하다. 하급 관리는 이를 규제하려다가 뜻대로 안 되니 안찰사에게 대령한 것이다. 이는 당시 지방 관청에 민원을 접수하고 해결하는 시스템이 제대로 정착되지 못했거나 설령 존재했더라도 대부분의 관리들이 백성들의 민원에 무관심 혹은 불친절했기 때문이라고 볼 수 있다. 그렇지 않더라도 하급 관리에게 하소연해서는 문제 해결까지 시간이 오래 걸린다는 요인도 중요하게 작용했을 것이다. 이러한 이유 때문에 하급 관리보다는 고위직인 안찰사에게 직접 소청하려 시도했으리라는 말이다. 또한 하급 관리들이 '반일을 싸웠다'는 사실에서 이렇게 고위 관리에게 직접 하소연하는 것은 잘 용인되지 않았음을 알 수 있다.

한편 사건이나 사고를 목격한 자가 관청에 이를 신고하여 해결을 촉구한 사례도 있었다. 《홍길동전》(35~36)을 보면 길동의 무리가 절의 재물을 탈취하자 그 장면을 목격한 절의 하인이 관청으로 달려가 고발하는 장면이 나온다. "외출했던 불목한이 마침 그때 돌아오다가 이 일을 보고 관가에 알리니" 이를 들은 "합천 원이 관군을 뽑아 그 도적을 잡게 했다"는 것이다. 절에서 심부름하는 사람이 길동 일행을 관청에 신고하였다는 말이다.

이상의 사례에서 보듯이 일반 백성들이 구두로 행하던 하의상달 커뮤니케이션은 대부분 직접 관가를 방문하여 전달하는 형태로 이루어졌음을 알 수 있다.

(3) 집단으로 몰려가 등장

소설에 나타난 등장

집단과 관련된 민원이 발생하는 경우 여러 사람이 함께 이의 해결을 호소하는 경우는 대개 등장等狀의 형태로 이루어졌다. 등장이란 집단적으로 지방 관서에 몰려가서 억울한 사정을 항의하고 시정해 달라고 호소하는 방법이었다. 백성들이 관청에 몰려가서 청원하거나 항의하는 집단적 청원이나 시위로서 집단적 관심사가 잘 해결되지 않을 때

행하는 일종의 비상수단이라 할 수 있다.[22] 문자 해독 능력이 있는 선비나 양반 계층은 이러한 집단 민원도 대부분 문서로 한 경우가 많았지만[23] 문맹의 일반 백성들은 집단으로 몰려가 구두로 자신들의 사연을 호소하였다. 《춘향전》(316~317)을 보면 춘향이가 변사또의 부당한 수청 요구를 거부하여 억울하게 옥살이한다는 사연이 알려지면서 남원 지역의 과부들이 집단으로 관청에 몰려가 항의하고 호소하는 장면이 나온다.

> 이때 남원읍 노소 과부 떼를 지어 모여들어 춘향을 살리라고 어사또께 **등장을 왔는데**, 인물도 어여쁘고 깨끗하게 늙은 부인, 소복을 정히 하고 수태띤 젊은 과부, 청상 팔자되어 궁태로 생긴 부인, 백모양전 밭매다가 호미들고 오는 부인, 작반등산 뽕따다가 모양없이 오는 부인, 수백명 떼과부가 동헌 뜰에 가득 차니 어사또 분부하되 어떠한 부인들이 이다지 많이 왔노 무삼 연고를 아뢰라 그중의 늙은 부인 출반하여 아뢰는데 과부 등 발괄함은 지원극통한 일 있기에 명찰하신 어사또 앞에 등장차로 왔나이다.

다양한 노소 과부 수백 명이 집단적으로 몰려가 동헌을 가득 메웠다. 그중에는 늙은 과부부터 시작해서 젊은 과부에 이르기까지 다양한 연령층이 포함되었으며 밭 매다가 혹은 뽕따다가 온 사람 등 각양각색의 사람들이 함께하였다는 것이다. 그러자 사또가 나서 무슨 일이냐고 물으니 제일 연장자가 나서 사또께 등장할 일이 있어 왔다고 아뢰면서 춘향의 옥살이가 부당함을 주장하며 시정을 요구한다. 여기서 발괄이란 뒤에서 상술하겠지만 억울한 일을 당한 사람들이 자기의 사연을 하소연하던 여러 제도 중 하나다.

그러나 변사또가 춘향이는 "관정발악하였으니 용서치 못하리라"고 답하였다. 춘향이가 관정발악官庭發惡, 즉 관가에서 심문을 받으며 관원에게 악을 쓰며 덤비는 행동을 하였으므로 용서할 수 없다는 말이다. 이에 가장 연로한 과부가 나서서 다시금 강도 높게 항의하자 변사또는 "사필귀정할 터이니 부인들은 염려 말고 각기 돌아가라"라고 무마하였다.

이처럼 일반 백성들의 의사가 관청에 전달되는 것은 당사자 혹은 관계자가 개인이나 집단적으로 관청에 가서 사연을 구술하고 해결책을 청원함으로써 하의상달이 이루어졌음을 알 수 있다. 이 등장은 이 책에서 검토한 고전 소설에서는 《춘향전》의 한 사례만 등장하였지만 《조선왕조실록》을 보면 여러 차례 등장한다. 널리 알려진 대로 《조선왕조실록》은 왕실을 중심으로 한 기록이다. 여기에 등장에 관한 기록이 나타나는 것은 백성들이 집단적으로 올린 등장이 왕실에도 보고되어 논의되었음을 의미한다.

조선 시대의 등장은 18세기 후반 이후 활성화하며 사회적 추세를 형성하였는데, 조선 후기 대표적인 사회 문제에 해당하는 묘지에 관한 문제와 토지 및 세금 문제를 중심으로 전개되었다. 등장의 주체는 친족 집단 및 문중, 서원·향교를 중심으로 한 유생, 그리고 향촌 공동체의 일반 백성 등 세 사회 집단이 주도하면서 각각 문중 공론, 유생 공론, 향촌 공론을 형성하였다.[24]

《조선왕조실록》에 나타난 조선 시대 등장의 사례들을 살펴보기로 하자. 《조선왕조실록》 사이트에서 '등장等狀'이라는 키워드를 검색해 보면 총 51건의 사례가 나온다.[25] 왕별로는 광해군 시기가 제일 많은

11건이었으며 그 뒤로 정조(7건), 세종(6건), 중종과 선조(5건) 등의 사례가 검색된다.

물론 이 사례들은 모두 왕과 대신들에게까지 보고되고 논의된 사례들만 실록에 남았을 것이다. 지방관들에 의해 접수되고 처리된 사례들은 실록에 기록되지 않았을 것이다. 김경숙의 논문(2010)에 의하면 서울대 규장각한국학연구원에 보존된 등장 문건이 1,125건에 달한다고 한다. 이 문건들은 모두 문서로 기록된 등장의 사례들로서 문자를 아는 양반 사대부 계층에 의해 작성되고 제출된 것들이다. 문자를 모르는 일반 백성들로서는 집단으로 몰려가 구두로 자신들의 사정과 주장을 알릴 수밖에 없었을 것이다. 그중에서 상급 기관에 보고할 만한 내용들은 문서로 작성되어 그중 일부가 왕실에까지 보고, 논의되고 실록에 기록된 것으로 볼 수 있다.

《조선왕조실록》에 기록된 등장의 몇 가지 주요 사례를 살펴보자. 가장 먼저 등장한 사례는 세종 7년(1425) 10월 18일 울산 군민들이 올린 등장과 경상좌도 절제사의 문서를 바탕으로 경상 감사가 올린 장계다. '경상좌도'는 조선 시대에 경상도 지방의 행정 구역을 동·서로 나누었을 때 경상도 동부 지역을 이른다. 낙동강을 기준으로 그 서쪽을 경상우도, 동쪽을 경상좌도라 하였다. '장계'는 지방의 관리가 관내의 중요한 일을 왕에게 보고하거나 청하는 문서를 말한다. 등장의 내용은 새 성을 완성하여 울산 군민들을 이주시키려 하였으나 정든 고향을 떠나기 싫어하는 백성들이 새 성으로 이주하면 여러 가지로 불편하다며 그대로 살게 해달라고 집단 등장을 올린 것이다. 이에 대해 세종은 "병조에 내리어 의정부와 여러 조曹로 더불어 함께 의논하라"고 하명하였다. 의정부에서 논의한 결과 "울산 읍성에 거주하는 관리와 백성은 모두 새 성으로 옮겨 살게 하고 절제사는 군마軍馬를 거느리고 구읍성에서 지키다가, 만일 외적의 사변이 있게 되면 새 성으로 합해 들어가서 굳게 지키거나 혹은 군사를 출동하여 적을 추격하거나 하여 임기응변하는 것이 좋겠"다고 결정하고는 이대로 시행하였다는 것이다.[26]

선조 40년(1607) 7월 11일에는 전라도 지역 가뭄이 몹시 심하여 어려움을 겪자 "각 읍의 백성들이 열 명, 백 명씩 무리를 지어 등장等狀을 올려 묵은 세금을 탕감하여 주기를 호소"한다는 관찰사의 계를 소개한다. 이에, 대해 선조는 재정을 관장하는 호조에 그리하라고 하명하였다고 기록한다.[27] 가뭄으로 인한 어려움을 호소한 내용을 왕이 그대로 수용한 사례다.

지방의 관리들이 올린 등장 사례도 나타난다. 중종 20년(1525) 3월 21일자 실록을 보면 평안도 지역의 역참에 근무하는 군졸들이 올린 내용으로서 "본도本道는 지경이 상국上國과 연결되어 사신使臣의 왕래가 빈번하므로 역로驛路가 배나 고통스러운데도 영구히 관군으로 배정되어 교대하여 쉬게 되는 때가 없으니, 바라건대 황해도 관군의 예에 의하여 교대로 말을 세우게 하소서"라고 청하였다. 교대 근무가 가능토록 해달라는 요청이었다. 이에 대해 중종은 "병조가 쉽사리 개정할 수 없다고 하니, 이 공사公事는 정부가 합좌合坐할 때 수의收議해야 한다"고 하명하였다.[28] 병조가 단독으로 결정하기 어려우니 정부 차원에서 논의해서 결정하라는 말이다.

등장을 통해 인사 문제를 거론하기도 하였다. 세종 11년(1429) 7월 27일의 기록을 보면 유맹문柳孟聞 등이 상소한 내용 중에 "맹산현감孟山縣監 주인궤朱仁軌는 평양 토관平壤土官의 등장等狀과 전 부정

副正 배을부裵乙富의 천거로 현감의 벼슬에 임명"되었는데 여러 가지로 적절치 못한 인사라며 주인궤의 파면을 건의한다. 여기서 토관이란 조선 시대, 평안도와 함경도의 변방 토착민土着民에게 주었던 특별한 벼슬이며 부정은 종친부宗親府, 돈령부敦寧府, 봉상시奉常寺, 사복시司僕寺, 군기시軍器寺, 관상감觀象監, 전의감典醫監, 사역원司譯院 및 그 밖의 여러 관아에 두었던 종삼품從三品 벼슬을 말한다. 그 내용 중에 토관들의 등장은 "본래부터 공정公正한 의사에서 나온 것이 아니고 다만 끌어올리려고 하는 마음에서 연명으로 장狀을 올려 승진하는 계제를 매개한 것뿐"[29]이라고 언급하면서 그 부당성을 주장한다. 이는 등장이 사사로운 이해관계와 목적을 위해 악용된 사례도 있었음을 말해 준다.

한편 이렇게 백성들이나 지방 관리들의 등장을 지방의 고위 관리가 왕에서 보고하면 왕은 이에 대해 반드시 조치를 취했던 것으로 보인다. 광해군 6년(1614) 12월 1일조를 보면 정원이 왕에게 아뢴 내용을 소개한 중에 "등장等狀에 관한 일로 누차 수고로이 하교하시니, 백성의 고통을 걱정하는 성대한 뜻에 신들은 매우 감격하고 있습니다"라고 감사의 뜻을 표한다.[30] 의례적인 인사말일 수도 있지만 당시 왕들이 등장에 대해 성실하게 대응하는 태도가 있었기에 가능했던 표현이라고 볼 수 있다.

등장에 대해 부정적 태도로 임한 지방관에 대해서는 벌을 내린 사례도 있었다. 고종 10년(1873) 12월 21일조를 보면 의정부가 왕에게 포천의 손형수라는 자의 악행을 보고하였다. 보고 내용을 보면 그 지역 현감 박용민이 그 악행을 막지도 못했을 뿐만 아니라 "등장한 유생을 칼을 씌워 가두어 그 악행을 도왔"다면서 그의 파면을 건의하였다. 실록은 고종이 이를 윤허하였다고 기록한다.[31] 손형수라는 자의 악행을 비판하는 등장을 올렸다고 오히려 그 유생을 가둔 지방관을 파면시킨 것이다. 이러한 사실들을 통해 당시 조선 정부가 백성들이 등장의 형태로 제시한 의견을 매우 중시하고 경청하였던 것으로 볼 수 있다.

(4) 개화기 관청과의 커뮤니케이션

우편의 등장

관청과 백성들 사이의 커뮤니케이션이 개화기에 오면 다소 변화된 양상을 보여 준다. 전술한 대로 관청의 상의하달에서 조선 후기에는 하급 관리를 보내 직접 커뮤니케이션이 이루어진 경우가 많았으나 개화기에는 새로운 우편 제도를 통하여 백성들을 호출하는 사례가 등장하였다. 이는 우편 제도가 새로 도입되었기에 가능해진 것이기도 하지만 다른 한편으로 문자 사용의 기반도 어느 정도 확대되었기에 가능한 것이다. 대신 관리를 직접 보내 구두로 내용을 전달하는 사례는 찾아보기 힘들었다.

《추월색》(35)을 보면 여주인공 정임이 공원에서 불한당을 만나 칼에 찔리는 사고를 당했는데, 그 이후 하루는 "누가 어떤 엽서 한 장을 주고 나가는데, 그 엽서는 재판소 호출장"이었다는 것이다. 호출장을 받은 정임은 기일에 맞추어 재판소로 간다. 후술하겠지만 이 시기에는 근대적 사법 제도도 도입되었는데, 재판의 당사자를 호출하는 데 우편 제도를 이용하였음을 알 수 있다.

하의상달과 관련된 사항, 즉 백성들의 억울한 사정을 하소연하는 방법들이 신소설에서는 다양하게 등장하였다. 먼저 살펴볼 것은 승문고다. 이는 잘 알려진 조선 시대 신문고의 다른 이름이다.[32] 신문고는 조선 시대 민의의 상달을 할 수 있는 민주적인 제도로 널리 회자되고 있다. 왕조 국가인 조선 시대에도 일반 백성들의 억울한 사정을 풀어 주고 정책에 반영하는 민주적인 제도가 존재했다는 상징처럼 많은 사람들에게 받아들여지고 있다. 오늘날 각종 공공 기관들이 이용자나 일반 국민들의 민원과 의견을 수렴하는 사이버 공간의 창구는 대부분 그 명칭에 '신문고'라는 이름이 사용된다.

이 신문고 제도는 조선 태종 때 개인적 상소, 사회적 청원, 국가적 고발 등을 다양하게 상달하는 언론 제도로 출발하였으나 세종 2년(1418)부터 개인적 민원 문제를 주로 해결하는 사법 제도로 성격이 바뀌었다. 신문고는 일부 사대부들의 사적 이익을 위한 도구로 악용되기도 하고 관찰사나 수령의 권력 남용을 견제하는 역할도 하였다.

하지만 실제 일반 백성이나 천민들이 이용하기는 매우 어려웠다. 위치도 수도의 궁궐이었으며 여러 단계마다 각각 글로 올려야 하고, 규정에 맞지 않게 신문고를 울린 자에 대한 처벌도 과중했다. 또한 신분제 아래에서 상관에 관계되는 일이면 그 사용을 통제하는 등 여러 요인들 때문에 일반 백성들이 이용하기는 매우 어려운 현실이었다.[33]

《조선왕조실록》에서도 '신문고申聞鼓'라는 키워드 검색을 해 보면 총 129건이 나오는데 초기인 태종대가 44건, 세종대가 20건으로 절반 정도를 차지한다. 그 이후 감소하였다가 성종대에 10건으로 조금 늘어났다가 다시 감소하였다. 영조(18건), 정조(11건) 등 다시 부활을 명한 임금대에 이 용어가 더 늘어났다. 그러나 검색된 사례들도 대부분 왕과 대신들이 신문고 제도에 대해 논한 내용들과 관리들이 주체가 되어 인사에 대한 불만이나 억울함을 호소한 내용들이 많았으며, 흔히 알려진 바와는 달리 일반 백성들이 신문고를 친 사례는 드물었다.

태종 6년(1406) 2월 26일에는 당시의 억불 정책으로 절의 숫자와 노비, 토지를 줄이는 조치에 대해 조계사 승려 성민이라는 자가 신문고를 쳤으나 답이 없자 수백 명을 이끌고 다시 신문고를 쳤다고 한다. 하지만 임금은 끝내 허락하지 않았다고 기록되어 있다.[34] 조선 건국 초기의 기본 정책이 유교를 장려하고 불교를 억압하는 것이었기에 승려들의 이러한 요청을 받아들이지 않은 것으로 볼 수 있다.

지방에 있던 관리들은 자신의 사정을 하소연하기 위해 아들이나 부인 등 다른 사람을 시켜 한양에 있던 신문고를 치도록 한 사례들이 여러 건 나타난다. 《조선왕조실록》 세종 6년(1424) 6월 13일조를 보면 탐관오리로 처벌을 받은 평안도 덕천의 최세온은 아들을 시켜 신문고를 쳐서 자신은 억울하다고 주장하였으나 받아들여지지 않았다.[35] 분명하지는 않지만 당시 자신은 멀리 지방에 있고 아들은 한성에 있었기에 아들에게 시켰던 것으로 볼 수 있다.

이렇게 신문고가 당초의 외도와는 달리 자신의 사사로운 이해 관계나 사실과 다른 주장 등 부정적인 악용 사례들이 많자 세조는 1457년 2월 8일에 신문고를 함부로 치는 자를 처벌하도록 명하였다.[36] 그러다가 세조대에 어떤 사람이 신문고를 친다는 것이 잘못 누고漏鼓, 즉 시각을 알리기 위하여 치는 북을 치는 일이 벌어지자[37] 이를 계기로 신문고를 금지시켰다. 이후 성종 2년(1471) 12월 15일에 다시 신문고를 허용하도록 명하였다.[38] 그러나 그 이후에도 다시 유명무실해졌다가 영조 47년(1771) 11월 23일에 다시 설치하도록 명하여 영조와 정조 때에는 다소 활기를 띠기도 하였다.[39]

　'승문고'라는 명칭은 세종 1년인 1419년 9월 23일에 상왕인 태종이 수강궁壽康宮에 설치하여 군사들의 억울한 실정을 풀게 하여 주라고 명[40]하여서 비롯되었으며, 세종 16년(1434) 1월 24일에 신문고를 승문고라 개칭하였다.[41] 승문고는 처음에는 신문고와 다른 제도로 출발하여 세종대에 통합되었으나 그 이후 제도 자체가 유명무실해지면서 용어도 혼용되었던 것으로 보인다.

신소설에 나타난 백성들의 민원 방법

이어서 신소설에 나타난 '승문고'의 사례를 살펴보자. 《빈상설》(18)을 보면 여주인공 이씨 부인이 기생첩의 모략으로 어려움을 겪자 하녀 금분이가 "제기, 우리가 그 구박을 당했을 말이면 **승문고라도 치고 남산에 봉화라도** 들었을 터이야"라고 혼잣말을 한다. 이 용어는 《화의혈》(370)에도 등장한다. 기생 선초에게 욕심을 품은 이시찰은 뜻대로 잘 안 되자 선초의 아버지에게 동학 관련 혐의를 씌워 잡아넣는다. 이에 선초가 걱정을 하며 자신의 어머니에게 "어머니, 저 일을 어쩌하면 좋단 말씀이요? 우리 지금 **승문고라도 쳐서** 아바지 무죄하신 발명을 하여 보십시다"라고 말한다. 이에 어머니는 "이애, 승문고도 소용없다. 이 일이 본관이나 관찰사가 관계하는 바가 아니오, 이시찰이 우리를 미워서 너의 아바지에게 죄를 씌우는 일인데 아무 짓을 하기로 효험이 있겠느냐"라고 응답한다.

　두 사례 모두 억울한 일을 당하여 답답한 심정을 주변 사람과 나누며 '승문고라도 친다'는 식으로 표현한다. 이 책에서 분석한 조선 시대 한글 소설에서는 이 용어가 한 번도 등장하지 않다가 신소설에 와서야 등장한다. 이는 조선 시대에는 이러한 제도가 있기는 했지만 일반 백성들은 잘 몰랐던 것으로 생각해 볼 수 있다. 전술한 대로 제도가 실제 효과적으로 활용되지도 못했으며 폐지와 부활을 반복하였기에 일반 백성들로서는 그 존재도 잘 몰랐을 가능성이 높다. 신소설에서도 실제로 승문고를 쳐서 억울한 사정을 하소연하고 해결 방안을 찾기보다는 주변 사람들과의 대화에서 억울함을 해소할 방안의 하나로 거론되곤 하였다. 이때에도 이 용어는 실제 제도를 지칭하기보다는 백성들의 민원을 풀어 주는 상징적 용어로 사용되었다고 할 수 있다.

봉화의 경우도 마찬가지다. 앞의 《빈상설》 사례에서 등장인물들의 대화에는 승문고와 함께 '봉화라도 든다'는 표현도 함께 사용되었다. 《화의혈》(373)에서도 마찬가지였다. 억울하게 붙잡힌 아버지가 풀려 나오기 어렵다는 소식을 들은 주인공 선초는 "그게 웬 말씀이야요? 이시찰이 저를 미워서 아버지를 죽이는 것이올시다그려? 정 그러할 터이면 고만두십시오. 제가 지금 떠나 주야배도하여 서울로 올라가 **남산에 봉화를 들어** 이시찰의 죄상을 드러내고 아바지 무죄함을 발명發明하겠읍니다"라고 억울한 심정을 토로한다. 바로 떠나 주야로 보통 사람의 배 이상을 걸으며 서울 가서 봉화를 들어 아버지의 무죄를 하소연하겠다는 말이다. 이것도 역시 실제로 봉화를 들어 올린다기보다는 그렇게라도 하고 싶은 억울한 심정을 하소연하는 대화에서 사용되었다.

백성들이 억울한 사정을 하소연하는 그 밖의 방법으로 원정原情과 발괄白活이 등장하였다. (발괄의 한자 표기는 이두식 표기로서 원작에 나온 그대로다.) 전술한 대로 《화의혈》(360~361)에서 전라도 시찰사가 기생 선초에 욕심을 품으나 말을 잘 안 듣자 그 아버지에게 동학 혐의를 씌운다. 청천벽력 같은 상황에 팔순의 노모, 즉 선초의 할머니도 놀라서 대성통곡을 하자 주변의 이웃들이 "이시찰 앞에 가 원정을 해 보십시오"라고 권한다. 원정도 억울한 사정을 하소연하는 것을 말한다. 이에 노모는 지푸라기라도 잡는 심정으로 이시찰에게 달려가 엎드려 빌며 다음과 같이 원정, 즉 하소연을 한다.

"살려주옵소서. 이 늙은이의 자식을 살려주옵소서. 죄가 천 번 만 번 죽이고도 남사와도 이 늙은이를 보옵서 제발 덕분에 살려주옵시오. 저는 기실 죄도 없습니다. 그 몹쓸 놈들이 잡아다가 위협을 하니 죽지 못하여 따라다닌 일밖에 없습니다. 살려줍시오, 그것 하나만 죽으면 이 늙은이 고부도 속절없이 죽어서 세 식구가 함몰할 지경이올시다. 영감 통촉하시다시피 그 자식이 삼대 독자올시다. 살려줍시사. 하해 같은 덕을 입어지이다."

그야말로 간절하게 빌며 선처를 호소하였다. 그러나 이시찰은 들은 체도 하지 않고 "어, 요망스러운지구! 웬 계집이 겁이 없이 횡설수설, 어 괴악한지구! 이리 오너라, 역졸 거기 있느냐?"라고 역졸들을 불러 내쫓고 만다.

다음으로는 발괄이라는 형태가 등장하였다. 《빈상설》(67)에서 첩으로 들어온 기생 평양댁의 음모로 하녀 복단이가 죽자 이 말을 들은 복단의 부모들은 "눈이 뒤집혀서 경무청으로 재판소로 돌아댕기며 원수 갚아달라고 발괄을 하며 안동 병문이 닳도록 드나들"었다고 표현한다. 이와 같은 사례들에서 보듯이 원정과 발괄은 억울한 사정을 당한 당사자들이 지방 관청을 상대로 억울한 사정을 하소연하며 해결

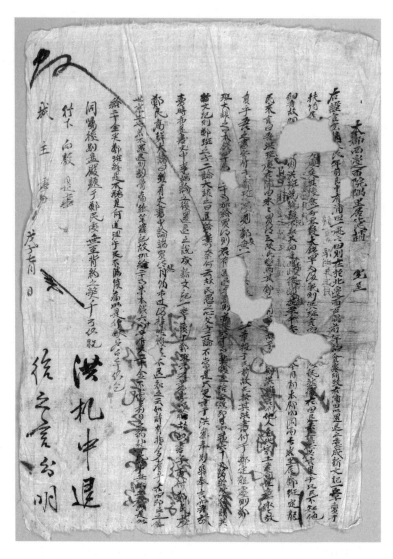

3. 문서로 된 조선 시대의 원정. 무자戊子년 7월 임천군에 사는 조병택趙秉澤이 관에 올린 문서. 북변면에 있는 포전浦田 매매와 관련하여 정정룡鄭定龍이 약속을 지키지 않았으니 엄중하게 조치를 취해달라는 내용이다.　　　　　　　　　출처: 국립민속박물관

해 달라고 청하는 방법으로 사용되었다.

원정과 발괄이 그 형식이나 절차, 대상 등에서 엄격하게 구분되지는 않았던 것 같다. 둘 다 자신의 억울한 사정을 왕이나 관리에게 하소연하는 것은 동일하지만 원정은 대개 문서로 하고 발괄은 구두로 하였다는 견해도 있다. 이러한 이유 때문인지는 확실치 않지만《조선왕조실록》을 검색해 보면 원정의 사례는 237건이 나오지만 발괄은 단 3건에 불과하다. 발괄이 구두로 행해졌기 때문에 왕에게까지 보고된 사례가 이처럼 적게 나온 것으로 추정해 볼 수 있다.

근대적 사법 제도의 등장

1895년 3월에 단행된 을미개혁에서 재판소구성법이 제정됨으로써 행정과 사법이 처음으로 분리되어[42] 근대적 사법 제도가 도입되었다. 이에 따라 신소설에서는 재판과 관련된 장면이 여러 차례 등장한다.《추월색》(48)에서는 일본 유학 중인 여주인공 정임을 공원에서 추행하려다 실패한 강한영의 전력을 "육촌의 전답 문권文券을 위조하여 만 원에 팔아가지고 또 한참 흥청거리다가, 그 일이 발각되어 육촌이 **정장**呈狀하였으므로 관가官家에서 잡으려고 하매 즉시 동경으로 달아"났다고 소개한다. 소장을 제출하여 소송을 제기한다는 의미의 이 '정장'이라는 표현이 신소설에서는 여러 차례 사용되었다. 앞에서 경무청이 피소자를 우편으로 호출한 사례로 인용한《빈상설》(63~64)에서도 경무청의 호출을 받은 평양댁은 본처인 이씨 부인이 억울함에 고발한 것으로 생각하고 "필경 아기씨인지 귀기씨인지 그 인물이 제 행실은 생각지 못하고 요망스럽게 정장을 했나 보다"라고 말한다.

《빈상설》(54~55)에는 악행을 일삼는 인물을 비난하며 "경무청에

다 정문하여 청靑바지를 입혀야지"라고 말하는 장면이 등장한다. '정' 한다는 것은 고발을 의미하며 '청바지'란 오늘날의 청바지가 아니라 푸른색 옷, 즉 죄수복을 의미하는 것이다. 악행을 일삼는 무리들은 고발해서 죄수복을 입고 징역살이하게 만들어야 한다는 말이다. 이처럼 근대적 사법 제도가 도입되면서 백성들의 생활 방식과 커뮤니케이션에도 새로운 인식이 나타나고 이와 함께 새로운 용어도 사용되기 시작하였음을 알 수 있다.

그러나 아직 초창기이다 보니 새로운 제도가 정착되지는 못하였고 아직 전통적인 방식도 잔존하고 있었던 것으로 보인다. 다시 말해 양반 가문들의 경우는 자체의 율문을 통해 징벌권을 가지고 집안의 하인들뿐만 아니라 주변의 사람들에게도 적용했던 것으로 보인다. 《치악산》(369~370)을 보면 당시의 사법 제도 현실을 다음과 같이 서술한다.

> 법률이 있는 시대 같으면, 동리 백성은 고사하고 집안 하인배라도 치죄할 일이 있든지 심문할 사건이 있으면 소관 법사에 고소를 하여 죄지경중을 따라 조율을 할 터이나, 이때는 법률이 아직 발달이 못되어, 다만 양반의 시대라, **집집마다 감옥서 경무청을 설치하여 두고 자기 집 하인은 말고, 동리 백성이라도 걸림만 들면 행랑구류라**. 마당 꿀림을 능사로 알고, 죽이며 살리는 것을 임의대로 하는데, 그때 지방관들은 모두 물렁 팥죽 같은 사람이라 그렇든지, 구애하는 곳이 있어 그렇든지, 금제하기는 고사하고 도리어 그 위풍을 찬성하여 주는 고로 날마다 느는 것은 시골 구석의 토호질이라. (……) 홍참의는 경무청 신문과장 대판에 재판소 검사 직무를 겸대하였는지 지필을 들고 앉아서 죄인들의 공사를 받은 후에

상당하게 치죄를 하고 다시 선고를 내는데, 그 선고 사유는 대전통편과 형법대전에 참고한 것도 아니오, 자기 소견대로 작정한 율문이라. (……) 이 모양으로 훈령 비스름이 되지 않게 써서 여러 죄인을 원주 읍내로 보내고 (……)

가문 내에서 사법 제도와 별도로 자체적인 징벌 체계에 따라 죄에 대한 벌을 내리고 하였다는 것이다. 지방 관청도 이를 금지시키기보다는 오히려 거들어 준다는 것이다. 새로운 사법 제도의 발달이 미흡하여 양반 가문이 사법권 행사까지 하는 전통적 방식이 공존하였음을 보여 준다. 이러한 전통과 근대의 공존은 상의하달뿐만 아니라 하의상달의 측면에서도 나타났던 것을 알 수 있다. 전술한 대로 백성들이 억울한 일을 당하면 재판을 통해 해결을 모색하는 방식이 시작되었지만 전통적인 원정이나 발괄의 방식도 함께 사용되었던 것이다.

(5) 마을 공동체 내의 커뮤니케이션

마을 여론의 형성

마을에서 공동 관심사가 발생하면 자연스레 공론이 형성되면서 이에 따라 공동체가 함께 해결책을 모색해 나가는 게 일반적이다. 조선 시대 한글 소설에서도 마을 공동체 내의 커뮤니케이션이 이러한 양상으로 전개된 사례들이 나타난다. 《심청전》(218)을 보면 심청 어머니가 죽자 불쌍히 여긴 마을 사람들이 그 장례를 십시일반으로 도와주는 장면에서 "도화동 사람들이 남녀노소 없이 모여 낙루하며 하는 말이 현철하던 곽씨 부인 불쌍히도 죽었구나 **우리 동네 백여 호라 십시**

일반으로 감장이나 하여 주세 공론이 여출일구하여"라는 대목이 나온다. 마을 사람 남녀노소 모두가 모여 슬퍼하며 백여 호가 십시일반으로 도와 장례를 잘 치르도록 하자는 의견이 한목소리처럼 나와서 자연스레 공론이 조성되었다는 것이다. 심봉사가 궁색한 살림에 장례를 치르기 어려울 것으로 본 마을 사람들이 힘을 모아 돕자는 여론이 자연스럽게 형성되었던 것이다.

한편 아버지의 눈을 뜨게 하기 위해 심청이가 공양미 삼백 석에 팔려가자 마을 사람들이 그 효성을 갸륵히 여겨 비석을 세웠다는 대목이 등장한다. "심봉사 딸을 잃고 모진 목숨 죽지 못하여 근근부지 살어갈 때 도화동 사람들이 심소저의 지극한 효성으로 물에 빠져 죽음을 불쌍히 여겨 타루비를 셰우고"(《심청전》, 249) 심청의 효성을 기렸다고 한다. 여기서 타루비墮淚碑란 눈물이 날 만큼 슬픈 사연을 기록한 비석을 말하는 것으로서 심청의 효성을 비석에 적어 보는 사람마다 눈물을 흘리게 만들었다는 것이다. 여기서도 마을 사람들이 공동체의 문제에 대해 공론을 형성하여 공동 대처한 양상을 볼 수 있다.

우물가와 빨래터: 공동체 내의 정보 전달

그렇다면 여기서 사실에 대한 정보들이 구체적으로 어떻게 전달되었을까? 정보의 전달 과정을 구체적으로 알 수 있는 자료는 아쉽게도 소설에서도 찾아보기 힘들었다. 다만 전달의 메커니즘은 몇 가지 찾아볼 수 있었다. 마을에서 발생하는 일에 대한 정보는 사람들이 많이 모이는 장소를 통해 전파되었다. 마을의 부인들이 많이 모이는 우물가나 냇가의 빨래터, 그리고 주막 등이 대표적이다. 《심청전》을 보면 부인이 죽고 난 뒤 동냥젖에 의존해 심청이를 키우던 심봉사가 우물가와 시냇가의 빨래터를 찾아가서 호소하는 장면이 나온다(220).

어린아이 품에 품고 너의 어머니 무상하다 너를 두고 죽었으니 오늘은 젖을 얻어먹었으나 내일은 뉘 집에 가 젖을 얻어먹여 올까. 애고 애고 야속하고 무상한 귀신 우리 마누라를 잡아갔구나. 이렇듯 애통하다가 다시 생각하되 사자는 불가부생이라 하릴없거니와 이 자식이나 잘 키워 내리라 하고 어린아이 있는 집을 차례로 물어 동냥젖을 얻어먹일 때 그 눈 어두워 보지 못하고 귀는 밝아 눈치로 가늠하고 안 자다가 마침 날 돋을 적에 **우물가에 들리는 소리 얼른 듣고 나서면서** 여보시오 마누라님 여보아씨님네 이 자식 젖을 좀 먹여 주오 하니 누가 아니 먹여 주리. 또 육칠월 김매는 여인 수일씩 찾아가서 애근하게 얻어먹이고 **또 시냇가에 빨래하는 데도 찾아가면** 어떤 부인은 달래며 따뜻이 먹여 주며 다음날도 찾아오라 하고 또 어떤 여인은 말하되 이제 막 우리 아기 먹였으니 젖이 없노라 하여 (⋯⋯)

젖동냥을 위해 새벽까지 잠을 안 자다가 동이 터 올라 우물가에 사람 소리가 들리자 얼른 나서서 심청이에게 젖을 먹여 달라고 부탁하고 시냇가의 빨래터도 찾아다녔다는 말이다. 우물가와 빨래터, 시장 등 사람들이 많이 모이는 장소에서 새로운 정보를 접한 사람들이 가정이나 주변에 다시 전함으로써 정보가 확산되어 갔을 것이다.

뱃사람들이 젊은 여성을 산다는 사실을 심청이 알게 된 것도 그 과정이나 정보원을 명확하게 하지는 않고 "**하루는 들으니** 남경상고 선인들이 십오 세 처자를 사려 한다 하거늘 심청이 그 말 반갑게 듣고 귀덕 어미 사이에 넣어 사람 사려 하는 곡절을 물은즉"이라고 표현하

4. 마을의 시장(위)과 빨래터
(아래). 많은 사람들이 모여
자연스럽게 정보의 유통이 이
루어졌다.
　　　　출처: 국립민속박물관

여(《심청전》, 230) 주변으로부터 떠도는 소문을 들은 것으로 묘사한다. 이렇게 정보를 처음 접하고는 사람을 통해서 자세한 내용을 확인하여 알게 되고 행동에까지 이르게 되는 과정이 묘사되고 있다.

이렇게 떠도는 소문은 외지의 정보를 구할 수 있는 주요 수단이 되었다. 《이춘풍전》(345)에서도 평양으로 장사한다고 떠난 남편이 큰 돈을 벌어 돌아오기만을 애타게 기다리던 그 부인은 어느 날 소문을 듣게 된다. "주야로 기다리되, 춘풍이는 아니 오고 풍편에 오는 말이, 서울 사람 이춘풍이는 평양에 장사 가서 추월이 구박하여 가도 오도 못 하여서 상걸인이 되어 추월의 집에 빌붙어 사환한단 말을 전전히 얻어" 듣게 되었다고 묘사한다. 사람들의 입을 타고 전해지는 소문이 지만 당시로서는 정확한 정보를 얻을 수 있게 된 것이다.

집 밖 활동이 자유롭지 못했던 양반 댁 부인들의 경우에는 잔심 부름하는 사환들을 통해 외부의 소식을 듣곤 하였다. 《이춘풍전》(346) 을 보면 춘풍이 평양에 가서 기생에 빠져 돈을 다 날리고 어려운 처지 에 있다는 소식에 마음 아파하던 춘풍의 처가 근처에 사는 전 도승지 의 자제가 평양 감사가 하고 싶어 로비한다는 말을 사환으로부터 듣 게 된다. 이에 춘풍의 처는 그 어머니를 접대하고 청탁하려고 접근하 는 장면을 다음과 같이 묘사한다.

마침 그때 김승지金承旨 댁이 있으되 승지는 이미 죽고, 맏자제가 문장 으로 소연의 급제하여 한림옥당 다 지내고 도승지都承旨을 지낸고로, 거 년去年의 평양 감사平壤監司 부망으로 있다가 **명년明年의 평양 감사 하 려 하고 모계謀計한다는 말을 사환 편에 들으니라.** 승지 댁이 가난하여 아침저녁으로 국록國祿을 타서 수다식구數多食口 사는 중에 그 댁의 노

5. 양반집 여인의 외출을 그린 기산箕山 김준근金俊根의 풍속화. 바깥출입을 삼갔지만 외출할 때에는 장옷을 둘러 얼굴을 가렸다.　　　　　　　　출처: 국립민속박물관

부인이 있다는 말을 듣고, 침자품을 얻으려고 그 댁 들어가니, 후원 별당 깊은 곳에 도승지 모부인母夫人이 누웠는데, 성세가 가난키로 식사도 부족하고 의복도 초췌憔悴하다.

춘풍의 처는 도승지 집안의 맏자제가 과거에 급제하여 한림옥당, 즉 조선 시대 예문관과 홍문관의 주요 벼슬[43]을 거치고 지난 해 평양 감사의 두 번째 후보자로 추천되었으나 내년에는 감사를 해 보려 한다는 이야기를 사환으로부터 들었다. 이에 춘풍 처는 바느질거리라도 얻으려 한다는 명분으로 그 집에 들어가서 안면을 튼다. 이후 춘풍 처는 정성을 들여 식사를 대접하며 도승지 어머니의 마음을 사로잡는다. 그리하여 평양 감사로 부임할 때에 춘풍의 처도 함께 가서 남편을 구해 오게 되는 것이다. 조선 시대 여성들은 바깥 활동이 극히 제한되었으므로 외부의 정보에 어두울 수밖에 없었다. 따라서 노비 등 다른 사람을 통해 외부의 정보를 접하고 알게 되는 게 일반적이었다.

양반집 여성들의 행동반경이 집 안에 한정되었던 것은 개화기에도 여전하였던 것 같다. 《혈의누》(17)에서 청일 전쟁이 나서 가족이 뿔뿔이 흩어지게 된 김관일은 부인과 딸을 찾아 헤매면서 "우리 마누라는 **대문 밖에 한 걸음 나가보지 못하던 사람**이요, 내 딸은 일곱 살 된 어린아이라 어디서 밟혀 죽었는가"라고 한탄한다. 자기 부인은 대문 밖에 한 걸음도 나가보지 못한 사람이라는 말에서 우리는 당시 여성들의 생활과 행동반경이 집 안으로 한정되었음을 알 수 있다. 《치악산》(273)에서도 하인 검홍이가 이씨 부인에게 "아씨께서는 근심이 있든지 고생을 하시든지 홍참의 댁 **건넌방 한 간 속에만 들어 앉으셨으니** 오죽 갑갑하시겠습니까"라고 말한다. 이 말에서도 이씨 부인의 삶의 공간이 집 안으로만 한정되었음을 알 수 있다.

《추월색》(44)에서 부모 몰래 일본 유학길에 나선 여주인공 정임은 일본에 정착하자 부모에게 편지를 보낸다. 그 편지에서 새로운 환경에서 자신의 삶을 이야기하며 과거의 삶을 다음과 같이 말한다. "집에 있을 때에 지어주는 옷이나 입고 다 해놓은 밥이나 먹으며 사나이가 눈에 띄면 큰 변으로 알아 **대문 밖을 구경치 못하옵다가** (······) 본국 여자는 모다 집안에 칩복蟄伏하여 능히 사람된 직책을 이행치 못하고" 살아왔다는 것이다. 이 내용으로부터 개화기에도 전통적인 윤리관은 여성들의 행동반경을 집 안으로 한정하려 하였으나 이것이 새로운 가치관과 충돌하며 변화를 일으키는 것으로 볼 수 있다.

바깥 세계와의 연결 통로, 주막

전통 시대에는 일반 백성들 생활의 거의 대부분은 공동체의 범위 안에서 이루어졌다. 공동체를 벗어나서 다른 지역과 교류하거나 여행하는 공간적 유동성이 매우 낮은 사회였다. 따라서 사람들의 커뮤니케이션도 대부분 이 공동체의 범위 내에서 이루어졌다. 제한된 범위였지만 공동체의 단위를 넘어서는 커뮤니케이션도 분명 존재했다. 다른 지역, 나아가서 국가의 동태 등에 관한 정보도 제한된 채널을 통해서나마 전달되고 유포되었던 것이다.

이와 같이 공동체의 단위를 넘어선 지역의 정보에 대해서는 외부인들이 드나드는 주막이나 여러 지역을 돌아다니게 되는 상인들이 주요 통로가 되었다. 《이춘풍전》(336)을 보면 춘풍이 수천 냥의 돈을 가지고 곧 평양에 온다는 소식을 기생 추월이가 전해 듣는데, "이때 서울 사는 **부상대고에게 춘풍이 수천량 돈을 싣고 뒤집어 온다는 말을**

추월이 먼저 듣고 춘풍을 호리려고 사창紗窓을 반개半開ㅎ고 표연飄然한 태도로 녹의 홍상 다시 입고 외연巍然히 앉은 거동 춘풍이 얼른 보니, 그 얼굴 태도는 청천백일靑天白日 밝은 밤의 아침 이슬의 모란화牡丹花요. 절묘한 저 맵시는 물찬 제비 모양이요, 녹의홍상 입은 거동은 침병 속의 그림이요. 아리따운 저 얼굴은 월궁의 계화 같고, 정신의 이화도화* 맑은 빛이 반월 밝은 달이 한강수에 떠오르는 듯"하다고 추월의 꽃 같은 미모와 날렵한 맵시를 묘사한다. 서울의 돈 많은 상인 부상대고富商大賈로부터 춘풍이가 수천 냥의 돈을 가지고 왔다는 말을 전해들은 추월이는 춘풍을 유혹해야겠다고 마음먹고 꽃단장을 하고 춘풍 앞에 나타나 그 꽃 같고 달 같은 추월이의 모습에 춘풍이 곧 넘어가게 되는 장면이다. 상인을 통해 춘풍에 대한 정보를 빠르게 입수한 기생 추월이는 이를 토대로 춘풍을 유혹하려고 계획을 세우고 구체적인 행동에 나설 수 있었던 것이다.

일반적으로 상인들은 여러 지역을 돌아다니게 된다. 그러다 보니 여러 지역의 정보를 알게 되고 이를 다른 지역에 유통시키는 주요 통로가 되는 것이다. 조선 후기라 할 17세기 후반부터 상업과 시장이 발달함으로써 커뮤니케이션 확대의 기반이 마련되었다.[44] 인류 역사를 통하여 교환 활동으로서의 상업 발전은 커뮤니케이션의 발전을 가져오는 가장 중요한 요인 중 하나가 되었다. 이 교환 활동은 활발한 커뮤니케이션을 통해서만 가능한 것이기 때문이다. 따라서 교환 활동이

---

* 복숭아꽃과 오얏꽃을 말한다. 그러나 여기서는 '어떤 일을 하든지 허장성세를 부리지 않고 꾸준히 힘쓰는 정신 상태'를 일컫는다. 곧 복숭아와 오얏나무는 사람을 부르지 않아도 그 아름다운 꽃과 맛좋은 열매 때문에 늘 사람들이 오고 가서 나무 밑에는 절로 길이 생긴다桃李不言下自成蹊에서 유래한 말이다(《이춘풍전》, p.336 각주).

활성화되고 범위도 확대되어 가면서 커뮤니케이션의 발달도 자연스럽게 이루어지게 되는 것이다.

대부분의 마을에 존재했던 주막은 외부와 커뮤니케이션하는 주요 통로가 되었다. 타 지역에서 온 외지인들은 숙식 문제를 주로 이 주막에 의존하게 되므로 자연스레 주막은 공동체의 단위를 넘어서는 정보를 유통시키는 주요 통로가 된 것이다. 《소현성록》(267~268)을 보면 주인공이 강주 안찰사로 부임하면서 일행을 뒤따라오도록 하고 본인만 현지에 먼저 도착하여 주막 등을 돌아다니면서 "예니레를 돌면서 인심을 살핀" 후에 부임하였다고 묘사한다. 주막에서 만나는 사람들을 통해 그 지역의 여러 정보들을 탐문하여 민심을 파악한 후 안찰사 임무를 시작하였다는 것이다. 외지인으로서 낯선 곳에 부임하려니 정보가 부족할 수밖에 없기에 이를 메우기 위하여 주막 등을 돌면서 그 지역에 관한 정보를 사전에 수집한 것이다.

《홍길동전》(41)에도 길동을 잡아들이라는 왕명을 받은 우포도대장 이흡이 포졸 몇 명을 거느리고 변복을 하고는 문경 지역의 주막에 들러 한 소년으로부터 홍길동에 대한 민심을 듣게 되는 장면을 다음과 같이 묘사한다.

> 수많은 관졸을 거느리고 출발하면서, 각각 흩어져 아무 날 문경에 모이기로 약속하였다. 이흡은 약간의 포졸들을 데리고 변복한 채 다니고 있었다. 하루는 날이 저물어 주점을 찾아 쉬고 있는데, 갑자기 어떤 소년이 나귀를 타고 들어와 인사를 하였다. 포장이 답례를 하니, 그 소년이 갑자기 한숨을 지으면서 말했다.
> "온 천하가 임금의 땅 아님이 없고, 모든 땅의 백성이 임금의 신하 아님

이 없으니, 소생이 비록 시골에 있으나 나라를 위해 근심하고 있습니다."

포장이 일부러 놀라는 체하며 물었다.

"그게 무슨 말이오?"

소년이 말했다.

"이제 홍길동이란 도적이 팔도로 다니며 소란을 피워 인심이 동요하고 있는데, 그 놈을 잡아 없애지 못하니 어찌 분하치 않겠습니까?"

포도대장이 주막에서 만나 대화를 나눈 이 소년은 홍길동이 변장을 하고 나타난 것이었다. 포도대장은 소년의 말에 넘어가 함께 홍길동을 잡아 보자고 권한다. 하지만 소년을 따라 나선 포도대장은 결국 홍길동의 소굴에 들어가서 잡히고 만다. 이처럼 주막은 공동체의 단위를 넘어서는 커뮤니케이션, 즉 마을 사람들도 외지의 정보를 얻는 장소도 되었을 뿐만 아니라 외지인들도 그 마을에 대한 정보를 얻을 수 있어 마을 단위를 넘어서 정보가 유통되는 주요 통로가 되었다.

공동체를 넘어서는, 소문

이런 메커니즘을 통해 정보는 마을 내에서뿐만 아니라 이를 넘어서는 단위까지 소문의 형태로 유포되면서 전달되어 갔다. 《심청전》(223)을 보면 맹인 아버지를 지극히 모시는 효녀 심청의 소문이 인근에 널리 퍼져 무릉촌 장승상 댁 부인의 귀에까지 들어가게 된다. 소문을 들은 승상 댁 부인이 하인을 보내 심청이를 수양딸로 삼으려 하는 장면이 나온다.

세월이 류수와 같이 흘러 십오 세가 되니 얼굴이 추월같고 효행이 뛰어나고 몸가짐이 안온하여 인사가 비범하니 천생 여질이라 가르쳐 행함이 여자 중의 군자요 새 중의 봉황이라 **이러한 소문이 원근에 자자하니** 하루는 월평 무릉촌 장승상 댁 시비 들어와 부인 명을 받아 심소저를 청하거늘

아름답고 효행이 지극한 열다섯 살 심청의 평판이 널리 소문 나서 다른 마을 승상 댁이 하인을 시켜 만나기를 청했다는 것이다. 심청을 만난 승상 부인은 심청을 양녀로 들이고자 하였으나 그리 되면 눈 먼 아버지는 누가 모시냐며 심청은 고사한다. 이에 승상 부인도 다시금 심청의 효성에 감탄하며 수긍한다.

《심청전》(256~257)에서 나중에 황후가 된 심청은 황제에게 부탁하여 아버지를 찾고자 고향의 수령에 찾으라고 명령하였지만 이미 고향을 떠난 심봉사를 찾을 수 없자 전국의 맹인들을 다 모아 잔치를 벌인다. 황제는 이 지시를 내리며 만일 각 지역에서 맹인 한 명이라도 참여치 못하면 그 지방 수령을 중죄로 다스리겠다고 엄명하였다. 이를 심봉사는 "하루는 들으니 황성에서 맹인 잔치를 베푼다 하거늘 심봉사 뺑덕 어미더러 말하기를 사람이 세상에 났으니 황성 구경하여 보세. 낙양천리 멀고 먼 길을 나 혼자 갈 수 없네. 나와 함께 황성에 감이 어떠한가?"라고 뺑덕 어미에게 청하여 함께 길을 나서게 되며 결국 잃었던 딸 심청이를 만나게 된다. 여기서 심봉사가 전국 맹인 잔치의 소식을 들은 것도 떠다니는 소문을 들어서 알게 되었던 것이다.

《홍길동전》(53)에도 길동을 잡아 한양으로 보내는 장면에서 "각 읍 백성들은 **길동의 재주를 들었는지라, 잡아온다는 소문을 듣고** 길에 모여 구경을 하였다"는 대목이 나온다. 길동의 소문을 익히 들은 각 지역 백성들이 그가 압송된다는 소식을 듣고는 구경하러 길가에 몰려

들었다는 것이다.

　이러한 소문이 때로는 국가 내에서만이 아니라 국경을 넘어 인근 국가에까지도 전파되었던 것으로 보인다. 《홍길동전》(55)을 보면 홍길동의 재주가 뛰어나 잡기 어렵자 조정이 곤혹스러운 지경에 빠져 있었다. 이때 홍길동이 사대문에 방을 부쳐 자신을 병조판서 시켜 주면 잡힐 것이라 선언하였다. 이에 왕을 비롯한 대신들이 모여 대책을 논하는 자리에서 여러 신하들이 "이제 그 도적을 잡으려 하다가 잡지 못하고 도리어 병조판서를 제수하심은 **이웃나라에도 창피스러운 일입니다**不可使聞於隣國"라고 한다. 도적을 잡으려다가 잡지도 못하고 오히려 병조판서를 시킨다는 것이 인근 다른 나라에 알려지면 국가적 위신에도 문제가 있다는 말이다. 이는 인근 나라에 소문이 확산된 사례가 있었음을 말해 준다.

(6) 개화기의 공동체 내 커뮤니케이션

관혼상제가 여론 형성의 계기

개화기에도 마을에서 중대한 일이 발생하면 사람들이 모여들어 이에 대해 정보와 의견을 나누었다. 이를 통해 공동의 관심사에 대해 의견이 형성되고 집약되면서 여론이 이루어지는 형태로 커뮤니케이션이 이루어졌다. 특히 많은 사람들이 모이는 관혼상제가 커뮤니케이션의 중요한 계기가 되었다. 유교적 전통과 공동체적 요소가 강한 조선 사회에서 관혼상제는 마을 구성원 모두의 관심사이고 공동의 일이었다.

　마을의 중요 인물이 사망하면 장례를 치르는 과정에서 마을 사람들이 망자의 사망이나 배경, 그 인물됨에 관해 정보와 의견을 나누며 여론이 형성되어 가는 것이다.《화의혈》(393)을 보면 기생 선초가 이 시찰의 수청을 들고도 배신당해 자살하자 "그 집안 상하·노소와 이웃집 남녀·친지가 모두 모여와서 그 광경을 보고 흑흑 느껴가며 눈물 아니 내는 사람이 없"었다고 묘사한다. 마을 사람들이 모두 모여 그 억울한 죽음을 함께 슬퍼하였다는 것이다. 출상의 풍경도 다음과 같이 묘사한다(《화의혈》, 394).

> 서울·시골 물론하고 기생 곧 죽으면 전후 건달이 모두 모여 꽃평량자에 징·장고·호적 소고로 쿵꽹 나나누나 하면서 줄무지로 신체를 내가는 것이 오백 년 유래지 고풍이 되었는데,* 더구나 선초야 원통히도 죽었으려니와 **원래 유소문한 터**이라. 그 신체 나가는데 누가 구경을 아니 가리요? 읍·촌 여부없이 노소남녀가 바쁜 일을 제쳐놓고 인사 겸 구경 겸 **구름같이 모여들었는데** (······)

원래 기생이 죽으면 인근 건달들이 모두 모여 떠들썩하게 장례를 치르는 게 조선 시대 풍습인데, 주인공 선초는 억울하게 죽어 많은 소문을 낳았기에 사람들의 관심이 더 커서 모두들 구경에 나섰다는 말이다. 소설에서는 이처럼 장례식 상황뿐만 아니라 구체적인 여론 형성에 대해서도 언급한다. "선초가 변변치 못한 자격이라도 그 모양으로 죽었으면 소문이 원근에 낭자하려든, 하물며 인물도 남다르고 재질도 남다르고 지조도 남다른 중, 죽기까지 남다르게 한 선초리요? 지여부지간知與不知間('알건 모르건 간에'라는 뜻) **그 소문을 듣고 다 한마디**

---

* 평량자는 패랭이, 댓가비로 엮어 만든 갓을 말하며, 줄무지는 기생들이나 장난군들이 상여를 메고 풍악을 치며 가는 행상行喪을 뜻한다(《화의혈》, p.412 주 참조).

6. 장례식에 모인 군중. 출처: 독립기념관

씩은 말을 하는데, 열이면 열 다 이시찰 욕하는 소리뿐˝(394)이라는 것
이다. 당시 마을의 여론이 이시찰에 대해 매우 비판적임을 소개하였다.

뿐만 아니라 《화의혈》(394)에서는 이와는 다른 여론도 소개한다.
˝그중에 언론이 두 가지로 나오기는 본군과 인읍에 기생들이라˝고 하
여 이 지역 인근의 기생들 사이에는 다른 의견들도 나왔다는 것이다.
즉 기생들 중에는 선초의 죽음을 안타까워하는 사람들도 있었지만 반
면 선초를 비판하는 의견도 있었다면서 다음과 같이 소개한다.

어, 아니꼰 년! 제가 저 모양으로 죽으면 대문에 주토칠˙할 줄 알고? 죽
은 저만 속절없이 인생이 일장춘몽인데 아니 놀고 무엇할꾸! 흥, 우리는

그런 기회를 만나지 못해서 걱정이야. 왜 얼렁얼렁해 그 비위를 살살 맞춰가며 움푹히 빨아먹지를 못하고 되지 못하게 고집을 하다가 제 몸까지 버릴 곡절이 무엇이람? 에그 우스워라!

적당히 비위 맞춰 주고 실속을 챙기면 될 것을 목숨까지 버린 선초의 고지식한 행동을 비꼬는 기생들의 의견도 있었다는 말이다. 《은세계》(440)에서도 남자 주인공 최병도가 죽어 장례를 치르는 장면을 다음과 같이 묘사한다.

죽은 지 칠일 만에 장사를 지내는데, 인근 동 사람들까지 **남의 일 같지 아니하고 사람마다 제가 당한 일 같다하여 회장會葬**** **아니오는 친구가 없고 부역 아니오는 백성이 없으니**, 토사호비兎死狐悲 토끼 죽은데 여우가 슬퍼했다는 말과 같은 것이라. 상엿군들이 연포軟泡국***과 막걸리를 실컷 먹고, 술김에 흥이 나는 것이 아니라 처량한 마음이 나서 상여를 메고 가며 상두소리가 높았더라.

모두 모여 장례의 품앗이를 함께 나누면서 최병도의 억울한 죽음을 함께 슬퍼해서 곡소리도 더 높았다는 것이다. 특히 토사여비라는

---

* 붉은 황토로 칠한다는 뜻이다. 조선 시대 충신이나 효자, 효부 등을 기리기 위해 세운 정려문은 대개 붉은 색으로 칠하고 현판을 달았기에(https://www.economyinsight.co.kr/news/articleView.html?idxno=67010 2016. 11. 9) 선초가 절개를 잃고 배반 당해 자살하자 열녀문이라도 세워줄 줄 알았느냐라는 의미인 것으로 보인다.
** 장례에 참석하는 것을 말한다.
*** 무, 두부, 고기, 다시마 따위를 맑은장국에 넣어 끓인 국으로서 흔히 초상집에서 발인하는 날에 끓인다.

말이 당시 동네 사람들의 공감대를 잘 보여 준다. 최병도의 억울한 죽음이 반드시 남의 일만은 아닐 수 있다는 공감대가 있었기에 마을 사람들은 그의 죽음에 슬픔을 더욱 같이할 수 있었다는 말이다.

　마을에서 굿을 하거나 혼례를 치를 때도 마찬가지였다. 《구마검》(97)에서는 지나치게 무속에 의존하는 최씨 부인이 굿을 벌이자 구경하러 모인 사람들이 그 집안의 내력에 대해 이것저것 수군거린다. 무당에게 죽은 자의 원혼이 내려오자 구경하던 동네 사람들 중 어떤 이는 "여보 형님, 형님, 저게 누구의 넋이 들었소? 아마 재취 마님이지"라고 하는 반면 다른 사람은 "아닐세, 은반상 해가지고 오셨다는 것을 들어보게 초취 마님이신가 봐"라며 수군거렸다는 것이다. 주인공의 여러 부인들에 대한 정보와 평가를 중심으로 그 집안에 대한 여론이 구경하러 온 마을 사람들의 입을 통해 제시되고 있는 것이다.

　《치악산》(344)을 보면 후실 시어머니와 시누이의 괴롭힘에 주인공 이씨 부인이 자살까지 시도하자 그 하인인 검홍이 일행이 복수를 시도하여 홍참의의 집을 쑥대밭으로 만든다. 이에 홍참의는 귀신을 쫓고자 거의 매일 굿을 하고 그때마다 동네 사람들이 이를 보기 위해 모여드는데 이때 동네 사람들이 다음과 같은 대화를 나눈다.

　"이애 개불아, 이애 신통아, 오늘도 홍참의 댁에서 굿을 한다니 우리가 나무는 가지 말고 굿구경할 겸 떡이나 얻어먹으러 가자" 하는 놈들은 단구역말 아이들이요,

　"여보 만쇠 어머니, 여보 천금 할머니, 내일도 저 댁에서 경을 읽는다니, 빨래는 말더라도 떡방아를 찧어 주든지 심부름을 하여 주든지 하고 돈냥이 되나 벼말이 되나 얻어옵시다" 하는 것들은 단구역말 계집들이요,

"여보게 금보, 어제도 앞 댁에서 재를 올렸다네 그려. 이 동네는 필경 홍 참의 댁 도깨비로 망하느니이" 하는 사람들은 단구역말 백성들이라.

단구역말이란 이 소설의 무대가 되는 강원도 원주 치악산 아래 지역의 명칭이다. 그 마을의 남녀노소 할 것 없이 모두 모여 구경하고 떡 얻어먹고, 일 도와주고 품삯 벌 궁리를 하는 사람들이 있는가 하면 동네가 망할 징조라고 걱정하는 사람들도 있다는 말이다.

혼례가 치러지는 경우도 마찬가지였다.《빈상설》(83)을 보면 남녀 주인공이 혼례를 치르는 장면에서 "원근 동리 남녀노소를 물론하고 신기하니 희한하니 하며 구경군이 구름같이 모여 섰"다고 묘사한다.

한편 여주인공이 갑자기 일본으로 도망감으로써 예정된 혼례가 무산될 위기에 처한《추월색》(43)에서는 급한 김에 신부 집안의 사람들이 "신부가 지난 밤에 급히 병이 나서 병원에 가 있다고 위선 말하니 그 눈치야 누가 모르리요. 안손 · 바깥손 · 내 하인 · 남의 하인 할 것 없이 모두 **이 구석에도 몰려서서 수군수군, 저 구석에도 몰려서서 수군수군**"하였다는 장면이 나온다. 뜻밖에도 혼례라는 중대사가 취소되는 일을 당하자 여기저기서 사람들이 모여 여러 가지 정보와 의견을 나누게 된 것이다.

가뭄이 계속되어 기우제를 지낼 때도 상황은 마찬가지였다.《화의혈》(396)에서 주인공인 기생 선초가 억울하게 죽고 나서 가뭄이 오래 지속되자 마을에서는 기우제를 지내게 된다. 그 과정을 다음과 같이 묘사한다.

선초 죽던 그 달부터 비 한 점 아니오고 내리 가무는데, 논배미 · 밭두렁

7. 개화기의 결혼식에 많은 사람들이 모여든 풍경.　　　　　　　출처: 독립기념관

에 성냥만 득 그어 대면 홀홀 탈 만치 오곡잎이 다 말라 들어가니 가물이

너무 심하면 노약들이 서독暑毒에 병들기가 십상팔구어늘, 무식한 부녀

들이 무당에게도 묻고 판수*에게도 물으니 묻는 데마다 소지所志에 우근

진으로** 의례히 말하기를, 원통히 죽은 선초의 혼이 옥황상제께 호소하

여 날도 가물게 하고 병도 다니게 한다 하는 **허탄무거虛誕無據***한 말이**

한 입 걸러 이 사람 저 사람, 큰 소일거리 삼아 지껄이는 중, 농군의 집에

서 더욱 악마구리 끓듯 하여 필경 **대동大洞이 추렴을 놓아** 각색 과실에

---

* 남자 무당을 말한다.

** 소지는 백성들이 관에 올리는 청원서 및 진정서이고 우근진右謹陳은 그 소지의 맨 마지막에
'이상과 같이 삼가 아뢴다'고 첨언하는 말로서(https://books.google.co.kr/books?isbn=9791130
428604 2017. 4. 3) 별다른 의미 없이 의례적으로 붙이는 말을 뜻한다.

*** 허탄무거란 근거 없는 거짓만 많다는 뜻이다.

큰 소를 잡아 선초의 무덤에 가 제사를 정성껏 지내어 그 혼을 안유코자 하더라. 택일한 제일을 당하여 수백 명 남녀가 구름같이 모여 술잔을 다 투어 부어놓고 제각기 소원을 속으로 암축[*]하는데(……)

선초가 죽고 나서 심한 가뭄이 지속되자 무속에 의존하는 몇몇 사람들이 무당의 말에 의거하여 가뭄의 원인이 선초 때문이라는 말을 만들어 내자 이 말이 널리 확산되면서 결국 마을 사람들이 힘을 합쳐서 기우제를 지내 선초의 혼을 위로하게 되는 과정을 잘 보여 준다. 소설에서는 이어서 기우제에 마을 사람들 모두가 모여들어 함께 제를 올리고 음식과 술을 나누는 모습도 묘사된다.

신소설에 '언론'이라는 용어 등장

신소설에서 '언론'이라는 용어는 매스 미디어를 뜻하는 요즘의 용법은 없었다. 대신 특정 사안에 대해서 형성된 개인의 의견이나 주장을 '언론'이라는 용어로 표현한다. 《화의혈》(364~365)을 보면 주인공인 기생 선초가 이시찰을 처음 대면하는 자리에서 선초가 받은 인상을 "이시찰의 용모를 보건대 점잖은 학자 같고, 언론을 듣건대 유리한 격언이라"고 묘사한다. 사람들이 하는 말을 '언론'이라 표현하고 있는 것이다. 이 자리에서 선초를 설득하기 위해 이시찰이 하는 말 중에도 어느 처녀를 홀애비에게 시집보내려는 아비의 예를 들면서 "그 처녀 역시 그러히 여겨 저의 아버지의 주장하는 언론을 순종하는지라"라고 하여 특정인의 의견을 언론이라 표현한다. 이 소설에서는 선초

---

* 암축이란 다른 사람의 행복을 참된 마음으로 비는 것이다.

가 죽은 후 이시찰을 비난하는 백성들의 여론을 소개하면서 "그중에 언론이 두 가지로 나오기는 본군과 인읍에 기생들이라"하며 선초에 대해 부정적 의견들을 소개한다. 여기서도 언론은 의견이라는 의미로 사용된 것이다(《화의혈》, 394).

《빈상설》(51)에서도 의견을 언론이라 표현하였다. 주인공 이씨 부인의 쌍둥이 남동생 승학이 곤경에 처한 이씨 부인을 도우려 나선다. 불량배 황은율이 여자로 변장한 승학을 유혹하려는 장면에서 여러 이야기를 주고받는다. 그 이야기 끝에 소설에서는 "황가가 욕심이 불같이 일어나 잠시도 견디기 어렵지만 그 언론과 사색을 듣고 보더니"라고 하여 주고받은 여러 의견과 이야기들을 '언론'이라 표현한다.

한편 소설《화의혈》(357~358)에서는 이시찰이 로비를 벌인 끝에 임명되어 삼남으로 내려가는 장면을 묘사하며 "그 행색을 언론하면 중도 아니오 속한 이도 아니러라"라고 서술한다. 여기서 언론은 의견보다는 말한다는 의미로 사용되었다.《혈의누》(50)에서도 언론이라는 용어가 말한다는 의미로 사용되었다. 미국에서 극적으로 딸과 재상봉한 김관일은 딸을 도와준 구완서가 옥련에게 서양식으로 결혼 문제도 부모에 의존하지 말고 우리가 직접 정하자는 제안을 하자 옆에서 아무런 말없이 지켜보기만 한다. 이 대목을 소설에서는 "김관일은 딸의 혼인 언론을 하다가 구씨가 서양 풍속으로 직접 언론하자 하는 서슬에 옥련의 혼인 언약에 좌지우지할 권리가 없어 가만히 앉았더라"고 묘사한다. 말한다는 의미로 언론이라는 용어가 사용된 것이다.

이 사례들에서 알 수 있는 바와 같이 개화기에 '언론'이라는 용어는 현대적 의미의 매스 미디어를 지칭하는 용어가 아니었다. 신문이 등장하기는 하였지만 아직 매스 미디어의 기능은 하지 않았던 시대에 언론은 넓은 의미, 즉 말하다는 의미와 그로 인해 형성된 의견이라는 의미로 사용되었음을 알 수 있다.

언론이라는 용어의 이러한 용례는 《조선왕조실록》을 통해서도 확인할 수 있다. 실록에서 언론言論이라는 키워드를 검색해 보면 총 152건의 사례가 나온다. 이 사례들은 세종부터 순조에 이르기까지 고르게 분포되어 있다. 세종 4년(1422) 10월 12일조를 보면 금천부원군 박은의 부고를 들은 세종은 예관을 보내 제문을 하사하였는데, 그 제문에 고인을 평가하며 "언론은 당당하여 배울 만하였다"[45]고 높게 평가하였다. 여기서 언론은 말하는 태도와 내용을 의미하는 것으로 볼 수 있다. 이러한 용례는 조선 후기라 할 순조 시기에 와서도 별다른 차이 없이 그대로 사용된 것으로 보인다. 검색 사례 중 시기적으로 제일 늦은 것을 보면 순조 12년(1812) 10월 30일 기사에서 여주의 김성길이 임금에게 올린 글을 소개하는 내용 중에 자신의 작은 할아버지인 김일주에 대해 "언론과 지킨 지조는 훌륭한 길사吉士라고 이를 만하"다고 평한다.[46] 여기서도 마찬가지로 평소에 하는 말의 내용이나 태도를 뜻하는 것으로 볼 수 있다.

언론이라는 용어의 이와 같은 의미가 개화기에도 그대로 사용되었던 것이다. 하지만 개항 이후 〈한성순보〉를 필두로 근대적 신문과 잡지들이 생겨나서 이를 통해 사회적 의견과 여론이 형성되면서 자연스레 언론이라는 용어가 변용되기 시작한 것으로 볼 수 있다.

개화기에도 주막은 바깥세상의 주요 통로

개화기에도 마을 공동체의 단위를 넘어서는 커뮤니케이션에서는 주막이 중요한 채널이 되었다. 조선 후기로 오면서 공간적 유동성은 점차 증대되었지만 이를 뒷받침할 원거리 커뮤니케이션 미디어는 편지 외에는 여전히 없는 상태였다. 따라서 정보의 소통은 구두로 전달되는 전통적 방식에 대부분 의존할 수밖에 없었기에 주막이 여전히 중요 채널이 된 것이다. 《은세계》(439)를 보면 주막을 "팔도 모산지배募散之輩*가 다 모여 자는" 곳이라고 표현한다. 모산지배란 꾀를 내어 자신의 이해관계를 따지기에 능한 사람들의 무리라는 말이다. 조선 시대의 사회적 여건에서 멀리 여행하는 사람들은 대개 상인들이거나 먼 곳에 메시지를 전하려는 전인들을 중심으로 거의 대부분 무언가 분명한 목적을 지니고 있었다. 이러한 사람들이 주막에 모여들기에 '모산지배가 다 모여 잔다'는 표현이 가능했을 것이다. 이 사람들이 여러 가지 정보들을 가지고 있으며, 또 새롭고 더 많은 정보를 원하기에 주막에서는 활발한 커뮤니케이션이 가능했던 것이다. 《빈상설》(69~70)에서는 주막에 온갖 사람들이 모여 들고 정보가 유통되는 풍경을 다음과 같이 묘사한다.

그 주막에 건달도 많고 장난군도 많아 수상한 계집이 지나다가 열이면 아홉은 붙들려 욕을 보는 곳이라. 해가 한나절 가량이나 되어 나뭇군들이 고자 등걸을 한 짐씩 뽑아 지고 들어오며, 저희끼리 입을 모으더니, 동리 젊은 사람이라고는 하나 빠지지 않고 깡그리 달음질하여 화계사 웃모퉁이 산겨드럭에 장사 지내는 사람 모여서듯 겹겹이 돌아서서, 키 작은 자는 발돋음을 하여가며 들여다보고, 기운찬 자는 잡아 헤치고 들어가며 제가끔 한마디씩 뒤떠들더니

---

* 여기서 '모'의 한자는 오류인 것으로 보인다. 요즘에는 모謀로 표기한다. 개화기에도 맞춤법 개념이 모호하여 뜻이 통하면 사용한 것으로 보인다(주 20을 참조하라).

다양한 사람들이 모이는 주막에서 나무꾼들의 말에 따라 구경거리를 찾아 우루루 몰려가서 구경하는 풍경을 묘사한다. 《화상설》(201~205)을 보면 간악한 기생첩 평양집에게 억울하게 죽거나 쫓겨난 권참판 댁 사람들의 원을 풀어 주게 되는 친척들도 원행길에 인근 주막에 들렀다가 우연히 주변의 노파들이 나누는 이야기를 듣고는 권참판 댁의 사정을 짐작하게 된다. 하지만 제한된 정보밖에 없어 답답하자 이들은 "그 동네 객주집에 방 하나를 얻어가지고 그 동네 사람에게 빗대어 놓고 슬쩍슬쩍 정탐을 하여보지"라고 말한다. 주막집을 통해 평양집에 관한 정보를 더 탐지해 보자는 것이다. 정보를 얻기에는 주막집만 한 곳이 없었기에 이러한 대화가 가능했을 것이다. 이처럼 주막은 다양한 종류의 사람들이 모여서 마을 공동체를 넘어서 광범위하게 정보가 유통되는 채널이 되었음을 알 수 있다.

입에서 입으로: 소문의 확산과 와전

마을에서 중대하거나 기이한 일이 생기면 이에 대한 소문이 확산되어 간 사례도 신소설에서 여러 차례 등장하였다. 《혈의누》(20~21)를 보면 청일 전쟁이 터져 난리통에 남편도 잃고 딸 옥련도 잃은 그 어머니는 가족을 찾아 헤매지만 아무런 소득이 없었다. 헤어진 가족에 대해 아무런 정보도 없는 가운데 조그만 소문이라도 있으면 거기에 매달릴 수밖에 없는 상황이었다. 소설에서는 이를 다음과 같이 묘사한다.

날마다 밤마다 때마다 기다리는데, 사람의 소리가 들리면 뛰어 나가보고, 개가 짖으면 쫓아가서 본다.
고대하던 마음은 진하고 단망하는 마음이 생긴다. 어느 곳에서 사람이 많이 죽었다 하는 소문이 있으면 남편이 거기서 죽은 듯하고, 어느 곳에서 어린 아이 죽었다는 말이 들리면 내 딸 옥련이가 거기서 죽은 듯하다.

그저 소문에만 의존할 수밖에 없는 상황이었기에 기대는 사라지고 희망이 끊기면서 오히려 그 소문에 더욱 매달리고 쉽게 영향을 받을 수밖에 없는 상황을 잘 보여 준다. 이처럼 중대한 일이 발생하여 정보에 대한 욕구가 높았음에도 불구하고 이를 충족시켜 줄 실제 정보는 없는 상황에서 소문은 널리 확산되게 마련인 것이다.

《치악산》(360)을 보면 집안이 풍비박산 난 홍참의는 실의하여 여기저기 떠돌다가 어느 산골에서 만난 노부부로부터 자기 집 일에 대한 소문을 듣게 된다. 홍참의는 그 이야기가 자신의 이야기인 걸 모른 체하고는 어디서 그리 자세히 들었냐고 묻자 "허허, 그 댁 일은 저뿐 아니라 **원주 일경 사람 명색하고 모를 사람이 누가 있겠읍니까**"라는 대답이 돌아온다. 원주 인근에 널리 소문이 퍼지면서 아무 상관도 없는 산골의 노부부까지도 알게 되었다는 것이다.

사적인 감정에서 거짓말을 만들어 퍼뜨린 사례도 나타났다.《치악산》(328)을 보면 남편 백돌이 일본 유학 간 사이에 시어머니에 의해 쫓겨난 이씨 부인은 중이 되는데, 그 미모를 탐내던 중 강은이가 거짓소문을 만들어 퍼뜨리고 만다. 혜명이라는 다른 중과 눈이 맞았다고 모함하는 내용이었다. 이 소문이 퍼져 나가는 것을 소설에서는 다음과 같이 묘사한다.

제 동무들에게 말을 내되, (……) 보는 사람마다 그 말을 하였는데 세상에 **그 소문같이 빨리 나는 소문은 없는 것이라. 한 입 건너 두 입, 두 입 건**

너 세 입이라. 불과 며칠 동안에 금강산 모든 절이 들썩들썩하도록 그 이야기뿐이라. 변으로 알고 이야기하는 사람도 있거니와, 혜명의 일이 부러워서 침을 께 흘리고 말하는 중도 많이 있는데, 어찌하였던지 그 소문이 너무 왁자하여 혜명이 있는 절에서는 혜명이를 벌을 주어 내쫓고, 그 승 있는 승방에서는 승을 벌을 주어 내쫓는데, (……)

거짓된 소문이지만 금세 퍼져 나가면서 소문의 두 주인공이 결국 절에서 쫓겨나기에 이르렀다. 한편 소문이 퍼져 나가면서 와전되는 사례도 등장하였다. 《은세계》(429~430)를 보면 최병도의 재산을 탐낸 관찰사가 그를 감옥에 가두자 그 부인과 딸이 눈물을 흘리며 안타까운 마음을 나누고 있는데, 이를 본 몇몇 사람에 의해 소문이 퍼져 나가는 과정을 다음과 같이 묘사한다.

모녀가 마주 붙들고 우는 소리에 그 동네 사람들은 그 울음소리를 듣더니, 최병도가 죽었다는 기별을 듣고 우는 줄 알고, 최병도가 죽었다고 영절스럽게* 하는 말이, **한 입 건너 두 입 두 입 건너 세 입, 그렇게 온 동네로 퍼지면서 말이 점점 보태고 점점 와전이 되어**, 회오리바람 불듯 뺑뺑 돌아들고 돌아들어서 한 사람의 귀에 세 번 네 번을 거푸 들리며, 사람마다 그 말이 진적眞的한 소문인 줄로 여겼더라.

단편적인 정보만을 가지고 그럴듯하게 스토리를 구성하여 입에서 입으로 전파되어 가면서 와전된 사실이 퍼져 나갔다는 것이다. 《은

---

* 매우 그럴듯하게라는 뜻이다.

세계》(430)에서는 이 소문을 듣고 이웃의 할머니가 문상을 와서 울면서 벌어지는 해프닝을 다음과 같이 소개한다.

> 할미 "에그, 이런 변이 있나? 이 댁 서방님이 돌아가셨다네."
> 하더니 청승 주머니가 툭 터지며 목을 놓고 우니, 그때 부인이 울고 앉았다가 그 소리에 깜짝 놀라서 고개를 번쩍 들며,
> 부인 "응, 그것이 무슨 말인가? 그 말을 뉘게 들었나? 이 사람, 이 사람, 울지 말고 말 좀 자세히 하게."
> 하면서 정작 설워할 본평 부인은 정신을 차려서 말을 하나, 그 할미는 대답할 경황도 없이 우는지라, 동네 농군의 계집들이 할미 대신 대답을 하는데, **나도 그 말을 들었소, 나도 들었소, 나도, 나도 하는 소리에** 부인이 그 말을 더 물을 경황도 없이 기가 막혀 울기만 한다. 본래 그 동네에서 최병도가 무죄히 잡혀간 것은 사람마다 불쌍히 여기는 터이라. 최병도가 인심을 그렇게 얻은 것은 아니나, **강원 감사에게 학정虐政을 받고 사는 백성들의 마음이라, 초록은 한 빛이 되어 감사를 원망하고 최병도의 일을 원통히 여기던 차에,** 최병도 죽었다는 말을 듣고, 남의 일 같지 아니하여 동네 사람들이 남녀노소 없이 최병도 집에 와서 화톳불을 질러놓고 밤을 새우면서 공론이 부산하다.
> 최병도 집은 외무주장外無主張*하게 된 집이라, 동네 사람들이 제 일같이 일을 보는 것이 도리에 옳다 하여 일변으로 송장 찾으러 갈 사람들을 정하고, 일변으로 초상 치를 의논하는 중에 박좌수라 하는 노인이 오더니 그 일 주장하는 사람이 되었더라.

---

* 집안에 살림을 맡아 할 만큼 어른인 남자가 없다는 말이다.

와전된 소문을 주변의 대부분 사람들이 들었다고 소문이 확산되어 당사자의 가족에게까지 전해지며 사실로 받아들여진다. 이에 장례 치를 논의까지 하기에 이르렀던 것이다. 이렇게 소문이 확산되는 것은 죽은 최병도 개인에 대한 공감이나 동정보다는 탐관오리의 학정에 대한 백성들의 공감대가 있었기에 가능했다고 설명한다. 이와 같은 평소의 인식이 바탕이 되어 그럴 듯한 말이 와전되면서 빠르게 주변으로 확산되어 가는 과정을 묘사한다.

발 없는 말이 천 리 간다: 소문의 전파 범위

이와 같은 소문의 전파는 공간적으로 멀리까지도 퍼져 나갔던 것 같다. 전술한 대로 조선 시대에도 《홍길동전》에서 소문이 인근 국가에까지 전파될 것을 염려한 사례를 소개하였지만 신소설에도 다른 나라까지는 아니더라도 지방의 소문이 서울까지 전파되는 장면이 등장한다. 전라도 장성 땅의 기생 선초에 욕심을 내서 이시찰이 내려오게 된것도 소문을 듣고는 궁리 끝에 열심히 로비하여 장성 지역에 시찰로 내려오게 된 것이다. 즉 전라도 장성 땅에 선초라는 기생이 인물은 천하절색이면서도 절개가 너무나도 곧아서 벼슬아치들이나 돈깨나 가진 부자들이 욕심을 내도 모두 퇴짜 맞았다는 소문이 퍼졌다는 것이다. 소설에서는 이 대목을 "듣고 보는 자 모두 큰 변괴나 싶어 **한 입 걸러 두 입 걸러 그 소문이 사면 각처에서 아니 퍼진 데가 없는데**, 말을 갈수록 보탠다고 전하는 자의 성미를 따라 **점점 한마디씩을 보태어 나중에는 서울까지 전파**"되었다는 것이다(《화의혈》, 352).

또한 장성에 내려온 이시찰이 기생 선초에만 빠져 있어 자신의 임무에서는 아무런 성과를 거두지 못하자 이시찰은 "아무 성적 없는 소문이 서울에 올라가기곤 하면 오직 나를 미타히 여길라구?"라고 걱정한다. 아무 일도 안 했다는 소문이 서울에까지 확산되면 자신이 온당하지 못한 것으로 평가될 것을 염려하였다는 것이다(《화의혈》, 358).

한편 《혈의누》(23)에도 평양에서 벌어진 난리, 즉 청일 전쟁의 소문이 부산에 사는 사람에게까지 퍼져 나간 것으로 묘사되었다. 자기 딸을 평양에 시집보낸 부산의 최항래가 평양에 난리가 났다는 소문을 듣고는 "소름이 끼치도록 놀랍고 심려"했다는 것이다. 평양의 난리 소식에 딸과 그 가족의 안부가 걱정될 수밖에 없었을 것이다. 이에 최씨는 평양의 딸을 찾아 나서나 이미 난리통에 뿔뿔이 흩어져 아무도 만나지 못하고 만다. 이러한 사례들로 미루어 볼 때 당시 소문은 '발 없는 말 천 리 간다'는 속담과 같이 공간적으로 아주 멀리까지 퍼져 나가기도 했음을 알 수 있다.

공동체의 집회 사례도 등장

흔하지는 않지만 신소설에는 마을의 관혼상제 같은 자연스러운 모임 외에도 다수의 사람이 모여 뜻을 결집한 집회의 사례도 등장한다. 마을 공동체에서 공동의 관심사로 긴급한 사안이 발생하면 적극적으로 주민들을 불러 모아 놓고 여론을 환기시키며 힘을 모아 공동 대처를 모색하기도 한 것이다. 《은세계》(415~416)를 보면 주인공 최병도를 원주 감영이 무고하게 잡아들이자 그의 친구 김정수(김치일)이 나서 동네 사람을 소집하여 힘을 모아 관리들을 공격하는 일종의 민란을 일으키는 장면을 다음과 같이 묘사한다.

"이애 천쇠야, 너 지금내로 이 동네 백성들을 몇이 되든지 빨리 모아 데리고 오너라."

하는데, 천쇠는 어젯밤에 장차들에게 얻어맞던 원수를 갚는다 싶은 마음에 신이 나서 목청이 떨어지도록 소리를 지른다.

"아랫말 김진사 댁 서방님께서 동네 백성들을 모으라신다. 빨리 모여들어라." (……)

일 없는 농군들이 최본평 집에 영문* 장차가 나와서 야단을 친다 하는 소리를 듣고 구경을 하러 왔다가 장차가 못 들어오게 하는 서슬에 겁이 나서 못 들어오고 이웃 농군의 집에 들어앉아서 까마귀 떼같이 지껄이고 있는 터이라.

"본평댁 서방님이 영문에 잡혀가신다지?"

"그 양반이 무슨 죄가 있어서 잡아가누?"

"죄는 무슨 죄, 돈이 있는 것이 죄이지."

"요새 세상에 양반도 돈만 있으면 저렇게 잡혀가니 우리 같은 상놈들이야 논마지기나 있으면 편히 먹고 살 수 있나?"

"이런 놈의 세상은 얼른 망하기나 했으면…… 우리 같은 만만한 백성만 죽지 말고 원이나 감사나 하여 내려오는 서울 양반까지 다 같이 죽는 꼴 좀 보게."

"원도 원이요, 감사도 감사어니와 저런 장차들부터 누가 다 때려죽여 없애버렸으면."

하면서 남의 일에 분이 잔뜩 나서 지껄이고 앉았던 차에, 천쇠의 소리를 듣고 우우 몰려나오면서 천쇠더러 무슨 일이 있느냐 묻는데, 천쇠는 본래 호들갑스럽기로 유명한 놈이라, 영문 장차가 김진사 댁 서방님을 죽

---

* 조선 시대 각 도道의 감사가 업무를 맡아보던 관아를 말한다.

이는 듯이 호들갑을 부리며 어서 본평 댁으로 들어가자 소리를 어찌 황
당하게 하던지, 농군들이

"자아 들거라!"

소리를 지르고 최본평 집 사랑 마당에 들어오는데, 제 목소리에 제가 정
신을 못 차릴 지경이라.

경금 동네가 별안간에 발끈 뒤집으며, 최본평 집에 무슨 야단났다 소문
이 퍼지며, 양반·상인·아이·어른 없이 달음박질을 하여 최본평 집에
몰려오는데, 마당이 좁아서 나중에 오는 사람은 들어오지 못하고 사립문
밖에 서서 궁금증이 나서 서로 말 묻느라 야단이라.

김진사의 명을 받은 하인이 동네를 헤집고 다니면서 사람들을 모
이라고 외치자, 안 그래도 관리들의 탐학에, 또 최병도의 억울한 사정
에 쑥덕거리던 사람들이 모여 들고, 이처럼 사람들이 모여 들자 무슨
일인가 하여 더 많은 사람들이 모여 들게 되는 과정을 잘 보여 준다.
소설에서는 뒤이어 성난 백성들이 하급 관리들을 공격하는 장면으로
까지 이어진다.

통문으로 종친회 소집

신소설에서는 가문의 중대사를 논하기 위해 종친회를 소집하는 사례
도 등장하였다. 《구마검》(129)에서는 종손 함진해의 셋째 부인 최씨가
연일 굿판을 벌이느라 종갓집 가산이 탕진되어 제사도 못 지낼 지경
에 이르자 이 문제를 토의하기 위해 전국 종친회가 열린다. 소설에서
는 종친회가 열리게 되는 과정을 "타성들이 듣고 보아도 그 집안 그
지경된 것을 가이없으니, 그래 싸니, 다만 한마디씩이라도 흉볼 겸, 걱

정할 겸 하거든, 하물며 원근족 함씨의 종중에서야 수십대 종가가 결단이 났으니 어찌 남의 일 보듯 하고 있으리요. 팔도 함씨 대종회를 열고 관자수대로 모여드는데"라고 묘사한다. 여기서 관자란 망건網巾의 당줄에 꿰는 작은 고리로서 다들 갓을 쓰고 있으니 결국 모인 사람의 숫자를 말한다.

전국의 종씨들에게 종친회를 개최한다는 연락은 통문을 이용하였다.《구마검》(129)을 보면 "하루는 종회하는 통문이 서울로서 내려왔는지라"라고 표현한다. 소설의 주인공 함진해의 사촌 동생 함일청이 이를 받고는 "팔도 일가가 모두 종회를 하는데 내 도리에 아니 가볼 수 없다"면서 상경을 결심한다.

통문은 조선 시대에 주로 지방 향교나 종중이 공동 관심사나 의견 등을 대량으로 필사 복제하여 많은 사람에게 전달함으로써 공론을 일으키는 데 중요한 역할을 하였다.[47] 널리 알려진 사발통문은 이 통문의 일종으로서 주도자를 알 수 없도록 하기 위해 참여자의 이름을 원형으로 정리한 형태의 통문을 말한다. 몇몇 사람이 문책을 당하는 것을 피하기 위해 참여자 모두의 공동 책임임을 천명하는 형태라 할 수 있다.

이러한 통문은 민란 봉기 등의 결정적 계기로 사용되었다. 조선 후기 고종 대에 발생한 민란 47건 중 13건이 통문을 이용하였으며 1894년 동학농민운동의 봉기도 1893년에 발의된 사발통문으로 촉발된 것으로 알려지고 있다. 이 통문의 전달은 잘 정비된 조직망과 충실한 전달꾼을 필요로 한다. 통문은 그 성격상 신속한 전달을 필요로 하는 것이기 때문에 조직망에 의해 통문이 전달되면 받은 사람은 만사 제쳐 놓고 사방팔방으로 통문을 다시 전달하였다고 한다.[48] 이 통문의

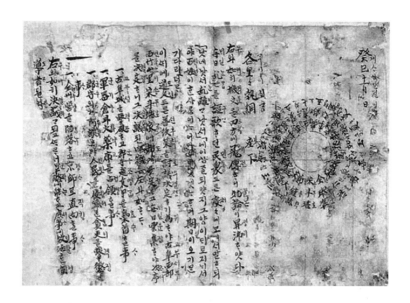

8. 고종 30년(1893) 11월에 전봉준을 비롯한 20여 명의 동학 농민군 지도자가 봉기를 약속하며 작성한 사발통문. 주모자를 알 수 없게 하기 위하여 사발 모양으로 둥글게 서명하였다. 한자 옆에 음을 달아 주었다.　　　　　　　　　　　　　　출처: 동학농민혁명기념재단

전달망은 동학의 경우는 종교 조직을 이용했을 것이며 유림들의 경우는 각지에 존재하는 서원들을 통해, 문중의 경우는 친척들 간의 연결망을 통해 연결되었을 것이다.

이처럼 통문이 민란의 수단으로 기능하면서 조선 후기 점차 빈번해지자 고종은 사발통문을 금지하였다. 《조선왕조실록》 고종 19년(1882) 8월 21일조를 보면 고종은 "사발통문이란 것은 비도匪徒들이 난을 일으키기 위한 습속"이라면서 "법사法司로 하여금 행회行會하여 법을 만들어서 엄히 금하게 하겠다"고 명하였다.[49] 통문을 돌려 백성들이 의견과 정보를 공유하면서 행동에까지 이르니 왕으로서는 골치 아플 수밖에 없었을 것이다.

《조선왕조실록》을 보면 통문은 민간에서뿐만 아니라 왕실에서도 사용한 것으로 보인다. 실록에서 '통문通文'이라는 키워드를 검색해 보면 총 238건의 사례가 나온다. 검색 사례들을 살펴보면 세종 9년(1427) 12월 27일조에는 사간원이 올린 상소를 소개한다. 그 내용 중에는 흉년이 들어 곡식 사정이 어려운데 "병조의 통문通文을 보오니" 다음 해 2월부터 지방 각도의 시위 군사들을 올라오라고 되어 있는데 그리 되면 식량 사정이 더욱 악화될 것을 우려하여 지방 군사의 상경을 가을까지 연기해 달라고 청원한다.[50] 중종 3년(1508) 1월 5일조의 내용 중에도 "각 해당 아문에 통문通文하여 마련하게 하였다"라는 표현이 등장한다.[51] 선조 25년(1592) 12월 2일조에서는 호조 판서가 올린 보고의 내용을 소개하면서 황해 감사의 통문이 인용되고 있다.[52] 이처럼 중앙 및 지방의 관청들이 통문을 통해 지시 사항을 전달하고 연락한 사례들은 어렵지 않게 찾아볼 수 있다.

의결은 다수결로

《구마검》(134)을 보면 종친회에서 안건을 의결할 때에는 "차례로 가부표를 받아 종다수 취결하는" 방식, 즉 다수결로 결정하였다고 서술한다. 뒤이은 소설의 장면에서 실제로 가부간 투표를 하기보다는 대개 만장일치의 형태를 취하였다. 종손 함진해가 가산도 탕진하고 자식도 없어 대가 끊길 지경이기에 종친회에서는 사촌 동생 함일청의 맏아들 종표를 양자로 들이자는 안이 나왔다. 이 건에 대해서는 "여러 일가가 일시에 한마디 말로 '가하오이다'" 하여 통과되었다. 뒤이어 함종표가 아직 미성년자이므로 그 후견인을 그의 생부 함일청으로 정하는 건에 대해서도 "여러 사람에게 가부를 물으니 또한 일구동성―

口同聲으로 만호의 말을 찬성"하였다는 것이다(《구마검》, 135).

안건에 대해서 투표를 한 것은 아니지만 가부를 물어 다수의 의사 표시에 따라 의결했던 것이다. 이처럼 종친회가 다수결의 원칙으로 결의하였다는 것은 주목할 만하다. 물론 당시 신분이나, 연령, 서열 등 엄격한 제약 속에서 자유로운 의사 표시에는 한계가 많았겠지만 적어도 외형적으로 다수결이라는 민주적인 방식을 사용했다는 것은 평가되어야 할 것으로 본다.

이 다수결의 원칙은 조선 시대 왕실에도 의사 결정 원칙으로 존재했던 것으로 보인다. 《조선왕조실록》에서 '다수결'을 검색해 보면 1건의 기록이 나온다. 인조 16년(1638) 8월 3일조를 보면 대신들의 처벌을 논하는 과정에서 갑론을박, 상호 공방이 치열하게 전개되자 좌의정 최명길이 왕에게 보고하기를 "대저 1품의 재상을 귀양 보내는 중한 형벌은 실로 조정의 대단한 처리로 여겼습니다. 전부터 이와 같은 의논은 동료들에게 익숙히 강론하고 삼사三司에 고루 논의하여 의견이 일치된 뒤에 임금께 아뢰었으므로 공의公議가 시행되어 인심이 복종하였는데, 지금은 그렇게 하지 못해 1명이 더 많다는 이유로 막중한 장관의 의사보다 더 중시합니다. 이른바 **다수결의 규정**이란 본래의 뜻이 이와 같지 않으며"라고 말하고는 문제가 된 대신들에 대해 인사 조치할 것을 건의하여 왕의 윤허를 받아냈다. 실록의 해당 원문은 종다지規從多之規, 즉 다수에 따르는 규정이라는 의미다. 다수결이란 단순히 숫자에 따라 결정하기보다는 두루두루 논의하여 바람직한 합의에 이르는 과정임을 강조한 말이다.

3장

조선 후기의
미디어 커뮤니케이션

원시 고대의 인간들은 타고난 신체적 감각과 능력을 이용하여 커뮤니케이션을 하였다. 오랫동안 인간들은 시각과 청각을 기본으로 촉각과 후각 등 타고난 감각 능력을 사용하는 커뮤니케이션에 의존하였다. 그러나 인간이 다른 동물과 가장 차별화되는 점은 바로 도구를 사용할 줄 알았다는 사실이다. 커뮤니케이션에도 여러 가지 도구들을 사용하기 시작하면서 타고난 인간의 감각이 갖는 시간적 및 공간적 한계를 극복하며 커뮤니케이션의 범위와 효율성을 점차 높여 왔다. 더구나 근대 이래 여러 가지 고도의 테크놀로지까지 커뮤니케이션에 도입하면서 발전을 거듭하여 오늘날 인간의 커뮤니케이션 능력은 놀라운 진보를 이룩하였다. 현대의 인간들은 시간과 공간을 초월하여 언제 어디서라도 커뮤니케이션할 수 있는 시대를 누리고 있다.

어느 시대나 인간들은 당시 사회의 조건 속에서 가능한 다양한 수단들을 커뮤니케이션에 사용하였다. 조선 시대의 백성들도 마찬가지로 가능한 범위 내에서 다양한 수단들을 이용해서 커뮤니케이션의 극대화를 도모하였다. 다양한 수단을 이용해서 이루어진 조선 시대의 미디어 커뮤니케이션에 대해 주요 미디어별로 살펴보고자 한다.

1. "이 편지가 댁에 오는 편지오니까?": 편지

1) 편지의 활용

(1) 가족 간의 편지 이용

전통 사회의 미디어 커뮤니케이션에서 가장 이용도가 높았던 것은 편지였다. 물론 편지는 문자를 매개로 하기 때문에 문자 해독층만이 이용할 수 있다는 한계가 있다. 하지만 당시로서는 원거리에 커뮤니케이션할 수 있는 가장 효과적인 방법이었기에 성별이나 지위를 막론하고 다양한 관계의 사람들 사이에서 커뮤니케이션 수단으로 이용되었다. 조선 시대도 마찬가지였다. 조선 후기의 한글 소설을 분석한 결과 편지는 주로 기존의 아는 사이에서 유용한 커뮤니케이션 수단으로 이용되었으며 그것도 가족 간에 주고받는 사례들이 많았던 것으로 밝혀졌다.

가족 간에 편지를 통한 커뮤니케이션 사례를 보면 여행이나 외지 부임 등의 사정으로 가족들과 멀리 떨어져 있는 경우, 편지로 안부를 묻고 근황을 전하였다. 가족 간의 편지 커뮤니케이션 중에는 부부간의 사례가 가장 많았다. 특별한 사정으로 떨어져 지내게 된 부부가 편지로 사연을 주고받았던 것이다. 《춘향전》(285)을 보면 혼례 후 이몽룡이 과거를 보러 떠남으로써 생이별을 해야 했던 춘향이 서울 다녀온 방자 편에 이몽룡의 다음과 같은 편지를 받는다.

철이상별 주야상사 노친시하 잘 있느냐

이 몸은 무사득달하여 당상문안 안녕하오니 하정의 기쁘도다

내 마음 네가 알고 네 마음 내가 아니 별말이 왜 있으리

날개가 없으니 날아가지 못하고

일시가 난감하나 사세를 어찌하리

내 마음에 가진 것은 미생의 믿을 신 자

네 마음에 가진 것은 정녀의 매울 열 자

우리 둘이 깊은 언약 지킬 수 자뿐이로다

천행으로 만날 날이 멀지 않을 듯 부디 안심하고 기다려라

만만설화 서중에 못다하고 눈앞에 보이는 듯 답답하여 대강대강 그리노라

아내를 홀로 남겨 두고 천 리 먼 길 떨어져 주야로 그리워하면서도 '날개가 없어 날아가지 못하는 절절한' 남편의 그리움이 잘 표현되고 있다. 남편은 믿을 신信, 아내는 매울 열烈, 그리고 두 사람은 언약을 지키자는 지킬 수守를 강조하면서 하고 싶은 말은 산더미 같지만 편지에 다할 수 없으니 대강만 적는다며 만날 날이 멀지 않았으니 '안심하고 기다리라'고 당부한다. 이몽룡의 이 편지를 춘향은 "내어 놓고 보고 울고, 울고 보며" 여러 차례 되풀이해서 읽고 또 읽으며 남편에 대한 그리움과 현실의 어려움을 달랬다.

한집에 기거하는 부부 사이에도 편지로 커뮤니케이션하는 사례도 등장하였다. 《소현성록》의 주인공 소경이 투기가 심한 화씨 부인의 올바르지 못한 행실에 대로하여 이를 글로 적어 전하였다. 소경은 편지에서 부인의 행실에 잘못된 점을 여러 가지 지적하면서 이 때문에 심히 걱정스럽다며 "가문에 불행을 끼칠까 두려우니, 뜻이 이에 미

치자 한심함을 이기지 못하여 **차마 마주 대하지 못하고 글로 부치오**"
라고 말하였다. 이어서 "자세히 살펴보고 마음을 다잡아 옳은 곳을 향
하고자 하면 여기에 있고, 그렇지 않으면 10여 년의 은정恩情을 끊고
자식은 놔두고 부부는 각각 이 집에 있으면서 피차가 편한 대로 하면
서 관련되는 일이 없게 되면 좋을 것이오. 이 글이 도착하면 이는 헛
말이 아니니 자세히 생각하고 결단하여 답하시오"라고 매듭지었다
(《소현성록》, 373~374). 잘못을 뉘우치지 않으면 부부의 정을 끊을 것이
니 잘 생각해 보고 답하라고 단호한 뜻을 전한 것이다. 아마도 예사롭
지 않은 내용이기에 면전에서는 여러 가지 변수가 있으니 피하고 대
신 글로 써서 편지로 전달한 것으로 보인다.

　편지를 받은 화씨는 "크게 노하고 부끄러워하며 매우 분하여" 했
으나 시누이(주인공의 누이)의 도움과 자문을 받고는 남편에게 장문
의 편지로 답을 한다. 적절한 수준에서 잘못을 인정하면서도 해명하
고, 흥분한 남편의 강경한 논리의 허점을 반박하기도 하는 편지였다.
편지를 받은 소경은 화가 풀어지면서도 화씨 부인의 역량으로는 이
런 말을 못 할 것이라며 자신의 누이가 가르쳐 주었을 것이라고 짐작
한다. 이에 주인공은 다시 누나에게 편지를 쓴다(일기에 편지 형식을 빌
어 쓴 것이다). 소경은 "종이를 대하여 화씨의 좁은 말을 물리치고 뜻
이 깊은 말로 가르쳐 나를 책하셨군요. 한 번 보고 묵묵히 있다가 두
번 보니 이는 곧 누이가 쓰신 것이라고 생각하고 스스로 웃었습니다.
내 말이 궁해진 일이 없지만, 없는 체하며 그칩니다"라고 매듭지었다.
이를 읽은 누나는 자신이 올케를 도와준 사실까지 알아차리는 동생의
총명함에 다시 한 번 놀란다(《소현성록》, 382).

　《소현성록》을 보면 원지에 안찰사로 부임하여 가족과 떨어지게

된 주인공 소경은 마침 서울에 가는 사람이 있자 그 편에 어머니께 안부를 전하는 편지를 써서 보낸다. 소설에서는 이를 "즉시 날을 택하여 길을 떠나는데, 안찰사가 편지 한 통을 써 모친께 올리고 십 리나 되는 장정長亭*까지 가 전송하고 돌아왔다"고 묘사한다(《소현성록》, 279).

《조웅전》(57~60)에서는 사촌 남매간에 편지를 주고받는다. 주인공 조웅의 외삼촌이 되는 왕열은 임금의 조서를 짓는 일을 맡는 한림이라는 벼슬을 하고 있었는데 왕궁에 갑자기 백호가 나타나서 소동을 빚는 변고를 보고 누나에게 편지하여 "황상 근심하시고 조정이 또한 화복을 가리지 못하오니 누님은 이를 해득하여 알게 하소서"라고 알린다. 편지를 받은 왕부인은 "놀랍고 놀랍도다. 멀지 아니하여서 소장지환蕭墻之患이 날 것이니 너는 부질없이 벼슬 탐치 말고 일찍 해관解官 걸귀乞歸 하라"라는 내용의 답장을 보냈다. 즉 머지않아 내부의 환란이 날 것이니 너는 일찍 벼슬자리를 내놓겠다고 임금에게 요청하라는 말이었다. 이에 따라 왕열은 병을 칭하여 사직하고는 고향으로 돌아간다.

조선 후기라 할 19세기에 충청도 남포현 심전면 삼계리에서 살았던 몰락한 양반 조병덕趙秉悳(1800~1870)은 자신의 생애를 통하여 1700여 통의 편지를 남겼다. 그 편지의 대부분은 과거 공부를 위해 한양에 가 있던 아들 조장희에게 한 것으로서 그는 대략 6일에 한 번씩 아들에게 편지를 하였다고 한다. 시골에 있던 그가 중앙의 정보를 얻을 수 있는 가장 중요한 공적 정보원이 조보朝報였다면 편지는 사적인 정보원으로서 가장 중요한 역할을 하였다. 한양에 있는 아들로부터

---

* 먼 길을 떠나는 사람을 전송하는 곳이다(《소현성록》, p.279 각주 참조).

중앙의 소식을 듣기도 하였지만 자신이 편지나 소문을 통해 들은 소식을 아들에게 전해 주기도 하였다.[53] 예를 들어보면 병인양요 직후인 1866년 9월 15일에 아들에게 다음과 같은 편지를 보낸다.[54]

> 서울 소식은 귀를 기울일 만한 확실한 것은 없고 단지 전문傳聞뿐인데, 강화, 부평, 인천은 함몰되었다고 한다. 서천군수가 인마를 보내어 그 내행*을 데려오려 했으나, 도로가 막혀 돌아왔다고 한다. (……) 모두 뜬소문이어서 어찌 믿을 수 있겠느냐? 그제 장리에 사람을 보내어 성희와 종제부에게 편지를 썼는데, 아직 돌아오지 않는다. 어제 들으니 장준은 14일 장리에 갈 것이라고 한다. 모두 직접 확인할 수 없는 것이다. 홍산 현감의 아버지가 그 권속을 데리고 하향했다고 하는데, 이것도 돌아다니는 소문이다. 대저 소란스런 말이 전보다 백배나 더 심하다. 어떻게 하면 좋겠느냐? 이 종이는 즉시 태워라. 이만 줄인다.

병인양요라는 변고를 만나 조선 사회 여러 부문에서 많은 일들이 벌어지고 있는데, 이와 관련하여 유언비어가 널리 유포되었음을 알 수 있다. 이러한 것들을 신뢰할 수 없다고 하면서도 그 내용을 아들에게 전하며 대책을 묻기도 한다. 이렇듯 흉흉한 시기에 신뢰하기 어려운 얘기들을 담아서인지 아들에게 보고는 바로 태워 버리라고 지침을 내린다. 민감한 문제라고 생각하여 화를 불러올지도 모르기에 기록을 남기지 않으려는 의도로 볼 수 있다.

이처럼 조선 시대 편지는 공간적으로 멀리 떨어져 있는 가족에게

---

* 부녀자의 여행길을 말한다.

안부를 전하고 묻는 데 1차적인 목적이 있겠지만 거기에만 머물지 않았음을 말해 준다. 가족과의 편지를 통하여 한양을 중심으로 벌어지는 새로운 소식들을 계속 들으며 또 요구하였던 것이다. 이러한 사실들로부터 편지는 조선 시대의 주요 정보원으로서도 한몫하였음을 알 수 있다.

(2) 가족 외의 편지 이용

앞에서 살펴본 것처럼 편지는 가족 내의 다양한 관계 사이에서 정보의 전달이나 소통이 필요할 때 즐겨 사용되었을 뿐 아니라 가족 이외의 관계에서도 다양하게 이용되었다. 주로 청춘남녀들이 애정을 표현하고 전달하는 데 유용한 수단으로 활용되었다. 《배비장전》(석인해, 1999, 72)을 보면 주인공 배비장이 제주에 부임하여 그곳 기생 애랑의 모습을 보고는 반하여 편지를 보내고 답장을 받는 장면이 나온다. 배비장이 방자를 시켜 보낸 편지에서 "작일昨日 우연히 한라산에 올랐다가 녹림간 회로回路시에 옥안玉顔을 잠깐 보고 입안혼미入眼昏迷 돌아와서, 욕망이난망欲忘而難忘이요 불사不思로되 자사自思되어 식불감食不甘 와불면臥不眠에 골수병 깊이 드니"라고 적었다. 즉 한라산 숲길을 산책하다가 우연히 애랑의 얼굴을 보고는 정신이 혼미해져 돌아와서는 잊으려 해도 잊을 수 없고 생각 않으려 해도 절로 생각이 나며, 먹어도 먹은 것 같지 않고 누워도 잠을 못 이루어 골수병이 깊이 들었다면서 절절한 어구로 연정을 고백하였다. 이어서 "세세 참상하옵신 후 금옥호음金玉好音 주옵시면 낭자의 산은해덕山恩海德 결초보은結草報恩ㅎ오리다"라고 끝을 맺었다. 자신의 절절한 연정을 자세히 헤아려서 잘 살펴보시고 금옥처럼 좋은 소식 주면 그 높고 깊은 은혜를 반드시 갚겠다는 말이다.

편지를 받은 애랑은 모르는 아녀자에게 함부로 서신을 보내는 것은 점잖은 사람이 할 일이 아니니 두 번 다시 이런 일 하지 말고 "퇴거하여 예기禮記"를 열심히 읽으라고 일단 핀잔을 준다. 하지만 이어서 장부가 골수병이 드셨다 하니 어여삐 여긴다며 맨 뒤에 다음과 같은 한시를 한 수 첨부한다(석인해, 1999, 《배비장전》, 74~75).

待月西廂下 달을 서쪽 처마 밑에서 기다리는데
迎風戶半開 바람을 맞아 지겟문은 반쯤 열렸어라.
拂牆花影動 담장을 떨침에 꽃 그림자 움직이니
疑是玉人來 행여 임이 오신가 하노라

이 편지를 받은 배비장은 오늘밤 삼경에 담 넘어오라는 기약이라며 띌 듯이 기뻐한다. 이렇게 편지로 남녀의 만남과 교분이 이루어지게 되는 것이다. 남녀 간의 연애가 자유롭지 못하던 시절 편지는 서로의 마음을 전하고 확인하는 효과적인 수단이었을 것이다.

2) 편지의 전달 방법

편지를 전달하기 위해서는 매개체가 필요했다. 근대적 우편 제도가 없던 조선 시대에 편지는 직접 전달하는 방법밖에 없었을 것이다. 고전 소설에 나타난 조선 시대 편지의 전달 방법은 크게 두 가지로 나눌 수 있는데 사람과 동물을 통한 수단이다.

(1) 사람에 의한 전달

먼저 사람을 통해 편지를 전달한 사례를 보면 방자와 같은 노비를 시켜 편지를 전달한 사례가 많았다. 전술한 대로 《배비장전》에서 배비장이 기생 애랑과 편지를 주고받을 때 방자, 즉 잔심부름을 하는 남자하인을 통해 전달하였다. 배비장은 방자에게 편지 전달을 부탁하면서 "이 편지나 한 장 전하여 다고. 일만 되면 구전 삼백 냥 상급賞給으로 너를 주마"라고 말한다. 애랑과의 일이 잘 풀리면 300냥이라는 거금을 주겠다는 것이다. 그럼에도 방자는 감지덕지 얼른 수용하지 않고 "소인은 그 편지 못 가지고 가겠습니다"라고 일단 거절한다. 이에 배비장이 놀라며 이유를 묻자 방자는 장광설을 늘어놓으며 홀어머니를 모시고 관가에서 한 달에 두 냥 받아서 어렵게 살아가고 있는데, "그러한 위험한 편지를 가지고 갔다가 사불여의하여 난장박살에 모진 매나 맞아 병신이 되오면," 즉 일이 뜻대로 안되어 엉망이 되고 모질게 매를 맞아 병신이라도 되면 배비장도 모실 수 없고 홀어머니도 살아갈 방도가 없다며 엄살을 부린다. 이에 배비장은 만일 그런 일이 벌어지면 자신이 치료해 주고 방자의 어머니도 먹여 살릴 것이니 염려 말라고는 돈 백 냥을 어머니에게 갖다 주라고 덜컥 내놓는다(석인해, 1999,《배비장전》, 69~71). 여기서 300냥이니 100냥이니 하는 거금이 거론된 것은 소설적인 과장이겠지만 편지를 전달하는 사람에게 수고비를 주기도 한 것은 사실이었던 것으로 보인다.

《춘향전》(285)에도 한양에 간 이몽룡이 고향으로 돌아가는 방자편에 춘향에게 편지를 보내자 춘향도 한양에 가 있는 이도령에게 편지를 보낸다. 억울하게 옥에 갇힌 춘향을 불쌍히 여긴 포졸들이 서울

간 이도령에게 편지나 한번 해 보라고 권한다. 이에 춘향이가 "그 말도 당연하오 사람 하나 얻어 주오"라고 부탁하여 이도령을 모시던 방자를 대령하니 춘향이가 반기면서 "돈 열 냥 지금 줄 것이고 서울 갔다 돌아오면 착면 한 벌 하여 줌세"라고 말한다. 편지를 방자 편에 보내며 사례금도 열 냥 주고 다녀오면 솜옷도 한 벌 해 주기로 약속한 것이다. 원거리에 편지를 전할 일이 생길 경우 사람을 구해 사례를 하고는 편지를 전하였음을 알 수 있다.

주변에서 먼 지역에 여행하는 사람이 생길 경우에는 그 인편에 그 지역 사람에게 보내는 편지를 전달하였다.《소현성록》(279)을 보면 강주에 부임한 주인공이 한양에 가는 인편을 통해 어머니에게 편지를 전한다. 거리가 멀어 평소에는 편지를 보낼 엄두도 못 내다가 마침 그곳에 가는 사람이 있다면 안부 편지라도 써서 편지를 보내곤 했던 것이다. 무언가 소식을 전할 필요가 있지만 인편이 없을 경우 별도로 사람을 구해서 전달한 것이다.

조선 시대에 편지를 전달한 방법은 크게 관편과 인편, 그리고 전인의 세 가지 방법이 사용되었다. 관편은 관리가 관의 인력을 동원하여 편지를 부치는 것이고, 인편은 편지 수신자가 있는 방향으로 가는 사람을 통해 편지를 보내는 것이었다. 전인專人은 조선 시대에 사례를 받고 원거리에 편지를 전하는 역할을 했던 사람을 말한다. 앞의《배비장전》과《춘향전》사례에서도 나왔듯이 당시 전인들에게 준 수고비는 (300냥까지는 아니더라도) 제법 많아서 이용자들이 부담을 느낄 정도였으며 꼭 필요한 경우 아니면 안 주기도 했던 것 같다. 19세기 중엽 충청도 남포현, 지금의 충남 보령 지역에 살던 조병덕이 남긴 편지들에 의하면 전인을 서울에 보내면서 아들이 귀양 가 있는 황해도 평산까

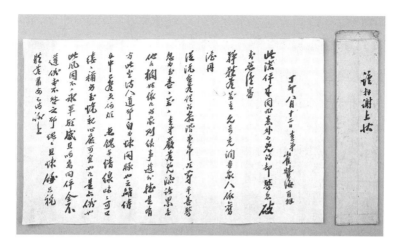

9. 조선 시대의 편지. 결혼을 허락한다는 편지를 받고 정묘년 팔월 십이일 최찬해崔贊海가
보낸 답장으로 봉투와 내지로 구성되었다. 봉투에 근배사상장謹拜謝上狀(삼가 이 편지를 올
립니다)이라고 적었으며 내지는 일곱 번 접었다.　　　　　　　　　　출처: 국립민속박물관

지 보내는데 노자와 수고비를 합쳐서 여섯 냥을 주었다고 한다. 그 밖
에 서울까지 두 냥을 준 경우도 있으며 한 냥을 주기도 하였다는 것이
다. 충주에 보낼 때 두 냥을 준 사례도 있었다. 이렇듯 노자나 수고비
가 정해진 것은 아니었고 그때그때 상황에 따라 결정된 것으로 볼 수
있다. 전인은 나름대로 원행을 하는데 전문성을 지닌 인물들로서 길
눈이 밝고, 담력과 임기응변 능력이 있으며 정직성을 겸비한 인물들
이 주로 채택되었다고 한다.[55]

(2) 동물을 이용한 편지 전달

조선 시대 고전 소설에서는 편지의 전달과 관련하여 동물이 거론된

사례들도 여러 차례 등장하였다. 가장 많았던 것은 기러기다. 그러나 이 사례들은 모두 기러기를 통해 직접 편지를 전달한 것은 아니었다. 《심청전》(254~255)을 보면 황후가 된 심청이 매일매일 아버지를 그리워하며 걱정에 지새우는데, 하루는 날아가는 기러기를 보고는 반가운 마음에 "도화동의 우리 부친 편지를 매고 네가 오느냐 이별 삼년의 소식을 못 들으니 내가 이제 편지를 써서 네게 전할 터이니 대신 전하여라"고 말한다. 아버지의 편지를 가지고 오는 것이냐, 나도 이제 편지를 써 줄 테니 네가 전해 달라는 말이다. 소설에서는 뒤이어 심청이 방에 들어가 아버지께 눈물겨운 편지를 쓰다가 "하릴없이 편지 집어 상자에 넣고 소리없이" 울었다는 이야기가 이어진다. 기러기를 보고 아버지께 편지할 생각을 떠올리고 편지를 쓰기도 하였지만 막상 현실적으로 전할 방법이 없어 난감해하며 접었다는 말이다.

《춘향전》(294)에서도 옥에 갇혀 고초를 겪고 있는 춘향이 창밖에 날아가는 기러기를 보고는 반가워하며 "내가 한 말 들어다가 우리 도련님께 전하여라"고 하였으나 말을 마치고 다시 하늘을 바라보니 기러기는 간 데 없어 맥이 풀리며 통곡하였다는 장면이 나온다. 여기서도 기러기는 그리운 님의 사연을 전해 주는 동물이라는 상징적 의미로 사용되었다.

《배비장전》(석인해, 1999, 31)을 보면 기생 애랑이 배비장의 동료 정비장과 나누는 대화에서 "빈방 안에 홀로 앉아 안진雁盡하니 서난 기書難寄오"라는 표현이 나온다. 이는 기러기가 다 가고 없어 편지를 부치기 어렵다는 말이다. 《이춘풍전》(344)에도 주인공 춘풍이 자신의 신세를 한탄하며 "청천에 떠오는 저 기러기야! 이 내 진정眞情 가져다가 명천明天에게 전하여라"고 말한다. 파란 하늘을 나는 기러기보고 나의 진정을 전해달라는 하소연이다.

실제 비둘기는 전서구傳書鳩, 즉 편지를 전달하는 비둘기라 하여 오래전부터 정치나 군사 등 특정 목적에 훈련된 비둘기를 사용하였다. 이는 자신이 원래 있던 곳으로 돌아올 수 있는 비둘기의 귀소 본능을 이용한 것으로서 이들은 먹거나 마시지 않고 하루에 1000킬로미터까지 계속 비행할 수 있다고 한다. 약 3000년 전 고대 이집트와 페르시아에서 소식을 전달하는 데 이용된 것을 시작으로 고대 그리스에서는 올림픽 경기의 승전보를 다른 도시에 알리는 데 이용했다. 로마인들은 군사 연락에 이용했고 프로이센 – 프랑스 전쟁 중에는 프랑스군이 전쟁 통신으로 이용했다. 또 1차 세계 대전과 2차 세계 대전, 한국 전쟁에서도 미국 통신 부대가 전서구를 이용한 기록이 있다.[56]

한국 언론의 역사에서도 비둘기를 이용하여 취재한 사례가 있었다. 〈조선일보〉는 1936년 민족 문화 발굴을 위한 산악 운동을 기획하여 그 첫 사업으로 백두산 탐방을 시도하였다. 그해 8·15 특집으로 백두산 탐방 기사를 취재하면서 비둘기를 통신 수단으로 사용하였다. 1936년 8월 13일 백두산 정상에 오른 탐방단은 현지에서 작성한 기사를 비둘기 다리에 붙들어 매고는 정상에서 날려 보낸 것이다. 이 비둘기를 백두산 아래 함경북도 무주군의 경찰서에서 받아 대기하고 있던 기자가 전화로 서울 본사에 송고하였다는 것이다.[57]

당시 조선일보사가 시도한 비둘기 통신은 한 번에 네 마리를 날려 보냈다. 두 마리는 기사용이고 나머지 두 마리는 현지 경찰의 통신용이었다. 그러나 비둘기 통신은 두 번을 실패하고 세 번째에야 성공했다고 한다. 두 번 실패한 것은 백두산 수리의 공격을 받아 비둘기가 사라졌기 때문이었다. 비둘기는 신무성에서 무산까지 135킬로미터를

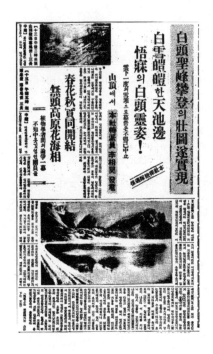

10. 백두산 탐방에 비둘기를 이용한 기사가 실린 〈조선일보〉 1936년 8월 15일자 1면.

날아 기사 원고와 사진을 전달하는 데 성공했다는 것이다.[58] 1936년 8월 15의 〈조선일보〉 지면에는 이 비둘기 통신에 의해 전송된 기사와 사진이 1면에 부톱으로 실렸다. 특이하게도 두 꼭지의 기사는 그림 10에서 보는 바와 같이 모두 그 출처를 "13일 오후 2시 백두산정발 전서구편＝삼장중계白頭山頂發 傳書鳩便＝三長中繼"라고 밝히고 있다.

이처럼 편지를 멀리 전달하는 데 비둘기가 이용되었다고는 하지만 일반인들이 이를 직접 이용하기는 어려웠을 것이다. 앞에서 인용한 《심청전》과 《춘향전》에서 기러기를 언급한 사례는 모두 소중낭의 고사를 인용하였다. 《심청전》(255)에서는 기러기를 보고는 먼저 "소중낭이 북해상에서 편지 전하던 기러기냐"라고 하였으며 《춘향전》(294)

에서도 "소중낭 북해상의 편지 전한 기러기냐"라며 반겼다. 두 소설이 거의 같은 표현을 사용한다.

소중낭은 한나라 무제 때의 소무라는 인물로서 흉노에 사신으로 갔다가 포로가 되었는데, 흉노 임금이 그를 항복시키려 하였으나 온갖 고초를 겪으면서도 굴복하지 않았다. 한의 다음 황제인 소제 때에 소무가 죽지 않고 아직 살아 있다는 것을 알게 된 황제가 소무를 돌아오게 하여 19년 만에 고향으로 돌아옴으로써 절개의 상징이 되었다. 소무가 흉노에 억류되어 있을 때 자신의 생존 사실을 편지로 써서 기러기 다리에 매어 보내니, 한나라의 황궁 정원에 날아가 전했다는 고사에서 유래된 이야기다.[59] 이 소무의 사례는 그 이후 절개의 상징으로, 그리고 기러기 편지의 고사로 여러 문헌에 즐겨 인용된 것이다. 이를 보면 편지 전달 수단으로서의 기러기는 조선 시대 일반 백성들이 실제 생활에서 이용하였다기보다는 그리운 임의 편지를 은유하는 상징으로 보는 것이 타당할 것이다.

기러기 외에 《숙향전》(288~289)에서는 주인공 숙향과 이생이 편지를 주고받는 데 개와 파랑새가 전달 역할을 한 것으로 묘사되었다. 숙향의 소식을 몰라 안절부절하며 보내던 이생이 하루는 "멀리 바라보니 청삽사리 생을 향하여 오거늘 생이 살펴보니 낭자 집의 개라, 생의 앞에 와 입을 통하거늘 보니, 이곳 동촌 이화정 숙낭자의 필적이라" 급히 편지를 펼쳐 보았다는 것이다. 그리고는 "편지를 써 개 목에 걸며" 덧붙이기를 "할미마저 죽고 낭자가 너만 의지하는지라, 빨리 돌아가 편지를 전하고 낭자를 잘 보호하라"고 하자 "그 개 머리를 끄덕여 응하는 듯하고 나는 듯이 가더라"고 묘사하였다.

또 같은 소설에서 파랑새에게 편지를 전달시키는 장면도 등장하였다. 낙양에서 관에 붙들려 취조를 당하며 죽을 위기에 처한 숙향이 자기 소식을 이생에게 전하고자 하지만 "전할 사람이 없어 울더니 홀연 청조 날아와 앞에 앉아 울거늘, 낭자 기꺼 손가락을 깨물어 깁 적삼 소매를 떼어 글을 써 발에 매고"는 "청조는 유신有信커든 소식을 전하라"라고 말하니 청조가 두 번 울고 가더니 이생에게 편지를 전하여 결국 숙향을 구해 내게 되었다는 것이다(《숙향전》, 283~284).

이 사례들에서도 개나 파랑새가 영리하고 충직한 동물이기에 편지를 전달하는 역할을 하였다고 볼 수도 있겠지만 《숙향전》이라는 소설이 판타지적 요소가 강하다는 점을 고려하면 현실성은 없다고 보아야 할 것이다.

이렇듯 편지를 전달하는 방법으로 조선 시대 고전 소설에서는 기러기와 개, 파랑새가 언급되기는 하였지만 이는 실제 활용되기는 어려웠을 것이다. 일반 백성들로서는 편지를 전할 일이 있으면 대개 사람을 통해 전달하였을 것이다.

3) 개화기의 편지 이용

(1) 우편 제도의 도입으로 더욱 확산

조선 시대에도 원거리 커뮤니케이션의 중요 수단이 된 편지는 개화기에는 근대적 우편 제도가 도입되면서 더욱 활성화되었다. 근대적 우편 제도는 1882년 우정사가 설치되었다가 1884년 우정총국으로 확대 개편하려 하였으나 갑신정변이 실패하면서 중단되었다. 이후 1894년 갑오개혁 과정에서 본격 도입되어 정착되었다. 1895년의 개혁에서 농상공부가 설치되고 '국내우체규칙'이 반포되면서 전국 주요 지점에 우체사가 설치되어 우편 사업이 재개될 수 있었다.[60]

도입 초기 우편의 이용은 급격히 증가하였다. 1896년 9월에는 우편물의 집신集信과 배달, 지방과의 발송, 도착이 총 21,506건이었는데 만 3년이 채 못된 1899년 5월에는 166,960건으로 약 7.8배로 늘어났다. 이렇게 비약적인 증가를 보인 것은 한성을 필두로 해서 지방에 점차 우편망이 확대되어 가면서 이용 가능 지역이 늘어났으며 공문이나 관보, 신문의 우편 이용도 늘어났기 때문으로 볼 수 있다.[61]

이 우편 제도는 신소설이 발표된 1910년 전후한 시기에는 상당히 정착되고 보편화되었던 것으로 보인다. 조선 후기와는 비교가 안될 정도로 편지에 대한 의존이 높아서 신소설에는 매우 빈번하게 등장한다. 편지의 교환 상대도 가족에만 한정되지 않고 매우 다양해졌다. 《추월색》(20)을 보면 영창의 아버지가 타지로 부임하여 정임과 헤어지게 되자 두 사람은 편지를 주고받으며 그리움을 달랜다. 여주인공 정임은 "영창의 편지를 어제 보았어도 오늘 또 오기를 기다리며" 그리워하였다고 묘사한다. 그 정도로 빈번하게 편지로 교류하였음을 알 수 있다. 그만큼 개화기에는 이 편지가 원거리 커뮤니케이션의 효과적인 수단으로 많이 활용되었다.

근대적 우편 제도가 확산, 정착되면서 외국과의 편지 왕래도 가능해졌다. 신소설에서도 편지가 외국과도 교환되었음을 보여 주는 사례가 여러 차례 등장하였다. 신소설의 주인공들이 외국에 유학 가거나 다른 사정으로 외국에 가서는 고국의 가족들과 편지 왕래를 시도하는 사례들이 많았으며 그 외국의 대부분은 일본(《추월색》, 43;《치악산》, 389)과 미국(《은세계》, 453;《혈의누》 48), 영국(《추월색》, 38)이었다. 청일 전쟁에서 부모를 잃고 일본의 양부모를 만났다가 미국에 유학 간《혈의누》(48)의 주인공 옥련은 미국에서 극적으로 아버지를 만나게 된다. 그야말로 일곱 살에 헤어져 죽은 줄만 알았던 딸을 기적적으로 만나게 된 아버지는 옥련에게 그동안 어머니가 미국으로 보낸 편지를 먼저 보여 준다.

 "이애 옥련아, 그만 일어나서 너의 어머니 편지나 보아라."
 "응, 어머니 편지라니. 어머니가 살았소." (……)
 김관일이가 가방을 열더니 휴지 뭉치를 내어놓고 뒤적뒤적하다가 편지 한 장을 집어주며 하는 말이,
 "이애, 이 편지를 자세히 보아라. 이 편지가 제일 먼저 온 편지다."
 옥련이가 그 편지를 받아 보니, 옥련이가 그 모친의 글씨를 모르는지라. 가령 옥련이가 정신이 좋으면 그 모친의 얼굴은 생각할는지 모르거니와, 옥련이 일곱 살에 언문도 모를 때에 모친을 떠났는지라. 지금 그 편지를 보며 하는 말이
 "나는 우리 어머니 글씨도 모르지. 어머니 글씨가 이렇던가."

 어머니의 편지를 읽은 옥련이는 뼈에 사무치는 그리움에 당장에라도 달려가고 싶지만 먼저 편지부터 띄운다. 약 한 달 뒤 발신인이 '미국 화성돈 ○○○ 호텔 옥련 상사리'*로 되어 있는 이 편지를 받은 어머니는 "이상한 일도 있네. 세상에 옥련이라 하는 이름이 또 있는지, 옥련이라 하는 이름이 또 있더라도 내게 편지할 만한 사람도 없는

---

* 화성돈은 워싱턴의 한자식 표현이다. 상사리란 윗분께 사뢰어 올린다는 뜻으로 윗사람에게 드리던 편지글의 첫마디나 끝말에 쓰는 인사말을 이르던 말이다.

데" 하고는 옥련의 편지가 아니겠느냐는 하인의 말에 "에그, 꿈같은 소리도 하네. 죽은 옥련이가 내게 편지를 어찌하여" 하며 의아스러워하다가 편지를 열어 보고는 놀라며 반가워한다(《혈의누》, 53). 미국과 한국 사이에 오고간 가족 간의 편지가 생사를 알게 해 주는 직접적 요소가 되고 있는 것이다.

《추월색》(43)에서는 부모 몰래 일본으로 떠난 주인공 정임이 동경에 정착하고는 집에 편지를 보내 자신의 소식을 알린다. 정임의 부모들이 자식의 편지를 받는 장면을 소설에서는 다음과 같이 묘사한다.

> 어느 날 아침에는 하인이 어떤 편지 한 장을 가지고 들어오며,
> "이 편지가 댁에 오는 편지오니까? 우체사령이 두고 갔습니다."
> 하는데 피봉 전면에는 '경성 북구 자하동 108-10 이시종 ○○ 각하'라 쓰고, 후면에는 '동경시 하곡구 기판정 십일번지 상야관 이정임'이라 하였는지라, 이시종이 받아 보매 눈이 번쩍 띄어,
> 이시종 "마누라, 마누라! 정임이 편지가 왔소구려."
> 부인 "아에그! 고년이 어디 가서 있단 말씀이오?"
> 하며 반가운 마음을 이기지 못하여 비죽비죽 우는데 이시종이 그 편지를 떼어보니, (……)

소식을 몰라 애타하던 자식이 일본에서 보낸 편지를 받고는 반가운 마음에 눈물까지 흘리면서 편지를 열어 보고 있다.

이처럼 외국과도 편지 교류가 가능했던 것은 우편 제도의 초창기부터 만국우편연합에 가입하였기 때문이다. 만국우편연합에 가입하려는 노력은 1884년 창설 초기부터 시도되어 조선 주재 각국 공사

들에게 주선을 희망하기도 하였다. 1894년에도 가입을 신청하였으나 곧이어 청일 전쟁이 발발하고 일본의 방해 공작까지 겹치며 무산되었다. 1897년 대한제국을 선포한 이후 다시 본격적으로 추진되어 1897년 6월 24일 만국우편연합에 가입이 확정되었다. 원래 1899년 1월 1일부터 국제 우편을 실시하려 하였으나 우편선이 마련되지 않는 등 준비 관계로 1년을 늦추어 1900년 1월 1일부터 국제 우편 업무를 실시하였다. 초기에는 일본의 우편선을 이용하여 일본 우편국을 경유하도록 되어 있었다.

초창기에도 국제 우편 업무는 상당한 수준에 이르렀던 것으로 보인다. 1900년도 한성우체사의 수입금 내역을 보면 전체 수익금 중 국제 우편은 30% 정도를 차지하고 국내 우편 수입금의 50% 정도였다고 한다.[62] 이러한 사실들을 볼 때 신소설이 발행되던 1910년 전후한 때에는 국제 우편도 상당히 활발했었기에 소설에서도 여러 외국과의 편지 왕래가 등장할 수 있었던 것이다.

(2) 새로운 문물의 등장

새로운 제도인 근대적 우편이 등장함에 따라 여러 가지 새로운 현상들이 신소설에서 등장하였다. 먼저 편지 봉투와 우표, 우체통이 등장하였다. 《재봉춘》(45)을 보면 신분을 속이고 양반가에 시집갔다가 협박에 시달리며 곤욕을 치르는 여주인공이 친정아버지에게 도움을 청하는 편지를 써서 부치는 장면을 다음과 같이 묘사한다.

한숨 쉬고 한 구절, 눈물 흘리고 한 글자를 써, 슬프고 섧고 아프고 쓰린 잔 사설, 굵은 이야기를 대강 기록한 후, 누가 볼까 보아 겁이 나서 사방을 돌아보며 척척 접어 **봉투**에 넣어 봉하여 가지고, **전면에는 자기 부친의 거소 · 성명을 자기 형체와 같이 똑 딴 듯하게 쓰고**, 뒷면에는 이름이 탄로될까 겁이 나서 영英자 한 자만 써서 벌벌 떨리는 손으로 **우표**까지 붙였으나, 자수궁 다리에 있는 우표통에 갖다 넣을 사람이 없어 또 한탄이 나온다. (……) 안 대청을 돌아 나무 사이를 삭여 안뒷문으로 뛰어나와서 함정에서 벗어난 호랑이 모양으로 허둥지둥 자수궁 다리로 나와, 다릿목에 서 있는 **우표통 앞에 가 서더니 사방을 휘휘 돌아보면서 편지를 집어넣고** (……)

여기서 조선 시대와 다르게 새로이 등장한 요소들이 몇 가지 언급되고 있다. 먼저 규격화된 편지 봉투다. 조선 시대에는 종이에 사연을 적어서 접거나 둘둘 말아서 전달하는 형태가 대부분이었을 것이다. 격식을 차리는 양반들 사이의 편지에서는 봉투를 사용한 경우도 있었지만, 종이를 접어서 편지를 겉으로 싸고 전면에 보내는 사람과 받는 사람의 이름을 적는 형태였다. 언제부터 어떠한 계기로 규격 봉투를 사용하기 시작했는지는 현재로서는 분명치 않다. 하지만 우편 제도가 도입되면서 수신인과 발신인의 주소와 성명 등을 적어야 하고, 많은 양의 우편물을 분류, 전달해야 하므로 규격 봉투를 사용할 필요성이 매우 높았을 것이다. 또한 문자의 사용이 늘어나면서 편지 내용의 비밀을 유지할 필요성도 높아졌을 것이다. 조선 시대에 편지를 전달하는 하인이나 전인들은 대개 문맹이 많았기에 그냥 전달해도 큰 문제가 없었다. 하지만 우편 제도에서는 누가 전달할지도 모르는 상태에서 내용이 누설될 위험성도 높아졌기 때문에 봉투의 필요성도 더 높아졌을 것이다.

다음은 주소의 사용이다. 조선 시대에는 다섯 집을 한 통統으로 묶어 세금 징수나 부역, 범죄자 색출 등 백성들을 통제하는 호적 제도인 오가작통법이 주소의 역할을 하였다. 근대적 주소 체계가 언제부터 도입되었는지도 불분명하다. 근대적인 주소 제도는 1910년대 일제가 토지 수탈과 조세 징수를 목적으로 만든 지적 제도에서 출발했다는 주장이 있다. 이 지번이 우편 제도의 주소로 그대로 적용되었다는 것이다.[63]

하지만 일제의 토지 조사 사업이 1918년 마무리되기 이전에 이미 주소가 사용되었음을 신소설들은 보여 준다. 《추월색》(19)에서 양가의 어른들끼리 장래 결혼을 약속한 영창이 아버지의 지방 발령으로 떠나게 되자 정임은 자기 사진을 주며 뒤에 '경성 중부 교동 339'라고 주소를 적어 준다. 사진을 건네면서 정임은 이것이 자기 집 '통호수'라며 사진을 잃어버리더라도 339만 기억하라고 당부한다. 당시의 주소는 도시와 동, 번지수로 이루어졌음을 보여 준다. 또 이어지는 내용을 보면 번지수는 통과 호수로 구성되었음을 알 수 있다. 소설에서는 이후 소식이 끊어졌다가 영국으로 가게 된 영창이 정임의 이 주소를 기억해 내고는 편지를 부치게 된다(《추월색》, 38). 그러나 헤어진 이후 정임의 집에는 화재가 나서 집을 옮길 수밖에 없었다. "급히 빈 집을 구하여 북부 자하동 일백팔통 십호 삼십구간 와가瓦家를 사서 겨우 안돈安頓하"였다는 것이다(《추월색》, 22). 새로 이사 간 집도 자하동 108통 10호로 지번 형태의 주소로 표기된다.

이러한 형식의 주소 체계가 언제부터 도입되었는지는 확실치 않다. 1890년대 후반에도 지번으로 표시하는 주소가 사용된 것으로 보인다. 이러한 사실은 당시 발행되던 〈매일신문〉 지면을 통해 확인할 수 있다. 이 신문 1898년 9월 30일자부터 10월 11일자까지 매일 지면에 실린 공지를 보면 "독립협회 회원들은 **거주 몇 통 몇 호까지 자세히 기록하야** 지금부터 삼주일 안으로 사무소로 보내고 협회에 가는 날은 명함에도 그대로 써 가지고 가시오"라고 되어 있다. 독립협회 회원들에게 자신의 거주지를 몇 통 몇 호까지 자세히 기록해서 사무실에 제출하라는 내용이다. 이때에 이미 이러한 주소 체계가 도입, 사용되고 있었음을 말해 준다.

부모 몰래 일본 유학길에 오른 《추월색》의 주인공 정임은 자리를 잡고는 집에 편지를 보냈다. 그의 부모들이 이 편지를 받는 장면에서 우체사령이 전해 준 편지를 받아 보니 "피봉 전면에는 '경성 북부 자하동 108, 10 이시종○○각하'라 쓰고, 후면에는 '동경시 하곡구 기판정 십일번지 상야관 이정임'이라 하였는지라"라고 되어 있었다는 것이다(43). 발신자와 수신자의 주소를 표기한 것이다. 이 《추월색》이 발표된 것이 1912년이므로 그때 이미 주소가 사용되었음을 말해 준다.

또한 우표도 사용되었다. 우표는 1884년 우정총국의 설립이 시도될 당시에 제정된 대조선우정규칙에서부터 등장하였다. 제5장의 우정초표郵征鈔標 항에서 우표에 관한 사항을 규정하였다. 주요 내용은 우표는 우정총국이 발행하며 그 판매는 우정총국의 허가를 받은 자에 한한다는 내용이다. 이 규칙에는 앞서 우편물의 종류와 요금을 규정하고 있기에[64] 그 요금 수납을 위해서 우표의 발행이 필요했을 것이다. 이 규정에 따라 일본 대장성에서 인쇄한 문위우표가 발행되었지만 갑신정변의 실패로 실제 사용되지는 못하였다. 이러한 우표 규정은 갑오개혁 이후의 국내우체규칙에도 이어졌다. 국내우체규칙에 의

시다

십월구일

○탁지부대신 민영긔 조인소

비지닉에 （鑿쭈）우거혼 말노써 은정과 분의를 싱

자인호야 결단코 가고져호니 이웃치 장황이

각지 아이호느냐 다시 번독지 말고 곳 시무솔라

홍오시다

○닉부대신 리근명 쳠소소

비지닉에 거듭 소야호야 불가불 갈듯호니 이쌔

이러홈이의에 가알가불 할로라도 광무쳐 못홀지

너 급히 오논 글을 쓴으라 홀오시다 （미완）

잡보

○작일에 각

룽군 수백명이 황로마루에 모와 말당기를

통에 연답결쳬를 히다 방관들이 밧으라고

흐니 그일에 대호야 궁니부액 등쇼흐자 홍엿다

더라

○일본공소 가듀둉웅씨와 일본대좌 우좌쳔씨가

일간에 본국으로 회환홀다 더라

외국통신

◎영국예 쥬차훈 덕국공소 파쟈비로도 빅작이

영국 외교판 파로불아ㅇ써로 더브러 교셥호는

소건을 확샹히 흐야 영국예셔는 질남과 아라 흐는

항구를 사고 덕국예셔는 젹은 아셰아 흐다 방을

엇어 속토를 삼앗다 더라

황교

○본샤 신문을 보시는 졔군즈 뜰은 신문 갑을 보

내신 후 분젼호는 사름이 령슈표를 안이 호여,,

거든 곳 본샤로 오셔셔 령슈표를 맛하 가시오

분젼호는 사름을 못밋어 그러 흐는 거이 안이라

○혹 이질가 호야 흐는 말이오

○미일신문를 본월초십일의 북촌 이왕 즁학

호엿던 집으로 옴기눈디 그 집인즉 즁학다리 동

편 안동 셔편 북숑현에 잇스니 본샤에 의론홀

일이 잇눈 소방 쳠군즈들은 북촌 즁학교되엿던 집

을 차자 오시오

○황셩신문은 국닉에 쳐음으로 국 한문을 섯거

닉난신문인디 학문샹과 긔명샹에 미오 유의홀것

인민 긔도 홍난디 대단이 갑호 신문야오니 만이

들 사셔 보시오

○본샤 신문 갑니

젹들 일일분돈

홀쟝갑 엽 너푼 훈둘 젼급에

급 셩량 아흘돈 일년 션급에 엽 두량 여섯돈 젼

돈이오 각 디방에 보내는 것은 우톄갑 병호야

미삭에 엽젼 일뭇돈 륙푼이 오니 소방

쳠군즈논 그리들 아시오

○독립 협회 회원들은 거쥬 대 멋둥 멋호서

저 자셰히 긔록 호야 지금부터 삼쥬일 안

으로 소무소로 보닉고 협회에 가는날은 명

함구를 사가지고 가시오 그러쳐 아

○할애도 그디로 써 가지고 가시오

니헝면 즁벌이 잇겟소

11. 독립협회 회원들에게 거주지 주소를 제출하라고 알리는 공지. 〈매일신문〉 1898년 10월 11일자 4면.

하면 우표는 정부가 5푼과 1전, 2전 5푼, 5전의 4종류를 발행하며 그 판매는 우체사와 우편물 영수소領受所, 우표 매하소賣下所에서만 판매하도록 하였다. 이 우표들은 미국 워싱턴에 있는 앤류 B. 그레엄 조폐 회사에서 평판으로 인쇄하였으며 도안의 중앙에 태극기를 그려 태극 우표라 불렀다. 또한 우편물의 배달은 체전부에 의해 봉투에 표기된 주소까지 배달함을 원칙으로 한다고 규정하였다.[65]

편지를 부치는 것은 우체사를 직접 방문하거나 인근의 '우표 통'(우체통)을 이용하였다. 1895년 근대 우편 제도가 본격 시행되면서 각 지역에 우표를 판매하는 매하소가 설치되었는데, 그 매하소에는 우체통도 함께 설치되었다. 1895년 6월 우편 업무가 시작되면서 한성에 10개소가 설치되었고, 7월에 10개소가 증설되었다.[66] 그 이후 전국 적으로 우편망이 확대되면서 매하소와 함께 우체통도 점차 확산되었을 것이다.

편지를 전해 주는 우체부도 등장하였다. 초창기의 편지 전달은 아 직 제도가 완비되지 않아서 조선 시대의 공식적 전달 체계였던 역참 제驛站制에 의존하였다. 각 역참에 인부를 배치하여 공문을 전달케 하 였으나 1896년 1월에 역참제가 완전히 폐지되면서 각 군에 공문체전 부公文遞傳夫를 배치하였다. 1898년에는 우편 제도의 확충을 위해 기 존의 행정 체계를 이용하는 임시 우체사 제도가 실시되면서 공문체전 부는 폐지되고 군내의 면장, 이장 등이 우편물을 전달하였으나 배달 에 여러 문제들이 발생하자 1903년부터 각 임시우체사에 임시체전부 를 2명씩 배치하기 시작하였다.[67] 이렇게 하여 편지 배달을 전담하는 배달부가 등장하게 된 것이다.

신소설에서 이 편지를 전하는 배달부에 관한 묘사가 여러 차례 등장한다. 공식 명칭은 체전부였지만 소설에서는 다양한 명칭이 사용되었다. 체전부(《혈의누》, 51~52; 《재봉춘》, 48, 50; 《추월색》, 38) 외에도 우체사령(《혈의누》, 51~52; 《추월색》, 43), 우편군사(《혈의누》, 51) 등의 명칭이 혼용되었다. 특히 《혈의누》(51~52)에서는 한 장면에서 이 세 가지 용어가 다 등장한다. 편지를 전해 주러 온 우체부를 보고 웬 사람이 남의 집을 기웃거리냐며 다음과 같은 소동이 벌어진다.

우자 쓴 벙거지 쓰고 감장 홀태바지 저고리 입고 가죽 주머니 메고 문밖에 와서 안중문을 기웃기웃하며 편지 받아 들여가오. 편지 받아 들여가오. 두세 번 소리하는 것은 **우편군사**라. 장팔의 어미가 까마귀에게 열이 잔뜩 났던 차에 어떠한 사람인지 자세히 듣지도 아니하고 질부등거리[*] 깨어지는 소리 같은 목소리로 **우편군사**에게 까닭 없는 화풀이를 한다.

"웬 사람이 남의 집 안마당을 함부로 들여다보아. 이 댁에는 사랑양반도 아니 계신 댁인데, 웬 젊은 연석이 양반의 댁 안마당을 들여다 보아."

"여보, 누구더러 이 년석 저 년석하오. **체전부**는 그리 만만한 줄로 아오. 어디 말 좀 하여 봅시다. 이리 좀 나오시오. 나는 편지 전하러 온 것 외에는 아무것도 잘못한 것 없소."

"여보게 할멈, 자네가 누구와 그렇게 싸우나. **우체사령**이 편지를 가지고 왔다 하니 미국서 서방님이 편지를 부치셨나베. 어서 받아 들여오게."

"옳지, **우체사령**이로구. 늙은 사람이 눈 어두워서…… 어서 편지나 이리 주오. 아씨께 갖다드리게."

서술자의 시점에서는 '우편군사'라 하고 우체부 본인은 '체전부,' 편지를 받는 사람은 '우체사령'이라 칭하며 혼용되고 있다. 이 장면에서는 당시 우체부의 복장과 행동을 제복을 입고는 '우' 자를 쓴 모자도 쓰고, 편지가 든 가죽 가방을 메고 다니며, 집 앞에서 '편지 받아 가라'고 소리치며 배달하였다고 묘사하였다. 이로써 당시 우편배달부의 제복과 편지 전하는 방식 등을 알 수 있다. 배달부의 외치는 소리가 들리면 하인이 뛰어 나와 편지를 받아서 집 안에 들이곤 한 것이다.

주소지로 편지를 배달하는 체계에서 주소가 잘못되거나 변경되면 전달되지 못하고 반송되는 사례도 등장하였다. 앞서 인용한 바 있지만《추월색》에서 지방으로 떠나는 영창에게 정임이 주소를 가르쳐 주었다. 나중에 우여곡절 끝에 영국으로 가게 된 영창이 정임이 알려 주었던 주소를 기억해 내고는 "옳지! 정임이가 남문역에서 작별할 때에 편지나 자주 하라고 부탁하며 통호수를 잊거던 삼삼구를 생각하라 더라. 편지나 부쳐서 소식이나 서로 알고 있으리라" 하고는 그 주소로 편지를 부친다. 그러나 정임의 집이 화재로 소실된 뒤라 영창의 편지는 전달되지 못하고 반송되고 말았다. 영창은 혹시나 하는 마음에 정임의 아버지가 근무하던 직장 시종원*으로도 편지를 보냈는데 이 편지도 수취인이 없다며 반송되었다.《추월색》(38)은 다음과 같이 묘사한다.

---

* 1895년(고종 32년) 관제 개혁 때 임금의 비서·어복御服·어물御物·진후診候, 그 밖에 의약·위생 등에 관한 일을 관장하기 위하여 설치되었던 궁내부 산하 관서다(《한국민족문화대백과사전》http://100.daum.net/search/entry?q=%EC%8B%9C%EC%A2%85%EC%9B%90 2016. 11. 18).

사오 개월이 지난 후에 그 편지 두 장이 한겹에 돌아왔는데, 쪽지가 너덧 장 붙고 **'영수인이 무하여 반환함'**이라 썼으니 우편이 발달된 지금 같으면 성안에 있는 이시종 집을 어떻게 못 찾아 전하리요마는, 그때는 우체 배달이 유치한 전한국통신원 시대라, 체전부遞傳夫가 그 편지를 가지고 교동 삼십삼통 구호를 찾아가매 불이 타서 빈 터뿐이오, 시종원으로 찾아가매 이시종이 갈려버린 고로 전하지 못하고 도로 보낸 것이라.

주소가 바뀌어 수취인이 없으므로 편지가 반송된 사실을 논하며 우편 서비스의 시간적 차이를 언급한다. 《추월색》이 발표된 것은 1912년이고 이 소설의 배경은 명확히 밝히지는 않았지만, 전술한 대로 우편 제도도 정착되고 남녀 주인공이 각기 영국과 일본으로 유학도 가는 등의 상황으로 미루어 소설의 발표 시점과 많은 차이가 나지는 않을 것으로 보인다.

편지의 활용이 늘어나면서 부고도 우편으로 하게 되었다. 《은세계》(453)를 보면 미국으로 유학 간 옥순과 옥남 남매가 어느날 편지를 받고는 반가워한다.

하루는 옥남이가 우편으로 온 편지 한 장을 받아 들고 들어오면서 좋아서 펄펄 뛰며,

"누님, 누님, 조선서 편지 왔소. 어서 좀 뜯어보오."

하면서 옥순의 앞에 놓는데, 옥순이가 어찌 반갑고 좋던지 겉봉에 쓴 것도 자세 보지 아니하고 뚝 떼어보니 편지 한 사람은 김씨의 아들이요, 편지 사연은 **김씨가 죽었다는 통부**通計라.

만리타국에서 외롭게 보내며 고국에 몇 차례 편지를 해도 답장이 없다가 온 편지라 반갑게 받았는데, 기다리던 반가운 소식이 아니라 돌아가신 아버지의 친구 김정수가 죽었다는 부고였던 것이다. 죽은 김정수는 이 남매가 아버지처럼 따르던 인물이어서 부고를 받은 남매는 큰 충격을 받을 수밖에 없었다.

　　뿐만 아니라 재판의 호출장도 우편으로 전달되었다. 《추월색》(35)을 보면 여주인공 정임이 재판의 호출장을 받는 장면을 "누가 어떤 엽서 한 장을 주고 나가는데, 그 엽서는 재판소 호출장이라"고 묘사한다. 재판의 호출을 엽서로 통지하였음을 알 수 있다.

　　한편 신소설들에서는 당시 편지의 전달에 걸린 시간을 알 수 있게 하는 대목도 보인다. 《재봉춘》(50)을 보면 친정아버지 백성달이 보낸 편지를 그의 딸인 허씨 부인이 받는 장면을 다음과 같이 묘사한다.

　　성달이 곧 장지 밖에 나앉아서 그 사연으로 편지를 써가지고 즉시 안동 사거리 우표통에 갖다가 넣었더라. 이날 저녁때 칠녀가 행랑 하인을 부르러 대문간에 나와 섰더니 체전부가 편지 한 장을 떨어뜨리고 가는데, 편지 겉봉을 보니 허씨 부인에게 온 것이 분명한지라,

　　편지를 부친 시각은 명기 안 되어 있지만 아무튼 '이날 저녁' 때 받았다는 것은 당일에 배달되었다는 것을 의미한다. 이 사례로부터 우리는 한성 내에서는 이렇게 당일 배달도 가능했음을 추정할 수 있다. 〈독립신문〉 창간호부터 1896년 5월 21일의 제20호까지 매호 광고란에 실린 '우체시간표'라는 제목의 공지를 통해 당시의 우편 사정을 추정해 볼 수 있다. 그 내용을 원문 그대로 옮기면 다음과 같다.

우체 시간표

한셩 닉외 모히는 시간 오젼 칠시 십시 오후 일시 ᄉ시
젼ᄒᄂ는 시간 오젼 구시 졍오 십이시 오후 삼시 륙시
한셩 인쳔간 보내는 시간 오젼 구시 오는 시간 오후 오시 삼십분
한셩 개셩간 보내는 시간 오젼 구시 오는 시간 오후 이시 삼십분
한셩 슈원 공쥬 젼쥬 남원 나쥬 간 보내는 시간 오젼 구시 오는 시간 오후 삼시
한셩 츙쥬 안동 대구 동내 간 보내는 시간 오젼 구시 오는 시간 오후 삼시

12. 우편물의 수집과 배달 시간을 알려주는 〈독립신문〉 1896년 4월 7일 3면의 기사.

한셩 닉외 모히는 시간 오젼 칠시 십시 오후 일시 ᄉ시

젼ᄒ는 시간 오젼 구시 졍오 십이시 오후 삼시 륙시

한셩 인쳔간 보내는 시간 오젼 구시 오는 시간 오후 오시 삼십분

한셩 개셩간 보내는 시간 오젼 구시 오는 시간 오후 이시 삼십분

한셩 슈원 공쥬 젼쥬 남원 나쥬 간 보내는 시간 오젼 구시 오는 시간 오후 삼시

한셩 츙쥬 안동 대구 동내 간 보내는 시간 오젼 구시 오는 시간 오후 삼시

한성 내에서는 하루에 오전, 오후 각 2회씩 총 4회 수집과 배달을 한다는 것이다. 그 외에 한성과 지방의 주요 도시 간에는 하루에 한 번씩 보내고 받았던 것이다. 이 자료에 의하면 한성에서 아침에 부친 편지가 한성 내에 당일 저녁까지 배달되는 것도 충분히 가능한 일이었을 것이다.

《혈의누》(53)를 보면 미국에 편지가 전달되는 데 걸린 시간을 알 수 있는 장면이 등장한다. 여주인공 옥련이 우여곡절 끝에 미국에 갔다가 한국의 부모에게 편지를 보내는데 "그 편지 부쳤던 날은 광무 육년(음력) 칠월 십일일인데, 부인이 그 편지 받아 보던 날은 임인년 음력 팔월 십오일이리라"고 서술한다. 광무 육년이나 임인년 모두 1902년이다. 7월 11일에 부친 편지를 8월 15일에 받아 보았으니 한 달 4일이 걸린 것이다. 배편으로 전달되었을 당시의 상황을 고려하면 충분히 개연성이 높은 서술로 볼 수 있다.

(3) 새로운 문물과 전통의 충돌

모든 문화에서 새로운 외부적 요소의 도입이 항상 순조롭고 매끄럽게만 이루어지지는 않는다. 새로운 문화는 전통적 문화와 충돌하면서 갈등을 빚기도 한다. 앞에서 인용한 《혈의누》사례에서 편지를 배달하려는 우체부가 남의 집을 기웃거리다가 남녀유별의 문화에 젖은 여인들에게 곤욕을 치르는 장면이 대표적이다. 이뿐만 아니라 우편 제도라는 새로운 제도가 도입되어 정착하기까지는 여러 가지 문제들이 드러나곤 했던 것으로 보인다. 〈독립신문〉은 1897년 9월 25일자와 28일자의 잡보란에 2회에 걸쳐 한성의 우편 업무를 총괄하던 한성 우체총사의 투고를 게재하였다. 이 기사에서 한성 우체사 측은 우편 제도를 도입하고 관련 규정을 정해서 시행하고 있지만 이것이 잘 지켜지지 않아서 우편 업무에 애로 사항이 많이 발생하는 상황을 설명한다. 기사 도입부에 우편 제도의 도입 취지와 경과를 설명하고는 다음과 같은 내용이 이어진다.

근일에 우체물 출부하는 사람들이 규칙의 본의를 좇지 아니하고 구습을 폐치 못하여 출부 물의 피봉에나 대지에나 혹 기재하기를 가령 모동 박주사 댁 입납이라 모지 김생원 댁 입납이라 하며 가령 모지 근후서라 모동 상후서라 하고 편지를 우체함에 던졌으니 **출부인의 성명과 영수인의 이름은 없고 지명도 자상치 못한 우체물을 어디로 발송하며 어디로 분전하리오.** 마지못하여 대강 지명을 의방하여 발송하고 분전하나 허다한 박주사 댁과 김생원 댁을 찾을 수 없어 체부가 종일을 허행하고 돌아오면 그 익일에 재차 분전하고 재명일에 삼차 분전하되 종시 찾지 못하여 출부인에게로 환송하려 하나 출부인의 성명도 없고 지명도 자세치 못한즉 환송할 길도 없어 불분명함에 던져두고 게시판에 괘방하여 고시하니 그 우체물 출부인과 영수할 사람은 자기의 문자상에 분명치 못함을 알지 못하고 우체 관원이 사무에 해태하고 체전부가 농간함이라고 층원들하니 우체사 설시하기 전이라도 편지 왕복 하려면 가까운 동리에나 아는 친구에게 내 집 사람으로 전하면 편지 봉투상에 성명 유무를 물론하고 잘 전하려니와(1897년 9월 25일자 3~4면).

만일 몇십 리 밖이든지 몇백 리 외에 삭군이든지 타인으로 보낼 지경이면 부득불 영수인의 성명과 택호를 자세히 기록하고 지명과 노정기를 분명히 적어 주어도 오히려 오전할 염려가 있거늘 오늘날 우체 관원과 체전부는 어느 사람의 편지든지 물론하고 봉투상에 기재한 대로만 발송하며 분전하는데 만일 피봉이 분명치 못하여 분전치도 못하고 환송치도 못하면 어느 사람을 책망하여야 옳은지. 대체 우리나라 인민들은 아직까지 잠만 자고 꿈만 꾸는지 국내에 무슨 규칙이든지 반포하면 자세히 보지도 아니하는지. 지어 편지를 출부하는 사람들도 우체 규칙을 모르고 봉투상에 자기의 성명 쓰는 것을 대단히 수치로 알고 아니 쓰는지. 각부 대신이라도 공문 거래와 왕복 문자상에는 모부 대신 아무 성명 각하라 성명을 분명히 기재하니 세상에 이름 없는 사람이 어디 있으며 지명으로 논지하면 서울은 모두 모동이 있고 시골은 모면 모동이 있으니 우체물 봉투상에 기재하되 한성 모부 모동에 아무 성명 좌하라 하며 모군 모면 모동 아무 성명 근후서라 하며 혹 영업이 있으면 영업명을 기록함도 더욱 분명하고 혹 소 지명이 있으면 소 지명도 기재함이 더욱 자상하니 이렇게 분명하여야 공사 양편할지라. 우체물 출부하는 사람들은 이 뜻을 자세히 보고 자기의 성명을 높으다 말며 조그마한 수고와 필묵을 아끼지 말고 출부인의 거주 성명과 영수인의 거주 성명을 자세히 기재하여 발송과 분전할 때에 착오함이 없게 함을 바란다고 한성 우체총사에서 신문사로 편지가 왔기에 기재하노라(1897년 9월 25일자 3~4면).

편지를 이용하는 사람들이 보내고 받는 사람의 주소와 이름을 제대로 기록하지 않아서 배달에 어려움을 겪으며 반송도 하기 어렵다는 말이다. 새로운 제도가 도입되었음에도 불구하고 아직 예전 방식대로 주소도 적지 않고 누구 댁에 가는 편지라는 식으로 '입납'이라 쓰거나 상대를 존중해서 표현하는 '근후서,' '상후서' 등의 한자식 표현을 그대로 써서 보내는 사람들이 많아서 배달하기에 어려움이 많다는 것이다. 이는 과거의 방식은 사람을 보내서 편지를 전하니 편지에는 발신인이나 수신인의 인적 사항을 적지 않았으며 전하는 사람에게 어디의 누구에게 전하라고 구두로 말했을 것이다. 이러한 전통이 남아 있어서 편지에 주소, 성명도 제대로 쓰지 않는 사람들이 많아 배달도 어렵고 반송도 어렵다는 어려움을 하소연한다.

새로운 제도가 익숙치 않아서 빚어지는 어려움 외에 전통 문화와 충돌하면서 여러 가지 문제들이 속출하곤 하였다. 앞에서 남의 집을 기웃거리고 특히 여자들만 있는 안채에 들어오려 한다고 우체부에게 호통 치는 장면(《혈의누》, 51~52)을 인용하였는데, 이러한 일이 소설에서뿐만 아니라 실제로도 빈발하였던 것 같다. 〈독립신문〉 1897년 7월 3일자 3면의 잡보란을 보면 다음과 같은 기사가 실려 있다.

각도 각부에 우체사를 설시하고 물론 아무의 편지든지 우표를 붙여 통신케 하라는 장정이 있기로 각처 체전부들이 서신을 면전하려고 다니는데 혹 양반 칭호 하는 사람들은 체전부를 자기의 집 문안에 들어서지도 못하게 하고 자기의 하인 시켜 서신을 받아들이며 혹 **체전부가 서신을 면전하려고 어느 양반의 집 사랑에 들어간즉 그 집 임자 되는 양반이 크게 꾸짖어 가로대 아무리 개화한 세상이기로 벙거지 쓴 놈이 무엄히 방에 들어오니 그럴 법이 어디 있으랴 하면서 자기의 집 하인 불러 이놈 잡아내려 문 밖으로 쫓아내라 하며 이놈 저놈 호령하고 그 괄시와 멸시가 비할 곳이 없으니** 일향 이러할진대 체전부 노릇할 사람이 없을지라. 타국에서들은 체전부를 어떻게 대접을 하는지 조선서는 체전부가 벙거지 쓴 까닭에 이런 천대를 받는지라. 어찌하면 서간을 면전하고 천대를 아니 받을런지. 아마도 머리에 쓰는 벙거지를 달리 변통하는 것이 마땅하다고 각처 체전부의 편지가 신문사에 왔으니 이런 일은 농상공부에서 조처할 일이어니와 우체 인부도 또한 나라에서 마련하여 주는 월급을 먹고 사무하는 관인일뿐더러 사람은 마치 한가지인즉 사람이 어찌 사람을 천대하리오. 개명한 나라 경계는 비록 총리대신이라도 우체 인부를 다 친구로 대접하는지라. 대개 아무 나라든지 그 나라 인민은 모두 그 나라 님군의 백성인즉 그 님군의 백성이 되어 그 님군의 백성을 천대하면 이는 곧 그 님군을 존대하는 뜻이 아니라. 조선 인민들은 어찌하여 사람을 서로 천대하는지. 사람이 되고 사람을 천대하는 사람들은 곧 못된 버르장이라 이런 풍속들은 좀 고치면 좋으리라.

편지를 배달하는 우체부들이 각 가정에서 닥치게 되는 애로 사항이 매우 컸음을 알 수 있다. 대부분 '벙거지'라 불리는 우체부의 모자가 원인으로 지목되었지만 잘 모르는 사람을 함부로 집에 들이지 않는 전통 문화가 가장 근본적 원인으로 볼 수 있다. 특히 남녀유별 문화가 강하던 당시에 남자 우체부가 남의 집에 불쑥 들어서면 집안사람들의 거부 반응이 컸던 것으로 볼 수 있다. 위의 내용 중에는 이러한 애로 사항을 토로하며 벙거지 교체가 필요하다는 내용의 투고도 신문사에 적지 않았음을 알 수 있다.

(4) 전통의 전달 방식도 여전

이렇듯 근대적 우편 제도가 상당히 정착되었지만 여전히 사람에 의해 편지를 전달하는 전통 방식도 남아 있었다. 《빈상설》(13)을 보면 하인 부부가 대화를 나누는 중에 그 남편이 부인에게 "여보, 영감 계실 때인들 아씨께서 고생을 적게 하셨소마는 편지 왕래에 그대 말씀은 아니하셨나 봅니다. **편지 심부름을 내가 일상 했지만**, 보시는 소리를 듣던지 영감의 눈치를 뵈와도 그대 저대 아무 사색 아니 계십디다"라고 말한다. 주인 어른의 편지 심부름을 자신이 늘상 했다는 것이다.

《화상설》(161)에서도 "어느 날 강동 유승지 집에서 유씨 부인에게 편지 가지고 온 하인의 말을 들으니"라고 하여 하인이 편지를 전하였음을 알 수 있다. 《치악산》(286)에도 자취를 감춘 아들을 찾는 홍참의가 "서울 갔다는 소문을 듣고 **서울로 전인하여 이판서에게 편지하되**"라고 서술하였다. 서울의 사돈에게 사람을 보내 편지를 전했다는 말이다. 《혈의누》(28)에서는 청일 전쟁 와중에 부모를 잃은 주인공 옥련을 구해 준 일본인 이노우에 소좌는 옥련을 양녀로 삼고는 일본에 보내며 일본에 있는 부인에게 이를 알리는 편지를 옥련에게 주어 보낸다. 편지를 품고 오사카로 가는 배 안에서 옥련은 미래에 대한 불안을 다음과 같이 독백한다.

남은 제 집 찾아가건마는 나는 뉘 집으로 가는 길인고. 남들은 일이 있어서 대판에 오는 길이거니와 나 혼자 일 없이 타국에 가는 사람이라. **편지 한 장을 품에 끼고 가는** 집이 뉘 집인고. 이 편지 볼 사람은 어떠한 사람이며, 이내 몸 위하여 줄 사람은 어떠한 사람인가?

편지 한 장 달랑 들고 낯선 타국에 낯선 사람 찾아가는 어린 주인공 옥련의 불안한 마음이 잘 드러나고 있다. 편지가 한국과 일본에 떨어져 있는 부부와 옥련을 연결시키는 주요 매개체로 기능한 것이다.

편지를 전하는 하인이 바로 답장까지 받아서 전달하는 사례도 등장하였다. 《재봉춘》(25)을 보면 하인 계순이가 주인공 허씨 부인에게 편지를 전하며 "마님, 송현 허부령 댁에서 편지가 왔는데 답장을 맡아 달래요"라고 말하였다. 이에 허씨 부인은 바로 답장을 써서 계순이에게 준다. 하인을 통해 편지를 직접 전달하면서 '바로 답장을 해달라'는 말까지 전하고 이에 하인은 바로 답장을 받아서 전달한 것이다.

편지의 사용이 늘어나다 보니 하인 계층까지 편지를 쓰는 장면도 등장하였다. 《재봉춘》(33)을 보면 허부령에게 돈도 뜯기고 반지까지 빼앗겨 곤경에 처한 여주인공 허씨 부인을 도우려고 그 하인 계순이가 자신이 반지를 훔쳐 간다며 편지를 남기곤 종적을 감춘다. 주인공 허씨 부인이 반지가 없어져 곤욕을 치르자 계순이가 노모의 병환이 위독하여 그 반지를 훔쳐 간다고 죄를 뒤집어씀으로써 허씨 부인을 도우려 했던 것이다. 하인 계층이 문자를 알기는 쉽지 않은 당시 상황이었겠지만 그만큼 편지의 사용 계층이 확대되었음을 말해 준다고 볼 수 있다.

2. "비록 강주가 멀지만 부음이 통하지 않았겠습니까": 문서

편지 외에도 일상생활에서 문자를 매개로 한 문서가 다양한 상황에서 커뮤니케이션 수단으로 사용되었다. 이를 그 기능을 중심으로 나누어 살펴보자.

1) 문서를 통한 정보 전달

(1) 관청의 공지 사항 전달

조선 시대에는 정보 전달을 위한 수단으로 문서가 제한된 범위 내에서 사용되기도 하였다. 관청들 사이의 커뮤니케이션은 대부분 문서에 의존하였지만 개인들 사이의 정보 전달은 편지 외에 다른 형태의 문서에 의하는 경우는 드물었다. 다만 관청이 개인에게 전달할 내용이 있을 경우에 문서가 일부 사용되기도 하였다.

관리들의 신분 변동이 있을 경우 관청은 그 가족들에게 문서로 미리 통지하였다. 이러한 형태의 문서는 선문先文이라 불리었다.《소현성록》(289)을 보면 강주에 부임한 주인공 소경이 돌아온다는 사실을 가족들이 선문을 통해 미리 알고 기뻐하는 장면이 나온다. 관청의 인사이동 등 개인과 관련 있는 정보를 그 가족들에게 미리 통보해 줌으로써 적응을 도와주는 대민 서비스의 일환으로 볼 수 있다.

선문이 일대일 커뮤니케이션이라면 다중을 상대로 공지할 때는 관자關子가 이용되었다. 이는 원래 관청의 문서를 뜻하는 용어인데, 백성들에게 공지할 때에도 이용된 것 같다.《조웅전》(154)을 보면 전쟁터에 나간 주인공 조웅의 생사를 그 가족들이 관자를 통해서 유추하는 장면이 나온다.

조웅을 이별한 후에 소식이 망연하니, 주야 근심하여 병이 되었는지라, 갈수록 위국 병란 소식을 들으매, 병란에 죽어 소식이 없는가 더욱 민망하더니, 또 '서번을 평정하였사오니 변방 백성들이 요동치 말라'하고 **관자하였거늘**, 부인과 소저 듣고 기뻐 왈, "서번을 평정하였으면 행여 살아 소식이 있을까?"

관자에 개개인의 생사 여부가 포함된 것은 아니었지만 전쟁에 이겼다는 관자의 공지 내용을 본 가족들이 그렇다면 조웅이 살아 있을 가능성이 높다고 기뻐하는 장면이다. 전쟁의 진행 상황 등 전국적인 이슈에 대해서는 일반 백성들에게도 문서로 공지하였음을 알 수 있다. 이 소설에서 가족들이 관자를 관청으로부터 직접 받은 건지 아니면 다른 경로로 보게 된 것인지는 명확히 서술되지 않았다.

관자의 사례는 《홍길동전》(54~55)에도 등장한다. 홍길동을 잡으려 임금이 나서서 전국에 명을 내리지만 홍길동은 요술을 부려 가짜 홍길동 8명이 잡히게 만든다. 이들 중 진짜를 가리기 위해 길동의 아버지까지 동원하자 이 가짜 홍길동들이 "자신들은 백성은 추호도 범하지 않고 각 읍 수령이 백성들을 들볶아 착취한 재물만 빼앗았을 뿐입니다. 이제 십년이 지나면 조선을 떠나 갈 곳이 있"다며 자신을 잡으라는 "관자를 거두옵쇼셔"라고 청을 올린다. 이를 통해 왕이 전국에 홍길동을 잡으라는 명령을 관자 형태로 내렸음을 알 수 있다. 소설에서는 이 말을 마친 8명의 홍길동이 모두 허수아비로 변하자 왕은 더욱 놀라 '진짜 길동을 잡으라'는 관자를 다시 팔도에 내렸다行關고 서술하였다.

불특정 다수의 백성들을 상대로 공지 사항이 있을 경우에는 대개 사람들의 왕래가 많은 곳에 방榜을 붙여 알렸으며 특정인에게 전달 사항이 있지만 소재가 불분명한 경우에도 이 방을 이용하였다. 《홍길동전》(49~51)을 보면 홍길동이 각지에서 조화를 부리며 문제를 일으키지만 잡기 어렵자 왕은 길동의 이복형인 홍인형을 경상 감사에 임명하며 1년 안에 잡아 올리라 명한다. 이에 홍인형은 관내 각 읍에 길동을 달래며 자수를 권유하는 다음과 같은 방을 붙인다.

사람이 세상에 남에 오륜이 으뜸이요, 오륜이 있음으로써 인의예지가 분명하거늘, 이를 알지 못하고 임금과 부모의 명을 거역해 불충불효가 되면 어찌 세상에 용납하리요. 우리 아우 길동은 이런 일을 알 것이니 스스로 형을 찾아와 사로잡히라. 아버지께서 너로 말미암아 고칠 수 없는 병환이 들고, 성상께서 크게 근심하시니, 너의 죄악은 가득 차서 넘치는 셈이다. 이 때문에 나를 특별히 감사로 임명하여 너를 잡아들이라 하신다. 만일 잡지 못하면 우리 홍씨 집안의 여러 대에 걸친 깨끗한 덕이 하루아침에 없어지리니, 어찌 슬프지 않으랴. 바라나니 아우 길동은 이를 생각하여 일찍 자수하면 너의 죄도 덜릴 것이요, 우리 가문도 보존할 것이니, 너는 만번 생각하여 자수하라.

메시지의 내용은 홍길동 개인을 대상으로 한 것이다. 부모와 가문의 명예를 헤아려 자수하라는 권유를 담고 있다. 이러한 개인적 메시지를 다중을 대상으로 하는 방의 형태로 내건 것은 수신자의 소재 파악이 불가능하기 때문이기도 하겠지만 이 사안을 다른 사람들도 보게 하여 널리 공론화함으로써 잡을 확률을 더 높여 보려는 의도도 작용하였을 것이다. 이후에도 신출귀몰한 홍길동과 이를 잡으려는 조선 왕실과는 주로 방을 통하여 소통하였다. 말미에 병조판서 벼슬을 주면 잡히겠다고 홍길동이 방을 붙이자 임금은 길동이 요구한 대로 병조판서에 제수한다는 내용의 방을 사대문에 붙이도록 명한다(《홍길동전》, 55~57).

고전 소설에서는 왕으로부터 문서를 받는 장면도 등장한다. 제주에 부임하여 기생에 빠져 가산 탕진하고 곤욕을 치러야 했던 배비장은 마지막 장면에서 다음과 같이 왕으로부터 제주도 정의 고을의 현감으로 임명한다는 문서를 받고는 해피엔딩으로 끝난다(석인해, 1999, 《배비장전》, 119).

별안간 문전이 떠들썩하며,

"여쭈, 여쭈 하님 여쭈, 배비장 나으리께서 만량태수를 하셨다구 여쭈."

하는 소리 애랑의 집 대문을 깨치는 듯, 이때 배비장은 웬 영문도 모르고 덤덤하고 있을 뿐이러니, 거미구에 영문 하인營門下人이 칙지와 목사의 서간을 올리거늘 배비장 황공하여 **북향 사배**北向四拜**하고, 칙교를 배수** 拜受**하니** 과연일시 정의 현감이라.* 배비장 만심 환희하여 급히 내실로 들어가서 (……)

여기서 칙지란 임금의 명령을 전달하는 문서를 말하며 칙교는 임금의 교시敎示, 즉 명령을 말한다. 임금의 명령 칙교를 담아서 전달하는 문서를 칙지라 한 것이다. 배비장을 정의 현감으로 임명한다는 임금의 명령을 받을 때에 임금이 있는 북쪽을 향해 네 번 절하고 받았다는 것이다. 조선 시대에 임금을 향해서 예를 올릴 때에는 이처럼 북쪽을 향해 네 번 절하는 것이 원칙이었다. 임금이 내린 문서 등을 받을 때에도 임금에게 예를 다 한 후에야 받았던 것이다.

《조웅전》(51)에서도 황제가 주인공의 어머니를 정렬부인에 봉하고 금은을 내리자 이를 받는 장면을 "부인이 황공하여 계하階下에 내려 국궁鞠躬하여 받자와 놓고 황궐을 향하여 국궁 사배"하였다고 묘사한다. 황제의 명령과 하사품을 받을 때에 마당으로 내려와 존경의 뜻으로 몸을 굽혀 받고는 네 번 절하였다는 것이다.

이러한 장면은《소현성록》(285)에도 나타난다. 주인공 소경이 강

---

* 하님은 계집 종들이 서로 부르던 존대, 만량태수萬兩太守는 국록이 많은 원님, 거미구居未久는 문득 오래지 않아라는 뜻이고 '정의'는 제주도의 지명이다(석인해, 1999, 《배비장전》, p.119 각주).

주 안찰사로 부임한 지 열 달 만에 선정을 펼치자 신하들이 황제께 아뢰기를 "강주 안찰사 소경이 부임한 지 1년이 안 되어 풍속이 순후淳厚해지고 백성이 어질어져 밤에 문을 닫지 않고 길에 떨어뜨린 것을 줍지 않으며 남녀가 길을 나누어 다니는 등 매우 예의가 있다 하옵니다. 그러니 이 같은 인재를 어찌 강주 땅에 내버려 두겠습니까? 원컨대 불러 크게 쓰시옵소서"라고 청하니 "황제께서 응하여 윤허하시니, 그 날로 전교傳敎를 청하여 사명使命을 보냈다. 안찰사가 조서詔書를 받고 나서 **향로를 얹은 상床을 놓아두고 네 번 절한 후**, 행장을 준비하여 길을 떠났다"는 것이다. 주인공 소경도 황제의 명령을 네 번 절한 후에야 받아서 그에 따랐다는 것이다.

한편 《홍길동전》(71~73)에는 홍길동이 왕에게 문서를 올리는 장면이 나온다. 이렇게 아랫사람이 자신의 생각을 적어 왕에게 올리는 문서를 표문表文이라 하였다. 율도국을 정벌하고 왕위에 오른 홍길동은 신하에게 "내가 조선 성상께 표문表文을 올리려 하니, 경은 수고를 아끼지 말라"고 말한다. 표문의 내용은 서술되지 않았으나 이 표문을 전달받고 읽은 조선 임금은 "홍길동은 진실로 기이한 인재로다"라고 평하며 답신이라고 할 유서諭書를 내려 길동의 형 홍인형으로 하여금 전하도록 하였다.

(2) 백성들도 문서 이용

한편 백성들도 다중들을 상대로 전할 말이 있을 경우에는 이 방을 이용하였다. 탐관오리 함경 감사가 백성들을 착취하자 홍길동이 남문 밖에 불을 질러 창고의 곡식과 돈, 무기를 빼앗고는 스스로 방을 붙여

"아무 날 돈과 곡식 도적한 자는 활빈당 당수 홍길동이라"고 밝힌다
(《홍길동전》, 39). 자신의 존재와 행위를 널리 알려 백성들의 지지와 공
감을 유도하고 탐관오리들로 하여금 경계하게 만들려는 의도로 방을
붙인 것으로 볼 수 있다.

《조웅전》(67)에도 주인공 조웅이 왕권을 불법적으로 찬탈한 이두
병에 분노하여 사생결단할 각오로 경화문으로 갔으나 "문안에 군사
수다하고 문을 굳이 닫았는지라 할 수 없어 그저 돌아서며 분을 참지
못하여 필낭筆囊의 붓을 내어 경화문에 대서특필하여 이두병을 욕하
는 글 수삼 구數三句를 지어 쓰고" 돌아오는 장면이 나온다. 이 내용은
그대로 옮겨 적어 왕에게 보고되었다(《조웅전》, 70~71). 정치적 사건에
대한 자신의 의견을 적어 공개적으로 게시한 것이다.

개인들 사이에서도 장례 등의 일이 발생하였을 경우, 멀리 떨어져
있는 가족에게도 부음을 전하였다. 《소현성록》(291~292)을 보면 서울
에 돌아온 주인공이 자신의 첩 석씨 부인이 사망했다는 서모의 말을
듣고는 사실이 아닐 것이라면서 "서모가 나를 속이시는 것입니다. 만
약 말씀대로라면 어머님이 어찌 말하지 않으셨으며, 비록 강주가 멀
지만 부음이 통하지 않았겠습니까?"라고 반문한다. 자신이 멀리 강
주에 있더라도 부인이 죽었다면 부음을 보내지 않았겠느냐, 또한 오
랜만에 만난 어머님은 왜 그 말을 하지 않았겠느냐는 반문이다. 여기
서 실제 부고를 주고받고 한 것은 아니지만, 당시 이러한 문화가 있었
음을 보여 준다. 당시의 경조사는 대부분 공동체 내의 일이었지만, 이
소설의 경우처럼 가족이 멀리 떨어져 있는 경우에도 중대한 경조사는
반드시 부고를 보냈던 것으로 볼 수 있다. 다만 그 전달 메시지의 형
태가 문서에 의한 것이었는지는 확실치 않다. '부음'이라는 용어를 보

면 공동체 내의 가까운 거리에는 사람을 보내 구두로 전달하였을 가능성이 크다. 먼 지역에는 전인이나 인편을 통해 편지 형태의 문서로 전했을 것이다.

《춘향전》(268~270)에서도 이도령의 아버지가 동부승지로 발령이 나서 한양으로 올라가게 되자 춘향을 데리고 갈 수도 없고 두고 갈 수도 없어 난감해진 이몽룡이 수심 가득한 얼굴로 춘향의 집에 가자 춘향이 "설운 일이 웬일이오 본댁에서 편지 왔다더니 어느 일가 양반이 돌아가셨다고 부고가 왔오"라고 묻는다. 이몽룡이 슬픔에 가득한 얼굴을 하고 있자 이를 본 춘향이 편지로 일가친척의 부고라도 받은 것이냐고 물어본 것이다. 여기서도 당시에 부고를 보내는 문화가 존재하였음을 알 수 있다.

《배비장전》(석인해, 1999, 109~110)을 보면 제주에서 기생에 빠져 돈 다 날리고 망신만 당하여 거지 행색으로 몰래 돌아가는 배비장이 배를 얻어 타려고 뱃사공에게 배편 사정을 물어 본다. 사공의 말이 그날 저녁에 여자 손님 한 분이 전세내어 해남 가는 배인데 일반 손님은 안태운다는 것이다. 이에 사정이 다급해진 배비장은 "그는 그러하겠소마는 내가 **친환급보**親患急報를 듣고 급히 가는 길인데, 달리 가는 배는 지금 없고 이 배가 간다 하니, 아무리 내행이 타신 터이라도 이러한 정세情勢를 말씀하시고 한편 이물 구석에 조용히 끼어 가게 하여 주시면 그 아니 적선이오?"라고 사정한다. 친환급보, 즉 부모님의 우환이 있다는 급한 연락을 받고 가는 길이니 구석에라도 끼여 갈 수 있게 해달라는 하소연이다. 이를 가엾이 여긴 뱃사공은 "당신 정경情景이 가긍하오. 그러면 해진 후에 다시 오시면 내행 모르시게라도 슬며시 타고 가시게 하오리다"라고 답한다. 상대의 동정심을 자극하여 목

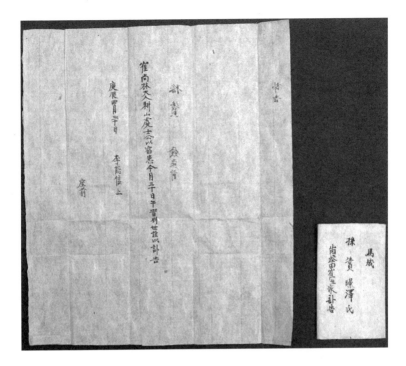

13. 조선 시대의 부고. 경진년 4월 30일에 호상護喪 이능신李能信이 작성한 것으로, 최상림 崔尚林이 숙환宿患으로 별세하였음을 알리는 내용이다. 부고장을 접어 종이 띠를 두르고 앞면에는 보내는 이의 이름, 뒷면에는 근봉謹封이라 적었다.　　　　　출처: 국립민속박물관

적을 달성하려고 친환급보를 빙자한 배비장의 전략이 먹힌 것이다. 이는 부모님의 경조사는 중대사라고 보는 유교적 전통 윤리의 바탕 위에서 가능했던 것으로 볼 수 있다. 배비장이 이를 직접 받은 것은 아니지만 이를 받았다고 거짓말을 하여 용이하게 상대의 동의를 구함으로써 자신의 목적을 달성할 수 있었던 것이다.

《춘향전》(313~314)에서도 후반부에 이도령이 잔치판에서 암행어사 출두를 목전에 둔 시점에서 유명한 시 한 수를 짓자 심상치 않음을 느낀 각 고을 수령들이 온갖 핑계를 대며 자리를 피해 도망가기 시작한다. 이몽룡의 시를 함께 본 임실 군수가 슬그머니 자리를 빠져 나가는 소동을 다음과 같이 묘사한다.

> 임실 군수 같이 글을 보고 일어나 본관을 작별하는데 본관이 왈 임실은 어찌하여 가시오. 임실이 엉겁결에 하는 말이 "대부인이 낙태를 하였다고 **기별이 왔오**." 본관이 왈 "댁의 대부인이 춘추가 얼마이신데 낙태하십니까?" 임실 군수 왈 "금년에 여든 아홉이오." 본관이 깜짝 놀라 "여든 아홉에 아기를 배서 낙태한단 말입니까?" 임실 군수 웃으며 하는 말이 "아니오 낙태가 아니라 낙상을 하셨다는 것을 엉겁결에 잘못한 말이오."

사태가 심상치 않음을 눈치 챈 지방 수령들이 온갖 핑계를 대고 자리를 빠져 나가는데, 엉겁결에 대부인이 낙태하였다는 기별을 받았다고 잘못 말함으로써 빚어진 소동이다. 여기서도 도망갈 핑계로 집안 어른에게 급한 일이 생겼다는 기별을 받고 간다고 둘러 대고 있는 것이다. 이로부터 이러한 급한 일이 생기면 바로 가능한 수단을 동원하여 연락을 취하던 문화가 존재하였다는 사실을 추정해 볼 수 있다.

이와 같은 사실들을 통해 가족의 사망이나 부상 등 중대한 일이 발생하면 멀리 있는 가족에게도 여러 가지 수단을 통해 그 소식을 전하였음을 알 수 있다.

2) 증거로서의 문서

(1) 서약서의 문화

오늘날에는 사람 사이에 구두로 한 약속은 신뢰받지 못한다. 구두로 한 약속은 아무런 구속력도 없고 법적 효력도 없기에 믿을 수 없다는 것이다. 그래서 중요한 약속은 문서로 계약서를 작성하고 때로는 이것을 공증까지 받아서 그 법적 효력을 강화하려는 게 일반적이다. 뒤에 가서 자세히 설명하겠지만 서구의 연구 결과들을 보면 이처럼 문서를 신뢰하는 문화는 인쇄 미디어가 보편화된 이후에 생겨난 것으로 알려지고 있다. 인쇄 미디어가 보편화되기 이전 구두 커뮤니케이션이 지배하던 시대에는 문서는 언제든 위조될 수 있다고 하여 신뢰받지 못했으며 오히려 구두의 말이 더 신뢰되었다는 것이다.

하지만 조선 시대의 고전 소설들에 나타난 바에 의하면 한국의 전통 시대에는 서구와는 다른 양상을 보인다. 이 책에서 분석한 소설들을 보면 사람들 사이의 약속을 보다 확실히 하기 위해 문서로 남겨 증거로 삼으려는 문화가 존재하였다. 《이춘풍전》을 보면 기생과 말썽을 일으킨 춘풍이 앞으로는 주색잡기를 멀리 하겠다고 다짐하나 부인이 믿지 않으며 앞으로 남아날 재산이 있겠냐고 한탄하자 춘풍이 수기를 쓰겠다고 자청하고 각서를 쓴다. 서두에 "임자년 사월 십칠일의 김씨전金氏前 수기라"고 하여 각서를 쓰는 날짜와 약속의 상대가 부인 김씨임을 명확히 밝힌 후, 그동안 부인의 말을 듣지 않고 많은 재산을 방탕한 생활에 날려 버려 후회가 막급하다면서 다음과 같은 내용을 약속한다(332).

자차일후自此日後로 가중지사家中之事를 진부어 김씨 하므로, 김씨 치산지후治産之後로 비록 천금지재千金之財가 있을지라도, 이는 다 김씨의 재물이라. 가부家夫 이춘풍은 일푼전一分錢과 일두곡一斗穀을 불부처리지의不復處理之意로 여시如是 수기하나니, 일후의 약유호주若有豪酒 방탕지폐放蕩之弊가 있거든 지차수기持此手記하고 관변정사官卞政事라. 자필주의自筆奏議 가부 이춘풍이라

그날 이후로 집안의 모든 일을 부인에게 맡기므로 부인이 재산 관리를 잘하여 많은 재산을 모으더라도 이는 전부 부인의 재산이고 이춘풍 자신은 돈 한 푼, 곡식 한 말 절대 자기 마음대로 처리하지 않겠다고 약속하였다. 만일 앞으로 약속을 어기고 술을 마시거나 방탕한 생활을 하면 이 서약서와 함께 관아에 고발하라는 내용이다. 마지막에는 쓴 사람의 성명과 자신이 친필로 썼음을 밝히고 있다.

이러한 서약의 문화는 남녀 간의 결혼에서 주고받아 그 사회적 효력을 강화하려는 혼서에서도 드러난다. 《춘향전》(264~265)을 보면 결혼의 소중함과 신성함을 문서로 남겨 상징하려는 장면이 등장한다. 춘향의 어머니 월매가 춘향과 이도령의 결혼을 승낙하며 번듯하게 예식을 치르지는 못하지만 "사주단자 겸하여 **정서 한 장 하여 주시오**"라고 청한다. 이몽룡은 이를 흔쾌히 받아들여 문서를 작성한다. 전통적으로 결혼식에서는 신랑의 집에서 신부집으로 혼인 사실을 기록하는 혼서와 신랑의 사주를 적은 사주단자, 그리고 혼수를 보내는 풍습이 있다. 이러한 격식을 갖추지는 못하지만 혼서를 하나 적어 달라는 월매의 부탁에 이몽룡이 "두어 줄 써서 주니" 월매는 이를 "고히 접어 간수"하였다는 것이다. 이몽룡이 쓴 내용은 "천장지구天長地久에 해고

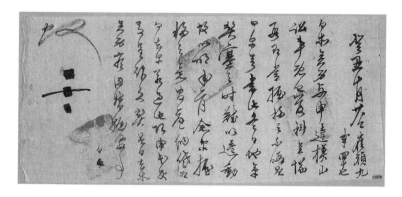

14. 조선 시대의 서약서로, 계축년(1853) 10월에 최정구崔禎九가 묘지 관련 송사의 판결대로 2월까지 이장하겠다는 약속을 기록한 내용이다.　　　　　　출처: 국립민속박물관

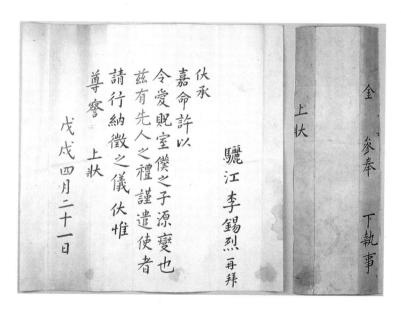

15. 대한제국기의 혼서. 이석렬李錫烈이 아들 이원섭李源燮을 김참봉의 딸에게 장가보내기 위해 무술년(1898) 4월 21일에 작성한 것이다.　　　　　　출처: 국립민속박물관

석란海枯石爛이라 천지신명이 공증차맹公證此盟이라"는 것이었다. 그 내용은 하늘과 땅처럼, 또 바닷물이 마르고 바위가 닳도록 영원할 것이며 천지신명이 이 맹서를 공증하리라는 뜻이다. 두 사람의 결혼 약속이 영원할 것을 천지신명에게 맹서한다는 것이다.

결혼식 때 주고받은 혼서는 결혼의 신성함을 상징하는 문서로 소중하게 간직되었다. 《소현성록》(223~224)을 보면 석씨 부인의 투기가 심하여 온갖 악행을 일삼자 이에 분노한 주인공 소경이 석씨의 혼서와 채단*을 내오라고 하여 주변의 만류에도 불구하고 이를 불태우라 명한다. 이는 혼인 관계를 아예 끊어 버리겠다는 의지의 표현으로 받아들여진다. 나중에 오해가 풀리자 소경은 다시 혼서와 채단을 만들어 신부의 친정에 보내고는 석씨 부인을 다시 데려온다(《소현성록》, 246).

(2) 서양의 기록 문화와 차이

이상의 사례에서 살펴본 바와 같이 조선 시대에는 약속의 내용을 문서화함으로써 그 약속을 보다 확고하게 만들려는 문화가 존재하였음을 알 수 있다. 이는 조선 시대에는 구두에 의한 말보다 문자로 기록된 문서를 더 신뢰하는 문화가 존재했다는 것을 말해 준다. 이러한 사실은 서양 중세의 구두 및 문자 문화와 차별화되는 측면이다. 월터 J. 옹·Walter J. Ong[68]에 의하면 중세의 서구에서는 문서보다도 구두의 증언이 더욱 신뢰받았다고 한다. 옹은 "그 시대에 문서는 그 자체로서는 신뢰받는 것이 아니었다"면서 "문서가 사용되기 전에 예를 들어 봉토 상

---

* 혼인 때 신랑집에서 신부집에 보내는 청·홍색 비단을 말한다(《소현성록》, p.223 각주).

속인을 확정하기 위해 일반적으로 사용된 방식은 다수 인간의 구두 증언이었다"고 주장하였다. 당시 법적인 분쟁이 발생했을 때에도 판결을 좌우하는 것은 문서보다도 증인들, 대부분 나이 든 지혜로운 장로들의 증언이었다고 한다. 문서를 남길 때에도 그 진위 여부는 내용보다도 문서와 함께 주고받는 칼 등의 상징물에 의해 증명되었다는 것이다.

제임스 버크James Burke도 같은 견해를 피력하였다. 버크에 의하면 "양피지에 기록된 문자보다 살아 있는 증인이 더 신뢰받는다는 것은 법적 통념이 되었다"면서 당시 "문맹자들에게 있어 문서는 얼마든지 위조될 수 있는 것이기 때문에 당연히 증거로서의 가치가 덜어질 수밖에 없었다. 살아 있는 증인은 계속 살아가야 할 사람이기에 진실을 말했다"고 주장하였다. 문서보다 증인이나 상징물이 더 신뢰받았다는 것이다. 이러한 관습은 인쇄 미디어가 확산되어 시각 중심의 문화가 성립되면서 바뀌게 되었다는 것이다.[69] 요즘처럼 구두의 말보다 기록된 문서가 더 신뢰받는 것은 기본적으로 인쇄 문화의 산물이라고 보는 것이다.

이러한 서구의 논의들은 이 책의 분석 결과와는 아주 대조적이다. 위에 인용한 소설의 대목에서는 각서 외에 다른 상징물을 신표로서 요구한 경우가 등장하지 않았다. 이는 문서 자체를 더 신뢰하였음을 말해 주는 것이다.

이러한 사실은 인쇄 미디어가 보편화되기 이전에 구두 커뮤니케이션이 지배적이던 조선 시대의 커뮤니케이션은 서구의 그것과 맥락이 달랐음을 의미한다. 구두 문화보다 문자를 중시하는 문화가 서구보다 훨씬 더 뿌리 깊고 오래되었음을 말해 준다.

'백문이 불여일견百聞不如一見'이라는 격언이 널리 회자되고 있다.

앞에서의 논의에 의하면 이 격언은 서구의 경우에는 인쇄 미디어 이후에나 적용 가능했다는 말이다. 하지만 이 격언이 등장하게 된 것은 기원전 1세기에 해당하는 중국 한나라의 선제 때다.《한서漢書》의〈조충국전趙充國傳〉에 기록된 이 고사는 당시 오랑캐의 침략에 대처하는 과정에서 노장수 조충국趙充國이 선제에게 자신을 믿고 맡겨 달라며 건넨 말이다. 이 고사는 서양과 달리 동양에서는 청각보다는 시각을 중시하는 문화가 인쇄 미디어보다도 훨씬 더 뿌리가 깊다는 사실을 말해 준다.

3) 기록으로서의 문서

(1) 일기와 프라이버시

기록을 남기기 위한 목적에서도 다양한 형태의 문서가 존재하였다. 대표적인 것이 일기다.《소현성록》의 주인공 소경은 일기를 기록하였다. 그런데 특이한 것은 그 일기를 다른 사람, 즉 누이가 아무렇지도 않게 본다는 사실이다. 소설(381~382)을 보면 "소씨가 하루는 승상이 밖으로 나갔을 때에 일기를 보려고 조카에게 가지고 오라고 하니 가져왔다"고 서술한다. 보는 것도 그 방에 몰래 들어가서 주인 몰래 보는 것도 아니고 제3자를 시켜서 가져 오라고 해서 본다. 더구나 일기의 내용 중에는 전술한 대로 소경이 자기 부인을 크게 나무라는 편지를 보내자 그 누이가 조언하여 답장을 보내게 하였는데 그 답장을 본 소경은 그것이 자기 누이의 지혜가 드러나는 것임을 눈치 채고는 그와 관련된 내용을 일기에 다음과 같이 적어 놓은 것이다.

동기同氣가 더 중요하다고 말하지 마십시오. 의리로 맺은 동생이 더욱 중요하지요? 종이를 대하여 화씨의 좁은 말을 물리치고 뜻이 깊은 말로 가르쳐 나를 책하셨군요. 한 번 보고 묵묵히 있다가 두 번 보니 이는 곧 누이가 쓰신 것이라 생각하고 스스로 웃었습니다. 내 말이 궁해진 일이 없지만, 없는 체하며 그칩니다.

누이가 볼 것을 미리 예견하고 편지하듯이 일기에 적은 것이다. 더 할 말이 있었지만 "없는 체하며" 줄인다고 끝맺고 있다. 이를 보고 그 누이는 "아우는 과연 생각하는 것이 총명하구나"라고 크게 놀라며 여기에 답장을 적어서 일기에 끼워 놓는다. 누이의 답장은 "이렇듯 밝고도 총명이 있는데 어찌 그때에는 아득했던고? 이상하구나. 너무 스스로를 믿지 마라"며 더 겸손할 것을 당부하였다(《소현성록》, 381~383).

이 사례를 통해 우리는 일기를 쓰는 문화가 존재했다는 사실 외에도 그 일기를 남들이 보는 것도 전혀 금기시되지 않았음을 알 수 있다. 조카에게 심부름을 시켜 일기를 가져 오게 하고는 읽고 나서 답장도 남긴다. 일기를 쓴 주인공도 누이가 볼 것을 예상하고 글도 적어 놓았다.

이처럼 남의 일기를 거리낌 없이 보는 것은 인쇄 문화의 산물로 평가되는 개인의 프라이버시 관념[70]이 당시에는 아직 생겨나지 않았음을 말해 준다. 한문학자인 강명관은 "조선 시대의 일기를 읽으면 오늘날 일기와 사뭇 다르다는 것을 알게 된다. 곧 그곳에는 개인의 내면 고백이 없다. 개인의 내면 고백이란 것은 아마도 근대의 산물일 것이다"라고 평가하였다.[71] 조선 시대의 일기는 대부분 일상이나 사건들을 기록하는 성격에 그친다는 것이다. 인쇄 문화에 의해 개인주의가 생겨나며 이를 바탕으로 프라이버시 관념도 형성된다. 구두 커뮤니케이션이 지배적인 사회에서는 이 프라이버시 관념이 아직 없었다는 것이다. 이 점에서는 조선 시대도 구두 커뮤니케이션 시대의 특징이 그대로 나타난다.

(2) 유서와 제문 등

죽음에 임하여 유서를 남기는 문화도 존재하였다. 《소현성록》(291~293)을 보면 강주에서 돌아온 주인공 소경을 서모 석파가 떠보기 위해 그동안의 집안일을 말하며 소경이 부임할 때 병중이던 부인 석씨가 그동안 세상을 떠났다고 거짓말을 하는 장면이 나온다. 너무나 황당하여 소경이 왜 부고도 없었냐며 잘 믿으려 하지 않자 석파가 '유서까지 남겼다'며 "그 내용 중에 옛 사람의 망부석을 슬퍼하였고, 두 공자를 맡겼습니다. 세상에 이런 일도 있습니까?"라고 말하면서 우는 체하기까지 하였다는 것이다. 이 장면에서 우리는 당시에도 죽음을 앞두고 유서를 남기는 문화가 있었음을 알 수 있다.

　제사를 지낼 때에는 제문도 작성하였다. 《심청전》(219)을 보면 심봉사가 부인의 장례에서 제문을 지어 읽는 장면이 나온다. 소설에서는 "산처에 당도하여 안장하고 봉분을 다한 후에 심봉사 제를 지내되 서러운 진정으로 제문 지어 읽던 것이었다" 하고는 한자투로 되어 있는 제문 전문을 인용하였다. 유교적 전통에서 제사를 중시하였으며 제사를 지낼 때에는 돌아가신 분을 추모하는 내용의 제문을 지어 낭독한 것은 비단 《심청전》의 사례뿐만 아니라 조선 시대의 보편적인 풍습이었다.

　또한 의미 있는 글들을 벽에 걸어 놓고 보면서 의미를 되새기곤

하였다.《이춘풍전》(337~338)에서 이춘풍이 기생 추월이의 집을 방문하여 방안 풍경을 묘사하는 장면에서 창가에 산수와 운무를 그린 묵화가 걸려 있고 "부벽서附壁書*를 돌아보니, 동중서**의 책문策文이며, 제갈량의 출사표며, 도연명의 귀거래사와 적벽부 · 양양가를 귀귀句句마다 붙여 놓고"라는 대목이 나온다. 유명한 고전의 여러 명문 구절들을 써서 벽에 걸어 놓았다는 말이다. 삶의 교훈이 될 만한 내용들을 일상의 공간에 걸어 놓고 늘 되새겨 읽으며 삶의 지표로 삼았을 것이다.

《심청전》(236~237)을 보면 심청이가 자기 아버지를 위해 인당수에 팔려가게 되었다는 소식을 뒤늦게 들은 장승상 댁 부인이 하인을 보내 심청을 급히 부른다. 일찌감치 심청의 효성을 소문으로 듣고는 수양딸로 삼고 싶어 했던 장승상 댁은 진작 나에게 말했으면 백미 삼백 석을 빌려 줄 텐데 하고 안타까움에 눈물만 흘린다. 고마움과 안타까움에 심청은 울면서 "부인은 전생의 나의 부모라 어느 날에 다시 모시리잇가. 글 한 수를 지어 정을 표하오니 보시면 증험하오리다"라고 말씀 드린다. 그 글을 나로 생각하고 보아 달라는 말이다. 이에 부인이 반가운 마음으로 지필묵을 준비하니 심청이 눈물을 비처럼 흘리면서 애절하고 간절한 고마움을 한시로 적어 장승상 부인에게 남긴다.

이 글을 받은 장승상 댁 부인은 심청이 떠난 뒤에도 그 글을 벽에 걸어 두고 날마다 보곤 하였다는 것이다. 소설에서는 이를 "벽상에 걸어두고 날마다 증험하되 빛이 변치 아니하더니 하루는 글 족자에 물이 흐르고 빛이 변하여 검어지니 이는 심소저 물에 빠져 죽은가 하여

---

* 벽에 붙인 글이나 글씨를 말한다.
** 중국 전한 시대의 유학자로서 유가 사상을 정치의 근본 사상으로 하는 계기를 마련한 것으로 평가되고 있다(《이춘풍전》, p.338 각주).

무수히 애탄하더니 이윽고 물이 걷히고 빛이 도로 황홀하여지니 부인이 고히 여겨 누가 구하여 살아났나 하여 십분 의혹하나"라고 묘사하였다(《심청전》, 247). 매일 그 글을 들여다보았는데, 하루는 족자에 물이 흐르면서 색깔이 검게 변하여 심청이가 물에 빠져 죽었나 보다 하며 애탄했다는 것이다. 그러나 그 후 어느 날 다시 물이 걷히고 색깔이 다시 황홀해지자 부인은 누군가 심청이를 구하여서 살아났나 보다고 생각하게 되었다는 것이다. 그날 밤 승상 부인은 강가에 나아가 심청이를 위로하는 제를 올렸다. 수양딸을 삼으려 할 정도로 아끼던 심청의 글을 매일같이 쳐다 보며 심청을 생각하며 그리움을 달래는 수단으로 삼았다는 말이다.

《숙향전》(257)을 보면 혈서로 기록을 남기는 장면이 나온다. 숙향이 승상 부부의 총애를 받는 것을 시기한 시녀 사향이 승상 부부가 소중히 하는 장도와 비녀 등 보물을 몰래 숙향의 방에 숨기고는 이를 숙향의 소행으로 몰아간다. 숙향을 극진히 아끼던 승상 부부는 배신감에 크게 화를 내며 숙향을 쫓아내려 하지만 부인의 간청에 화를 누그러뜨린다. 하지만 시녀 사향이 숙향에게 승상이 대로하니 빨리 나가서 멀리 사라지라고 재촉하자 숙향은 눈물을 머금고 하직 인사도 드리지 못하고 집을 떠나야 할 지경에 이르렀다. 이에 숙향은 손가락을 깨물어 자신의 방 벽에 하직 인사를 혈서로 남기고 떠난다. 사향의 술책에 의해 집을 떠나느라 직접 만나 뵙거나 종이에 하직 인사를 적을 경황이 없었기에 한 일이겠지만 이를 통해 자신의 결백과 억울함, 그리고 미안함 등 복잡한 심정을 전하려고 혈서를 남긴 것이라 볼 수 있다.

4) 개화기의 문서

(1) 문서 사용이 더욱 확대

조선 후기부터 문자 문화의 기반이 점차 확대되어 가면서 개화기에는 문서의 사용이 더욱 확대되고 보편화되었다. 증거로서 문서를 남기는 풍습은 개화기에도 여전하였다. 부동산의 거래와 같은 경우는 계약서를 썼던 것으로 보인다. 《구마검》(126~127)을 보면 묏자리를 거래하는 대목에서 "십오만 냥 어음을 써서 주니, 강씨가 받아 척척 접어 염낭에 넣고 가더니 그 이튿날 **산주의 약조서**約條書**를 받아왔더라**"고 서술한다. 산주가 돈을 받고 써주었다는 약조서는 오늘날의 매매 계약서로 볼 수 있을 것이다.

《화의혈》(379)을 보면 선초에 대한 욕심으로 장성에 내려온 이시찰이 수청을 들라고 요구하자 선초는 수청을 드는 조건으로 이시찰로 하여금 자필 약조서를 써달라고 요구한다. 시찰의 명을 받고 선초를 찾아 온 관리에게 선초는 "저는 세상없어도 갈 수도 없삽고, 그 양반더러 오시라 할 터이면 **그 양반 친필로 단단히 약조서를 받은 후라야** 오시라고 청할 터이야요"라고 주장한다. 이에 관리가 난 모르겠다 하며 자리를 떠나자 선초는 다시 사람을 시찰에게 보내라 하면서 "별 말이 있겠나? 아까 나 하는 말을 자네도 들었거니와 육례 갖추는 혼인 아닌 바에 혼서지婚書紙 여부는 없지마는 다만 **글 한 자라도 이다음 증거될 만한 것**을 하여 보내시기를 바란다고 여쭈어 무엇이라 하던지 내게 곧 와서 알게 하여 주게"라고 말한다. 혼서지까지는 아니더라도 무언가 나중에 증거가 될 만한 것을 글로서 받아 오라는 말이다.

얼마 뒤 선초의 집을 찾은 이시찰은 선초의 요구 사항을 다시 듣고는 "그러면 혼서지 일체로구나. 어렵지 않지. 지필 가져오너라. 네 소원대로 써줄 것이니" 하고는 선초가 보는 앞에서 일필휘지로 서약서를 작성한다. 문서를 선초에게 보여 주며 "이애, 이것 보아라. 이만하면 증거가 되겠느냐?" 하고는 그날 밤 소원대로 선초와 동침하게 된다.

다음 날 아침 돌아가며 이시찰은 꾀를 부린다. 선초에게 "약증서를 아니하였으면 모르거니와 기왕 한 이상에 **도장을 쳐야 확실 증거가 될 터인데** 마침 도장을 아니 넣고 왔구나. 그것을 내가 가지고 가서 도장을 쳐서 곧 내보내 주마"라는 말(384)로 자신이 쓴 서약서를 다시 가져간다. 그 이후 선초는 이제나 저제나 하고 연락이 오기를 기다리지만 한동안 아무런 소식이 없다가 여러 날 뒤에 이시찰은 돈 10원을 넣은 편지를 보내 선초와의 서약을 파기하고 말아 선초를 죽음으로까지 몰고 갔다. 도장을 찍어서 그 증거 능력을 더 높여 주겠다는 빌미로 계약서를 가져가서는 약속을 파기하고 만 것이다. 여기서 도장 찍는 문화가 이때에 존재하였다는 사실도 알 수 있지만 이에 대해서는 뒤에서 자세히 논할 것이다.

죽음을 앞두고 유서를 남기는 문화도 신소설에도 나타났다. 《혈의누》(22)에서 평양에서 전쟁이 벌어져 남편과 딸이 죽은 것으로 생각한 최씨 부인은 대동강 물에 빠져 죽을 결심을 하고는 집 안의 방벽에다 유서를 남긴다. 한편 부산에 살던 최씨 부인의 친정아버지는 난리 소식을 듣고 궁금하여 평양의 딸네 집을 찾아간다. 사람은 아무도 없고 세간도 모두 도둑맞은 듯 황량한 가운데 "벽에 언문 글씨가 있으니, 그 글씨는 김관일 부인의 필적인데, 대동강 물에 빠져 죽으려고 나가던 날의 세상 영결하는 말이라"는 것이다. 죽을 결심을 한 최씨 부인이 황망 중에 종이를 구하지 못하고 방 벽에다 유서를 남겼던 것이다. 이를 본 그 친정아버지는 딸이 죽은 것으로 오해하게 된다.

아마 종이가 귀하던 당시 사정 때문인지 방의 벽에다 글을 남기는 문화는 드물지 않았던 것 같다. 《화의혈》(397)을 보면 기생 선초를 농락한 이시찰은 밤마다 꿈에 선초가 나타나 시달리는데 하루는 꿈에서 깨어 "응, 꿈도 괴상하다"면서 붓을 들어 머리맡 벽에다 두 줄로 "야몽 극흉, 서벽 대길"이라 썼다는 것이다. 밤에 꾼 꿈이 극히 흉한즉 벽에 글을 쓰노니 크게 길하라는 말이다. 글을 통해 현실의 어려움이 극복되기를 기대하는 의도가 여실히 드러난다.

신소설에도 결혼할 때 혼서를 주고받아 혼인의 약조를 증명하던 문화는 여전하였다. 이 혼서지가 신분의 증명으로 사용된 사례도 찾아볼 수 있다. 《화상설》(158)을 보면 주인공 권참판이 벼슬길에 올라 진주로 내려간 사이 첩 평양집의 계략에 못 이겨 집을 나가게 된 유씨 부인은 하녀인 용이 할멈에게 딸 애경을 맡기면서 후에 애경의 아버지를 찾아줄 때 증명할 수 있도록 자신의 혼서지를 넘겨주며 다음과 같은 대화를 주고받는다.

> **유씨 부인** "여보게, 그런데 애경이를 맡아 두었다가 평양집의 거동을 탐지하여 그 애 아버지에게로 보내게. 자네가 그 애를 맡아 기르다가 제 집으로 보내는 경우면 내 자식인 증거가 있어야 될 터이니."
>
> 하면서 옷상자 안에서 큰 장지 한 장을 내놓으며,
>
> **유씨 부인** "이것이 나 **시집올 때 받은 혼서지**婚書紙일세. 이것만 잘 간수하여 두었으면 확실한 증거물이 되네."
>
> **용이 할멈** "혼서지야요? 참, 그렇겠읍니다."

혼인 증거물로 주고받던 혼서지가 자식의 신분 증명으로 사용되는 장면이다. 이 소설에서 주인공 애경은 어미의 뜻대로 아버지에게 간 것이 아니라 청나라에 팔려가면서 기구한 운명을 맞게 되어 이 혼서지가 뜻한 대로 사용되지는 않았다. 하지만 이 부분에서 기록된 문서를 증거로 인정하는 문화가 당시에도 존재했음을 알 수 있다.

이렇게 문서의 의미를 높게 평가하는 문화가 있었기에 기록을 남기는 문화도 상당히 강했다. 《화상설》(212~214)을 보면 본처와 그 자식을 쫓아내고 진주에서 권참판이 새로 얻은 첩 진주집도 죽이는 등 악행을 일삼는 평양댁을 혼내 주기 위해 진주집의 여동생이 평양댁에게 자신이 무당이라고 속이고 접근한다. 모든 걸 굿으로 해결하려 하는 평양댁은 자신의 병을 고치도록 굿을 하려는데, 이에 무당은 "저의 치성 드리고 기도하는 법은 다릅니다. 치성 드리는 이가 이 세상에 나온 후로 털끝만치라도 잘못한 일을 정淨한 백지에다 나란히 써서 회과하는 모양으로 소지를 올려야지 소원이 얼른 성취가 된답니다"라고 말하였다. 굿을 하고 효험을 보기 위해서는 자신의 잘못을 문서로 작성하도록 요구한 것이다. 이 말에 속아 넘어간 평양댁은 자신의 악행을 7가지로 적는데, 이 문서가 증거가 되어 나중에 사법 처리된다.

(2) 도장 문화도 확산

증거와 기록으로서의 문서 사용이 늘어나면서 도장을 찍는 문화도 확산되어 간 것으로 보인다. 앞에서 인용한 《화의혈》 사례에서도 나타난 바와 같이 서약서를 써놓고도 도장을 찍어서 그 약속을 더 확실히 보장하겠다는 말로 선초를 속이고 이시찰은 서약을 물거품으로 만든다. 이 대목에서도 "도장을 쳐야 확실 증거가 될 터"라는 이시찰의 말에 선초가 서약서를 내준 것을 보면 당시 도장을 찍는다는 행위의 사회적 의미를 상당 부분 공감하고 있었던 것으로 받아들일 수 있다.

《빈상설》(18~19)을 보면 첩으로 들어온 기생 출신 평양집이 주인공 서정길에게 "가을살이니 나들이벌이니 하며 의복을 해달라고 졸라서 발기를 한참 잡는" 장면이 나온다. 여기서 발기란 사람이나 물건 이름을 죽 적은 문서를 말한다.[72] 다시 말해 첩이 사달라고 조르는 옷이나 옷감의 목록을 적는 것이다. 이것저것 사달라는 게 많지만 서정길은 못이기는 체하며 다 적고는 "붓을 툭 놓으며 당지* 두루마리를 쭉 찢어들고 염낭**에서 **도장 꺼내더니, 연월**年月 **밑에다 꾹 찍어 주며,** '자, 그대로 다 적었어. 내일 놈이란 놈더러 이것을 동의전 뒷방 백의관 갖다 주고 상품上品으로 들여오라고 일러, 응!" 하고 말하였다. 자신이 구매하고자 하는 물품의 목록을 죽 적고는 그 밑에 연월일과 함께 도장을 찍어 주며 하인에게 다음 날 가서 사오라고 시킨 것이다. 여기서도 구매자의 이름과 연월일 그리고 도장을 찍어 문서의 효력과 신뢰도를 높였음을 알 수 있다.

《추월색》(42)에서는 주인공 정임이 부모 몰래 집을 나와 일본으로 떠나자 부모들은 자식을 잡기 위해 우선 부산 경찰서에 압류를 부탁하는 전보를 보낸다. 정임의 아버지 이시종은 "전보 부칠 돈을 꺼내려고 철궤를 열어 보니, 귀 떨어진 엽전 한푼 아니 남기고 죄다 닥닥 긁어내었는지라, 하릴없이 제 은행 소절수에 도장을 찍어 지갑에 넣더

---

* 당지는 중국에서 만든 종이의 한 종류다.
** 염낭은 아랫부분은 둥글고 위는 모진 모양으로, 아가리에 잔주름을 잡고 두 개의 끈을 좌우로 꿰어서 여닫게 한 작은 주머니를 말한다.

니" 전보 부치고 바로 부산에 내려간다고 집을 나섰다. 여기서 소절수란 은행에 당좌 예금을 가진 사람이 소지인에게 일정한 금액을 줄 것을 은행 따위에 위탁하는 유가 증권을 말한다. 다시 말해 현금이 없자 당좌 수표에 금액을 적고 도장을 찍어 사용하였다는 말이다. 이로부터 우리는 당시에 당좌 수표를 사용하는 문화가 이미 존재하여서 수표 용지에 금액을 적고 도장을 찍어서 사용하였음을 알 수 있다.

한국에 설립된 최초의 근대적 금융 기관은 1878년 개설된 일본 제일은행 부산지점이었다. 이후 외국 은행의 지점 설립이 계속되자 민족 은행의 필요성이 대두되어 1897년에 조선은행, 한성은행, 대한은행이 민족 자본에 의해서 설립되었다. 그러나 이들은 모두 개점한 지 1년도 안 되어 문을 닫고 말았으며 1899년에는 대한천일은행이 설립되었다. 일제강점기에는 1909년 창립된 구한국은행이 1911년 조선은행법에 의해 조선은행으로 개편하여 중앙은행으로서의 역할을 담당하였다.[73] 《추월색》이 발표되던 1912년에는 조선은행이 있었던 때로서 당시 사회에서 수표의 사용도 가능했던 것이다.

지배층이 도장을 사용한 역사는 고대로까지 거슬러 올라간다. 널리 알려진 옥새는 임금이 사용하던 도장으로서 국가의 정체성을 상징하는 중대한 의미를 지녔다. 지배 체제의 유지를 위하여 관인官印이 사용되었지만 관리들도 실제로는 도장을 거의 사용하지 않았던 것으로 보인다. 수결手決(손도장)로 대신하는 경우가 대부분이었다. 하지만 개화기 신소설을 통해서 우리는 이때에 일반 백성들에게까지 도장의 사용이 상당히 확산되었음을 알 수 있다.

(3) 공지 사항도 문서로 전달

개화기에도 관청의 공식적인 통지는 문서로 하였다. 《화의혈》(399~400)을 보면 절개의 기생 선초를 농락하여 죽음에 이르게 만든 이시찰이 결국 잡혀 가는 장면을 다음과 같이 묘사한다.

> 동이 트랴 말랴 하여 창밖에서 난데없는 기침 소리가, '에헴 에헴' 나거늘, 이시찰은 휘휘하고 적적하던 차에 든든한 마음이 나든지 대단히 반가와하며,
> "거기 누가 왔느냐?"
> 기침소리가 그치며
> "예, 영문에서 서간이 있어 왔습니다." (……)
> 영문에서 서간이 왔다는 말을 듣고 한없이 반가와서 의복도 채 입지를 못하고 이불을 두른 채 일어앉으며, 웃간에서 자는 상노놈을 깨와서 문을 열고 편지를 받아들이라 하였더라. 상노가 눈을 부비고 부스시 일어나 문을 막 열고 편지를 받으려 할 즈음에 갓두루마기한 사람이 마루 위로 우쩍우쩍 올라서며 이문 저문 턱턱 가로막아 서더니 큼직한 봉투 하나를 주며,
> "법부 조회로 영감 잡히셨습니다." (……)
> 소세를 한 후 아침밥도 못 먹고 그자들에게 끄들려 영문으로 올라가 그 길로 평리원*으로 압상이 되었더라.

---

* 1899년에 설치된 우리나라 최초의 실질적인 상급법원이다.

불쌍한 기생 선초를 농락하고 사기까지 쳐서 죽게 만든 이시찰에 대해 백성들의 원성이 자자했는데, 관아로부터 요즘의 체포 혹은 구속 영장에 해당하는 문서를 가져 온 관리들에게 잡혀 가는 장면이다. 소설에서 이시찰이 잡혀 간 죄목은 '막중 국세를 중간 환롱한 죄,' 즉 공금횡령죄였다.

(4) 문서로 청첩, 새로운 형태의 문서

문자 문화의 기반이 확대되고 문서 이용이 확산되면서 문서로 하는 새로운 풍습도 등장하였다. 결혼식이나 기타 모임의 경우도 문서를 보내 모임을 알리고 초대하는 행태가 생겨나게 된 것이다.《추월색》(46)을 보면 주인공 영창과 정임의 결혼식에 필요한 여러 가지를 준비해 가는 과정을 그리며 "일변 택일을 하고 일변 잔치를 차리며, 일변은 **친척 · 고우故友에게 청첩을 보내서** 신혼 예식을 거행하는데"라고 묘사했다. 가까이 있는 일가친척뿐만 아니라 멀리 있는 친지들에게도 우편을 통해 청첩장을 보내 결혼식을 알리는 것이 가능해진 것이다.

뿐만 아니라《추월색》(30)에는 여주인공 정임이 일본 유학 시절 모임 안내와 초대를 받는 장면을 "하루는 학교에서 하학하고 여관으로 돌아오니, 어떤 여학도女學徒가 무슨 청첩을 가지고 와서 아무쪼록 오시기를 바란다고 간곡히 말하고 가는데, 그 청첩은 '여학생 일요강습회 창립총회' 청첩"이었다. 학생들 모임의 창립총회에 청첩장을 보내 초대한 것이다. 이 초대장을 받은 주인공 정임은 그 모임에 참석하게 된다. 요즘은 청첩이라 하면 결혼식 초대를 의미하는 것으로 한정되지만 개화기에는 일반적인 모임 초대를 모두 청첩이라 했던 것이다.

이 두 사례에서 전달 수단이 우편이었는지는 확실치 않다. 하지만 우편도 가능해지면서 공간적으로 먼 곳에도 문서를 보내 어떤 사실을 알리고 초대하는 것이 가능해졌다. 전통 시대에는 관혼상제도 대부분 공동체 내에서 함께 치렀지만 근대적 제도와 문물이 도입되면서 사회적 및 공간적 유동성도 확대되어 친지들이 멀리 있는 경우도 늘어나게 되었으며 그 경우에도 우편이나 후술할 전보 등의 수단을 통해서 이러한 사실을 공지하고 공유하는 것이 가능해진 것이다.

(5) 하인도 문자 해독

문자 문화의 기반이 확대되면서 천민들도 문자를 해독하는 사례가 늘어났다. 《치악산》(365~366)에서 주인공 홍참의가 또 송도집이라는 젊은 여인을 후취로 들이려하자 첩 김씨 부인이 하인들과 짜고 계략을 꾸민다. 이 사실을 알게 된 하인 금돌이가 홍참의에게 알려 주는 대목을 다음과 같이 묘사한다.

> **홍참의** "이애 금돌아, 네가 여기까지 온 것이 수상하니, 무슨 할 말이 있거든 은휘* 말고 진작 하여라."
> **금돌이** "예, 지당합소이다."
> 하면서 백지 반 토막에 군두목** 언문으로 가뜩이 쓴 것을 두 손으로 받들어 올리며,
> **금돌이** "소인이 여기까지 대령하온 곡절은 예다가 대강 기록을 하였사오

---

* 은휘는 어떤 일을 말하기 꺼려 숨긴다는 뜻이다
** 군두목軍都目이란 한자의 뜻과는 관계없이 음과 새김을 따서 적는 법을 말한다.

니, 영감마님 처분대로 합시기를 바랍니다."

홍참의가 의심이 더럭 나서 그것을 받아들고 보는데, 송도집도 반절 줄이나 배운 모양이라. 백지 한 편을 붙들고 중얼중얼 뜯어보다가 당장에 얼굴빛이 변하여 앉았고 (……)

하인 금돌이가 김씨 부인의 행적에 대한 일의 진행 과정을 한글로 적어 상전에게 알려 주었다는 것이다. 아마도 김씨 부인의 행실에 대해 직접 말로 하기 어려워 글로 적었을 것이다. 하인 금돌이뿐 아니라 새로 첩으로 들어온 송도댁도 글을 아는 것으로 묘사되었다.

신소설에서는 노비들도 편지를 이용하는 사례도 등장하였다. 《재봉춘》(33)에서 신분을 속이고 결혼한 때문에 허부령의 협박에 돈도 뺏기고 괴로움을 겪던 허씨 부인은 급기야 결혼반지까지 빼앗기고는 시집 식구들에게 들킬까 봐 전전긍긍한다. 이 난국을 하인 계순이가 결정적으로 도와준다. 어느 날 계순이 편지를 한 장 남기고 종적을 감춘다. '마님전 고목告目, 계순'이라고 적어 하인이 윗사람인 마님에게 보내는 편지라고 밝힌 이 편지는 "봉투에 떨어진 눈물 흔적이 그저 마르지도 아니하였으며, 겉봉을 뜯고 보니 급히 쓰느라고 글자가 비뚤비뚤하고 붓끝이 벌벌 떨린 모양인데, 이만 글씨도 들어온 지 삼사 삭 동안에 허씨 부인에게 배운 것"이라 한다. 편지에서 계순은 노모의 병환이 깊어 반지와 패물 몇 가지를 가져간다고 말하였다. 상전의 어려움을 도와주기 위해 자신의 죄로 뒤집어 쓴 것이다. 노비의 신분이 었지만 상전으로부터 몇 달간 배운 한글로 편지를 남긴 것이다.

물론 천민 계층에 문자 해독 능력이 과연 어느 정도나 가능했는지를 알려 주는 자료는 없지만 그리 많지는 않았을 것이다. 하지만 〈독립신문〉 창간 논설에서 '상하귀천이 다 보게 하기' 위하여 국문을 쓴다고 표방한 것을 필두로 당시 전체 국가의 근대 개혁을 위해 국문 사용의 확대가 필요하다는 논의도 많았으며[74] 이에 따라 국문 해독층도 점차 늘었을 것으로 추정할 수 있다. 후술하겠지만 《재봉춘》(15)에도 "복월이와 칠녀도 심심하여 소설책들을 보는데"라는 대목이 나온다. 하녀들이 집에 일이 없는 낮 시간에 심심풀이로 소설책을 본다는 것이다. 이러한 사실들로 볼 때 개화기에는 문자 문화의 기반이 확대되면서 일부 노비층도 국문을 익혀 사용하고 있었음을 알 수 있다.

이렇듯 문서를 사용하는 문화가 확대되었지만 아직도 다수는 문맹을 벗어나지 못했을 것이다. 이들을 도와서 문서 사용을 가능하게 하려는 사회적 장치도 등장하였다. 바로 대서소의 등장이다. 《빈상설》(60)을 보면 못된 평양집의 온갖 악행을 징벌하려 나선 본처 이씨 부인의 동생 이승학은 우연히 만난 상인으로부터 자백을 받아 낸다. 그 상인이 평양집의 음모를 도와주었다는 것으로서 승학은 상인을 설득하여 재판에서 자백하겠다는 결심을 이끌어 낸다. 이에 상인은 "이 길로 소송지訴訟紙나 너덧 장 사 가지고* 대서소로 가겠습니다"라고 말한다. 여기서 대서소란 문자를 모르는 사람을 대신하여 행정과 사법 절차에 필요한 서식이나 문서를 대신 작성해 주고 돈을 받는 곳을 말한다. 근대적 행정과 사법 제도가 도입, 시행되면서 나타난 새로운 현상이다. 근대적 제도를 이용하려면 문서화가 필수적으로 요구되는데 이를 수행할 수 없는 문맹층들을 위한 시스템이라 할 수 있다. 1970년

---

* 이 표현으로부터 당시 소송에 필요한 양식도 유료로 판매되었음을 알 수 있다. 이와 관련한 객관적 사실은 현재 확인하기 어렵지만 아마도 종이가 워낙 귀하고 그 사용 빈도도 많지 않았기 때문에 유료로 했을 것으로 추정할 수 있다.

대 중반까지만 하더라도 동사무소나 구청, 시청 등 각급 행정 기관 근처에 이 대서소들이 많았으나 1976년부터 행정서사법이 발효되면서 그 역할이 행정서사로 넘어가게 되었다. 이러한 제도적 변화 외에도 의무 교육의 실시 등으로 문맹층이 점차 사라져 서류의 대리 작성 역할은 거의 필요 없게 되면서 대서소는 점차 사라지게 되었다.

3. "안방에서는 책 보는 소리가 들리더라": 책

1) 교육과 교양으로서 그리고 생활로서의 독서

조선 시대에도 책은 중요한 정보의 원천이었다. 물론 문자 해독층에 한정되기는 하였지만 책 읽는 것은 교육의 과정으로서 그리고 여가 생활의 일부로서 중요시되었다. 당시의 독서라고 하면 소리 내어 읽는 낭독이 기본이었으며 의관을 정제하고 바른 자세로 마치 의례를 치르는 것처럼 책을 읽었다. 《소현성록》을 보면 주인공이 책 읽는 장면이 여러 번 등장한다. 후처를 새로 들이라고 권하는 서모에게 사양한다는 뜻을 밝힌 주인공 소경은 "말을 마치고 조용히 단정하게 바로 앉아 《논어》를 펼쳤다. 여운을 길게 남기며 읽어 나가는데, 맑은 목소리가 낭랑해서 단혈丹穴*에서 봉황이 우는 듯하였다"고 묘사한다. 단정하게 바른 자세로 앉아 낭랑한 목소리로 책을 읽어 나갔다는 것이다.

---

* 단사丹砂가 나는 굴로 중국에서 남쪽의 태양 바로 밑이라고 여기던 곳이다. 단혈의 봉황을 단혈봉이라 한다(《소현성록》, p.87 각주 참조). 여기서 단사란 수은과 황의 화합으로 만들어진 광물을 말한다.

성장하여 상서의 지위에 오른 뒤에도 소경은 밤에 책을 읽는 경우가 많았다. 어느 날 밤 그의 부인이 "외당으로 나오니, 인적이 드문데 비단 창문에 촛불 그림자가 휘황하고 상서가 글을 읽는 소리가 났다. 가만히 엿보니, 상서가 의관을 바르게 쓰고 옷의 띠를 풀지 않고 책상을 대하여 책을 보고 있었다"는 것이다(《소현성록》, 232~233). 이 사례들에서 보는 바와 같이 책을 읽는다는 것은 의관을 정제하고 바른 자세에서 크게 소리 내어 낭독하였음을 알 수 있다. 《홍길동전》(27)에서도 홍길동이 깊은 밤에 "촛불을 밝혀 놓고 주역을 골똘히 읽고 있는데"라고 하여 밤에 촛불 아래에서 《주역》을 읽고 있는 장면이 등장한다.

조선 시대 선비들의 삶에서 독서는 단순히 교양의 수준을 너머 생활 그 자체였다고 해도 될 정도였다. 《소현성록》(69)은 주인공 소경의 하루 일상을 "새벽 북이 울리면 일어나 세수하고 아침 문안을 드리고 대궐에 가서 조회에 참석한 후 어머니께 하루 세 때 문안하고 서당으로 가서 향을 피우고 옷매무새를 바르게 하여 **종일토록 단정하게 앉아 사서를 공부하고 예법을 연구**"하였다는 것이다. 또한 부인과의 관계를 언급하면서 "한 달에 열흘은 침소에 들어가고 **이십일은 서당에서 글 읽기에 힘썼다**"고 묘사하였다. 대궐의 조회에 참석한 후에는 집에 돌아와 하루 종일, 그리고 한 달에 20일은 밤늦도록 책 읽기에 힘썼다는 것이다. 같은 소설(348)에서도 주인공 소경의 생활을 "본부에 나아가 정사를 다스리고 난 여가에는 글을 놓지 않았는데"라고 하여 시간 날 때면 항상 책과 함께하였음을 말해 준다.

조선 시대 선비들의 일상이 거의 독서로 시작해서 독서로 끝났다는 사실은 여러 선비들이 남긴 기록을 통해서도 확인된다. 조선 후기의 실학자 이덕무李德懋(1741~1793)는 《이목구심서耳目口心書》라는 책에서 "선비가 한가로이 지내며 일이 없을 때 책을 읽지 않는다면 다시 무엇을 하겠는가? 그렇지 않게 되면 작게는 쿨쿨 잠자거나 바둑과 장기를 두게 되고, 크게는 남을 비방하거나 재물과 여색에 힘쏟게 된다. 아아! 나는 무엇을 할까? 책을 읽을 뿐이다"라고 말하였다.

조선 후기의 문인 남극관南克寬(1689~1714)도 일기 《단거일기端居日記》에 거의 매일 다른 책을 읽고 중요한 부분을 메모하고 또 자신의 생각을 덧붙여 기록해 두었다. 일기에서 그는 "내가 눈병과 가슴앓이를 앓으면서도 능히 생각하기를 그만두거나 서책을 버릴 수가 없어 마침내 날마다 일삼은 바를 기록한다"고 적었다.[75] 매일매일 책을 읽었으며 심지어 눈병으로 고생하면서도 책을 놓지 않았던 게 조선 시대 선비들의 일상적 삶이었다고 볼 수 있다.

2) 책 읽는 소리

조선 시대의 책 읽기는 앞에서 제시한 사례들에서도 나타나지만 전부 낭독이었다. 이는 어느 나라를 막론하고 구두 커뮤니케이션의 시대에는 공통적인 현상이었다. 인쇄 미디어 시대에 접어들어 그 보급이 확대되면서 점차 소리 내지 않고 읽는 묵독의 방법이 확립되어 갔다. 구두 커뮤니케이션 시대의 사람들은 소리 내지 않고 읽는 것을 할 줄 몰랐다. 아주 드물게 책을 소리 내지 않고 눈으로만 읽어낼 수 있는 사람은 경이의 대상이었다. 로마 시대의 신학자인 성 아우구스티누스는 '로마에 가면 로마법을 따르라'는 유명한 말을 남긴 성 암브로시우스에 대해 언급하면서 다음과 같은 말을 남겼다. "놀라운 일이다…… 그가 읽어 내려가는 동안 그의 눈은 글줄을 따라 흘러갔으며, 그의 마음은 의미를 충분히 파악하면서도 그의 목소리와 혀는 쉬고 있었던 것이다."[76] 소리 내지 않고 눈으로만 읽어 나가는 모습은 '놀라운 일'이라고 감탄하고 있는 것이다. 그만큼 낭독이 보편적이었으며 묵독은 거의 사용되지 않았다고 할 수 있다.

조선 시대 양반집 자제들은 어린 나이에 서당에 가서 글을 배웠다. 서당의 교육 방법은 주로 이미 배운 글을 소리 높이 읽고, 그 뜻을 질의 응답하는 방식으로 이우러졌다. 이를 강講이라 하는데 이 강에는 교재를 보면서 읽는 면강面講과 외운 내용을 암송하는 배강背講이 있다. 이렇게 읽어 나가면서 읽은 횟수를 세었는데 보통 1회의 독서량은 100독이었다고 한다. 또한 밤에 책을 읽는 야독夜讀을 장려하여 밤늦도록 등불 아래서 글을 읽는 소리가 마을에 퍼져 나갔다.[77]

늦은 밤에 소리 내어 책을 낭독하는 소리는 공간을 타고 퍼져 나가 다른 집까지 들릴 수밖에 없었다. 늦은 밤 책을 읽는 것은 대부분 젊은 남자들이었기 때문에 그 소리는 이웃집 처녀들의 가슴을 설레게 만들기도 하였다. 조선 초기의 학자였던 정인지鄭麟趾(1396~1478)의 책 읽는 소리에 옆집 처녀가 반하고 말았다. 그 처녀는 담 사이로 엿보며 흠모의 정을 품게 되어 어느 날 밤 담을 넘어 정인지의 방에 뛰어들기까지 하였다고 한다. 야단치고 달래도 막무가내라 정인지는 날이 밝으면 어머니에게 말씀드려 정식으로 혼인 절차를 밟겠노라고 달래서야 보낼 수 있었다. 다음날 어머니에게 이 일을 이야기하고는 이사를 가버렸고, 남은 처녀는 상사병으로 죽었다고 한다.

조선 중기의 문신으로 유명한 조광조趙光祖(1482~1519)도 책 읽는 소리에 반한 처녀가 담을 넘었으나 그는 회초리로 종아리를 때려

16. 서당에서 글을 배우고 있는 아이들의 모습이다. 기산 김준근의 그림.

출처: 국립민속박물관

돌려보냈다. 그 처녀는 결국 다른 사람에게 시집을 갔으며 훗날 기묘
사화 때 그 남편이 조광조를 해치려 하자 그녀는 자신의 과거 일을 이
야기하며 조광조를 해치지 못하게 하였다고 한다. 이 외에도 심수경,
김안국, 상진 등에게도 책 읽는 소리 때문에 빚어진 비슷한 이야기들
이 전한다.[78]

3) 여가 선용으로서의 독서

이처럼 교육과 수양을 위한 목적 외에도 여가 선용으로도 독서가 자
주 활용되었다. 《배비장전》(67~68)을 보면 주인공 배비장이 기생 애
랑에게 마음을 빼앗겼으나 접근할 좋은 방도가 떠오르지 않아 밤에
뒤척이느라 잠을 못 이루자 방자에게 책을 가져 오라 하여 옛날이야
기 책을 읽는 장면이 나온다.

> 배비장 무료하여 하는 말이
> "할 일 없다. 그러면 잠 아니 오니 고담古談이나 좀 얻어 오너라."
> "그 일이야 용이하지요."
> 하고, 각항 소설을 한 짐 가량이나 갖다 놓으니, 배비장 한 권씩 뽑아 들
> 고, 옛날 춘향의 낭군 이도령이 춘향 생각하며 글 읽듯 하것다. 삼국지, 수
> 호지, 구운몽, 서유기 책 제목만 잠깐씩 보고, 숙향전 반중둥* 딱 젖히고
> "숙향아, 불쌍하다. 그 모친이 이별할 때, 아가 아가 잘 있거라. 배 고프면
> 밥을 먹고 목마르면 물마시고, 수포동 록림간에 목욕하든 그 여자 가는

---

* 반중둥은 중간쯤이라는 뜻, 상푸둥은 이상하다 하였더니 과연이라는 뜻이다(신해진, 1999,
《배비장전》, p.293 각주 참조).

허리 얼싸 안고 마음대로 놀아 볼가."

방자놈 옆에 있다 하는 말이

"나는 그 책이 숙향전으로 알았더니 상푸등 수포동전水布洞傳이로구려."

딱히 독서에 뜻이 있는 것이 아니라 잠을 못 이루자 시간을 때우며 잠을 청하기 위해《숙향전》을 아무 데나 읽다가 또 다른 소설로 넘어가는 식으로 책을 건성으로 들쳐보고 있는 것이다. 책을 가져 오라는 배비장의 심부름에 '그 일이야 쉽다'는 방자의 말로부터 당시 양반 집에는 책이 다수 갖추어져 있었음을 알 수 있다. 교양을 위한 경서뿐만 아니라 이러한 소설들도 집에 갖추고 있었던 것이다.

위의 예에서 방자가 가져 온 책들은 오늘날 우리에게도 널리 알려진 고전들이다. 조선 시대의 선비들이 생활 속에서 항상 책을 가까이 하였지만 그들이 읽은 책의 종류는 그리 다양하지는 못했다. 일찍이 중국 당나라의 시인 두보杜甫(712~770)는 "남자는 모름지기 다섯 수레의 책을 읽어야 한다男兒須讀伍車書"라고 말하였다. 이 말은 오늘날에도 독서의 중요성을 강조할 때마다 즐겨 인용된다. 다섯 수레라는 것이 어느 정도, 즉 몇 권 정도가 될지는 가늠하기 어렵지만 두보가 살았던 시절에는 수레에 따라 다르기는 하겠지만 웬만한 수레 다섯이면 당시에 존재하던 거의 모든 책이 포괄될 수 있었을 것이다.[79]

조선 시대의 책 목록을 정리한 책이 2종 남아 있다. 명종 9년인 1554년 간행되어 전기의 서책 상황을 알려 주는《고사촬요攷事撮要》의 팔도책판목록에는 중앙 관서의 책들이 누락되기는 하였지만 총 985종 정도가 기록되어 있다. 정조 때인 1796년에 서유구가 중앙 및 지방 관서의 판본들을 종합 수록하여 완성한《누판고鏤板考》에는 해 인사 대장경판을 제외하고 600여 종이 기록되어 있다.[80] 물론 이 목록들이 완성도는 높지 않겠지만 당시 책들의 종류가 어느 정도였는지를 가늠할 수 있게 해 준다.

이러한 상황에서 선비들의 독서는 대부분 반복적인 것이었다. 경서를 중심으로 읽은 책을 다시 반복해서 읽었다는 말이다. 조선 후기의 학자 임성주任聖周(1711~1788)는 자신의 독서 생활을 다음과 같이 기록하였다.[81]

새벽에 잠 깨면 《논어》 본문 한 편을 묵묵히 외운다. 아침에 일어나 다시 앞서 외운 《논어》 가운데 의심나는 곳을 찬찬히 살핀다. 세수하고 머리 빗은 뒤에 《주역》, 《계사繫辭》를 한 장 또는 두세 장씩 힘닿는 대로 읽는데, 30번씩 읽는다. 밥 먹은 뒤에는 《주자대전朱子大全》과 《주자대전차의朱子大全箚疑》, 그리고 《고증초고考證草藁》를 자세히 따져가며 읽고, 몇 장씩 베껴 쓴다. 피곤하면 눈을 감고 고요히 앉아 있는다. 어떤 때는 《남헌집南軒集》을 몇 장 뒤적여본다. 아침 식사 전에 읽은 횟수가 30번을 못 채웠으면, 추가로 읽어 숫자를 채운다. 저녁밥을 먹은 뒤에는 등불을 밝혀놓고 《계사》를 10번씩 줄줄 읽는다. 또 매일 밤 지금까지 읽은 것을 한데 합쳐 외우고, 날마다 읽은 것을 되풀이해서 음미한다.

새벽에 눈뜨자마자 시작해서 밤 늦게까지 책을 손에서 놓지 않았으며 반복적으로 그것도 30번씩 읽었다는 것이다. 조선 후기의 시인이며 최고의 다독가로 알려진 김득신金得臣(1604~1684)이 남긴 《고문36수독수기古文三十六首讀數記》라는 책에 의하면 36종의 책을 자신이 읽은 횟수를 기록하고 있는데, 작게는 1만 2000번에서부터 많게는

《백이전伯夷傳》을 1억 1만 1000번을 읽었다는 것이다. 이것이 전부가 아니라 1만 번을 넘지 못한 《장자》나 《사기》, 《대학》, 《중용》은 여기에 포함하지 않았다는 것이다.[82] 이 숫자를 그대로 받아들이기는 어렵겠 지만 특정의 텍스트를 끊임없이 반복해서 읽었던 것만은 분명한 사실 이었을 것이다.

그러다 보니 웬만한 책들의 내용은 송두리째 외울 수 있게 되었 을 것이다. 김득신의 사례에서 《장자》나 《사기》, 《대학》, 《중용》 같은 경서들을 읽은 횟수가 오히려 적었던 것은 이미 이 책들은 전부 다 외 웠기 때문이었을 것이다. 인쇄 미디어 이전 시대의 사람들은 기억력 이 매우 뛰어났던 것으로 알려졌다. 기록하고 메모하기가 불가능하거 나 어렵고 불편하다 보니 외우는 것이 가장 효과적이고 손쉬운 방법 이었던 것이다. 더구나 당시의 텍스트들은 대부분 운율에 따르는 운 문의 형태여서 외우기에도 수월하였다.

웬만한 책들은 익히 외우고 있기 때문에 《춘향전》(261)을 보면 이 몽룡이 방자와 함께 《천자문》의 내용을 대구對句로 주고받는 장면이 나온다. 춘향이를 처음 보고 집에 돌아온 이몽룡이 춘향 생각에 경서 를 읽어도 눈에 들어오지 않자 글자가 제대로 읽히지도 않는다. 이를 "하늘 천天자 큰 대大되고 따 지地자 못 지池되고 눈 목目자 날 일日되 고 이 시是자 발 족足되고 가슴 흉胸자 썩 변하여 등 배背되고" 하는 식으로 읽는다는 것이다. 제대로 글이 읽히지 않는다는 것이다. 이에 이몽룡은 방자보고 《천자문》을 가져오라고 시킨다. 방자가 이미 다 통달한 《천자문》은 무엇 하러 읽느냐고 반문하자 몽룡이 "장장춘일에 그저 있기 심심답답하여 천자새금 읊으며는 날 보내기 제일이다"라 고 대답한다. 기나긴 봄날 심심할 때는 《천자문》 읊는 게 시간 보내기 제일 좋다는 말이다. 이몽룡과 방자는 《천자문》의 구절에 적절한 수식구를 운율에 맞추어 붙여 가면서 "고성으로 창독"하며 서로 주고받는다. 무료하고 심심한 시간을 때우기에 책을 소리 내어 읽는 것이 좋은 방법이었던 것이다.

책 읽는 것은 남자들뿐만 아니라 여자들도 즐긴 것으로 나타났다. 《소현성록》(251)을 보면 주인공의 첩 석씨 부인이 책을 읽는 장면이 나온다. 술에 취해 석씨 부인과 함께 동침한 주인공 소경은 "삼경이 지난 후, 상서가 스스로 깨어 보니 (……) 서쪽 벽 아래에 한 미인이 옅은 화장에 흰 옷을 입고 비녀를 빼고 책상에 비껴 앉아 책을 보고 있었는데 다시 보니 석부인이었다"는 것이다. 하나의 사례에 불과하지만 양반집의 여성들은 문자 해독 능력을 갖추어 책을 읽을 수 있는 경우가 많았을 것이다. 이들에게도 책 읽기는 좋은 교양이자 여가의 수단이었을 것이다.

4) 개화기의 책

(1) 교육과 여가로서의 책 읽기

개화기에도 책은 교육과 여가의 수단으로 여전히 활용도가 높았다. 양반집에는 상당한 양의 책을 소장하면서 여러 용도로 읽곤 하였던 것으로 보인다. 《화의혈》(395)을 보면 주인공 선초의 아버지 최호방의 집을 묘사하면서 "탁자 위 만권 서책에는 먼지가 켜로 앉았는데 이 갈피 저 갈피 질러둔 표지는 저 읽던 흔적이 완연"하다는 대목이 보인다. 집 안에 많은 책을 소장하면서 이 책 저 책 반복적으로 읽으며 여기저기에 책갈피를 끼워 두었다는 것이다. 이러한 양반들의 일반적 독서 행태가 개화기에도 변함없었다고 할 수 있다. 《치악산》(282)에서 홍참의와 아들 홍철식, 즉 양반집 부자간에 대화하는 중에 개화 서적 《해국도지》를 보는 아들을 못마땅하게 여긴 아버지가 "책을 보려 하면 우리 집에도 볼 만한 책이 그득"한데 왜 엉뚱한 책을 읽느냐고 핀잔을 준다. 여기서도 양반집에 책이 많았다는 사실을 알 수 있다.

문자를 해독하는 양반들의 취미 생활로 빈번하게 등장하는 것이 책 읽기였다. 특히 신소설에서는 여성들의 책 읽기가 여러 차례 등장하였다. 《재봉춘》(45)을 보면 식구들 몰래 친정에 편지를 보내려는 허씨 부인이 집안의 동정을 살펴보니 "사랑에서는 이참서가 친구와 바둑을 두는 모양이오, 안방에서는 시어머니 혼자 언문책을 보는 모양이라"고 묘사한다. 이 소설에서 시어머니는 책을 즐겨 읽는 것으로 등장하였다. 그 얼마 뒤에도 "사랑에서는 이야기 소리에 귀가 어지럽고, 안방에서는 책 보는 소리가 들리더라"라는 대목이 나온다(48). 안방에 거하는 시어머니의 책 읽는 소리가 들렸다는 말이다.

《혈의누》(35)에서는 주인공 옥련의 양모인 일본인 이노우에 부인이 남편 사망 후 외로움을 달래려고 소설책을 읽는 장면을 "그날 밤에 부인은 과부 설움으로 잠이 들지 못하여 누웠다가 일어나서 껐던 불을 다시 켜고 소설 한 권을 보다가 그 책을 놓고 우두커니 앉아서 무슨 생각을 하는 모양이라"고 묘사한다. 《혈의누》(47)의 주인공 옥련이도 책 읽기에 몰두하는 장면이 나온다. "옥련이가 부모 생각은 아주 단념하기로 작정하고 제 신세는 운수 되어가는 대로 두고 보리라 하고 정신을 가다듬어서 공부하던 책을 내어놓고 마음을 붙이니, 이삼일 지낸 후에는 다시 서책에 착미着味가 되었더라." 기구한 자신의 운명을 잊고 공부하기로 작정하고 책을 읽기 시작하였다는 말이다.

《재봉춘》(15)에서는 하인들도 책을 읽는 장면이 등장하였다. 하인들이 한가한 때에 소설을 읽고 무료함을 달랜다는 것을 "복월이와 칠녀도 심심하여 소설책들을 보는데"라고 표현한다. 이렇듯 개화기에는 한글 책 읽기가 여성들의 취미 생활로 자리하고 있음을 알 수 있다. 이는 앞에서 편지에 관한 설명에서 하인들도 편지와 문서를 쓰는 사례가 생겨난 사실과 함께 문자 보급이 확대되면서 가능했던 것으로 보인다.

(2) 책 읽는 소리

'하루라도 책을 읽지 않으면 입 안에 가시가 돋는다—日不讀書 口中生荊棘.' 대부분의 사람들이 이 말을 들어 본 적이 있을 것이다. 이는 안중근 의사(1879~1910)가 즐겨 하던 말로서 여순 감옥에서 글씨로도 남겼다. 이 말도 독서의 중요성을 강조하는 말로서, 또 안중근 의사의 인품을 보여 주는 말로 널리 인용되고 있다. 그런데 이상한 것은 책을 안 읽는다고 왜 입에 가시가 돋을까 하는 점이다. 오늘날의 독서는 특별한 경우를 제외하고는 소리 내지 않고 읽는 묵독이 보편적이다. 책은 눈으로 읽어 나가면 되는데, 입에 가시가 돋는 것은 아무 상관없는 것 아닌가? 안중근 의사가 살았던 시절까지만 하더라도 책을 읽는다는 것은 기본적으로 낭독이었다. 문장을 크게 소리 내어 읽었던 것이다. 그러던 것이 인쇄 미디어가 보편화되면서 사람들은 혼자서 소리 내지 않고 책을 읽어가는 형태가 확산되기 시작한 것이다. 전술한 대로 조선 시대의 책 읽기는 모두 낭독이었다.

개화기에도 책 읽기는 여전히 낭독이 대부분이었다. 앞서 인용한 《재봉춘》(48)에서 집안의 광경을 묘사하며 "안방에서는 책 보는 소리가 들리더라"는 대목이 나온다. '책 보는 소리'라는 표현은 책을 낭독하였음을 말해 준다. 인쇄 미디어가 확산되어 가면서 소리 내지 않고 읽는 묵독이 나타나서 확산, 정착하게 된다. 마에다 아이前田愛는 이러한 낭독에서 묵독으로의 전환이 근대적 독자 탄생의 핵심을 이루는 것으로 평가하였다.[83] 그러나 개화기 한국 사회는 인쇄 미디어가 아직 보편화되지는 못하여 소리 내어 책을 읽는 관행이 남아 있었던 것으로 볼 수 있다. 한국보다 인쇄 미디어의 도입과 보급에서 앞선 일본의 경우도 나가미네 시게토시永嶺重敏의 연구(2005/2010)에 의하면 묵독과 낭독이 공존하다가 도서관이나 열차와 같은 공공장소에서의 독서가 늘어나면서 묵독이 점차 확대되며 보편화된다는 것이다. 나가미네에 의하면 메이지 40년대, 즉 1907년 이후에 들어서면서 낭독이 시대에 뒤떨어진 방법이 되고 묵독이 점차 보편화되어 간다는 것이다.[84] 일본의 경우를 비추어 볼 때 이 책의 분석 대상 신소설들이 발표된 한국의 1910년 전후는 아직 묵독이 확산되기 이전으로서 낭독이 여전히 주류를 이루던 시기라고 볼 수 있을 것이다.

(3) 위정척사와 개화의 갈등, 그리고 책

개화기의 책과 관련하여 특기할 만한 점은 당시 사회의 개화에 대해 개화파와 위정척사파로 양대 세력이 갈렸듯이, 개인적 차원에서도 개화 서적을 둘러싼 견해와 입장의 차이가 드러난다는 점이다. 《치악산》(282~283)에서 주인공 백돌과 아버지 홍참의가 다음과 같은 대화를 나눈다.

"이애 백돌아, 너는 요새 글 한 자 아니 읽고 왜 편편히 노느냐?"

"요새는 좀 보는 책이 있읍니다."

"응, 보는 책이 무엇이란 말이냐. 쓸데없는 책 보지 말고 다만 한 자를 보더라도 경서를 읽어라. 그래, 네 소위 본다는 책은 무엇이냐?"

"해국도지를 얻어다가 봅니다."

"해국도지, 해국도지, 해국도지가 무엇이냐. 책을 보려 하면 우리 집에도 볼 만한 책이 그득한데, 해국도지를 빌려다가 본단 말이냐. 이애, 너도 개화하고 싶으냐. 어, 저 자식이 서울 몇 번을 갔다 오더니 사람 버리겠구."

(……)

"이애 백돌아, 집안에 못된 책 얻어 들이지 말고 오늘부터 맹자를 읽든지 논어를 읽든지 하여라."

개화에 관심을 갖고 《해국도지》를 읽는 아들을 못마땅하게 여겨 그 아버지가 나무라면서 '못된 책' 읽지 말고 경서를 읽으라고 권하는 장면이다. 《해국도지》는 청나라의 위원魏源이 아편전쟁 패배를 계기로 저술한 책으로서 세계 각국의 지리와 역사를 비롯해서 서양 문명의 다양한 측면을 정리, 소개하여 개화파들에게 서구에 대한 지식과 정보를 제공해 주는 데 커다란 역할을 하였다.[85] 이러한 책이 소설에도 등장하면서 한 집안의 부자간에도 개화에 대한 입장의 차이를 드러내며 갈등의 요인이 되었음을 보여 준다.

4. "노래하는 아이들은 무슨 의미인지 모르고": 그림과 노래, 신표

1) 그리움을 달래려: 그림

그림은 원래 문자가 발명되기 이전의 원시 고대부터 인간의 커뮤니케이션을 위한 주요 수단으로 사용되었다. 특정 사물의 형상을 그대로 묘사한 것들이 동굴의 벽화 등으로 아직까지 남아 있다. 일반적으로 이러한 그림이 더욱 추상화, 간결화되면서 문자로 발전하였다고 본다. 조선 시대에는 특정 인물에 대한 그리움을 달랠 대체물로 그림, 즉 초상화가 이용되었다. 멀리 떨어져 있거나 사망하여 직접 볼 수 없는 사람의 초상화를 걸어 놓고 그리움을 달래는 장면들이 소설에 여러 차례 등장하였다. 어린 나이에 아버지를 여의어 그 얼굴을 기억 못하는 《소현성록》의 주인공 소경은 승상 위공의 아버지가 자기 아버지의 초상을 그린 것을 보고는 눈물까지 흘리며 감격한다. 이를 본 위공이 그림을 가져가서 걸어 두고 보라고 말한다(349~353). 아버지의 초상화를 얻게 된 소경과 그의 가족들이 함께 감격해하는 장면을 소설은 다음과 같이 묘사한다.

> 양부인이 눈을 들어 보니 벽에 족자 하나가 걸려 있어, 문득 놀라고 슬픔이 터져 나와 물었다.
> "저것이 어떻게 저리 선군先君의 얼굴과 똑같으냐? 누구의 그림이냐?"
> 참정이 겨우 마음을 진정하여 가슴의 슬픔을 진정하고 일의 수말을 고하니, 양부인이 자기도 모르는 사이에 정신을 잃을 정도로 통곡하였고 소

씨도 울었다. 화씨, 석씨 등도 감동하여 모두 눈물을 흘렸으며, 이파와 석파도 새삼스레 통곡하였다. (……)

"이 그림이 터럭 하나라도 다르지 않아, 마치 네 부친이 말을 않고 앉아 있는 듯하다. 오늘에야 네가 비로소 아버지의 얼굴을 보니, 위공의 은혜는 갚기가 어렵구나." (……)

"누이는 오히려 아버님의 얼굴을 기억하시겠지만, 저는 아득한 일이기에 위공이 화상을 가지고 있다는 것을 듣고 바삐 가서 모셔 왔습니다. 그런데 이는 한갓 형겊 속의 그림일 뿐 한마디 음성도 듣지 못하니 천하에 저의 사정과 같은 사람이 어디에 있겠습니까?"

소씨가 탄식하며 말하였다.

"설마 어떻게 하겠느냐? 오늘 **똑같은 모습을 뵈었으니 이것으로 마음을 가라앉혀라.**"

참정이 비록 모친 앞에서 시원스럽게 말을 하기는 했지만 효자의 지극한 정성으로 어찌 마음이 편하겠는가? 자연히 마음이 슬퍼져 눈물을 참지 못하고 식음을 폐한 지 예니레가 되자 모습이 수척해졌다. 양부인이 알고 친히 서당에 이르러 보시니, 참정이 웃옷을 입고 화상을 향하여 꿇어앉아 눈물만 흘리고 정신을 놓은 듯하였다. 양부인이 매우 의아해 하며 문을 열고 책망하였다. (……)

"이 그림은 네 부친 얼굴이니 무례하게 벽에 걸어두고 예의 없이 볼 것이 아니다. 빨리 사당에 받들어 안치하여라."

참정이 다만 사죄하고 나서 아뢰었다.

"저도 사당에 받들어 모시고자 하였지만 그 비슷함을 보니 차마 쉽게 감추지 못하겠습니다. 잠깐 며칠만 지체하여 머물러 두어 모신 후에 봉안하겠습니다."

17. 조선 후기 무신 민광승의 초상화. 민광
승은 정조 때 경상우도병마절도사를 지냈
다.　　　　　출처: 국립민속박물관

　　생전 처음으로 아버지의 얼굴을 본 주인공 소경과 돌아가신 분이
마치 살아 돌아온 듯한 그림을 본 가족들이 모두 통곡을 하며 기쁘면
서도 슬퍼한다. 특히 주인공 소경은 6~7일간 식음을 전폐하고 그림
앞에 꿇어 앉아 있자 그 어머니가 걱정이 되어 사당에 모시라고 말할
정도였다. 이 장면에서 우리는 당시 사람들이 그림을 대하는 태도를
엿볼 수 있다. 주인공의 말대로 '한갓 헝겊 속의 그림일 뿐'이지만 마
치 인격을 갖춘 사람처럼, '말을 않고 앉아 있는 사람처럼' 대하여 그
앞에서 절을 하면서 오랜만에 뵙는 것처럼 감격스러워한다.

　　《숙향전》(264)에도 숙향이 죽었다는 소식을 듣고 숙향을 못내 그
리워하는 승상 부부가 어렵게 숙향의 초상을 구하여 이를 대하는 모

습을 다음과 같이 묘사한다.

부인이 더욱 슬픈 마음을 이기지 못하여 실성통곡하며 숙향의 화월花月 같은 얼굴과 미옥美玉 같은 음성이 이목에 어리었으니 잊을 길이 없어 식음을 전폐하고 주야 슬퍼하는지라, 승상이 근심하여
"그림 잘 그리는 화원畫員을 얻어 오라."
한 대, 장원 왈,
"숙향이 십 세 전에 소질을 업고 수정水亭에 가 구경하옵더니 장사 땅에 있는 조적이라 하는 사람이 숙향의 얼굴을 보고 왈, '내 경국지색傾國之色을 많이 보았으되 이 처자 같은 이는 보지 못하였노라' 하고 숙향을 그려 갔사오니 조적에게 구하옵시면 좋을까 하나이다."
승상이 그 말을 듣고 장원을 조적에게 보내어 구하니 조적 왈,
"그 화상을 벌써 팔았나이다."
하거늘, 장원이 돌아와 그 말대로 고한대, 승상이 즉시 황금 백냥을 주어,
"물러오라."
하니, 조적이 금을 받고 그림을 찾다 올리거늘, 승상 양위 받아 보매 진실로 숙향이 돌아온 듯하여 화상을 안고 통곡함을 마지아니하며 침방에 걸어 두고 조석으로 식상을 놓고 슬퍼하더라.

화가를 불러 그림을 그리게 하려 했으나 이미 그린 자가 있다는 말을 듣고 황금 백 냥이라는 거금을 주고 숙향의 그림을 구해서는 마치 사람이 살아 돌아온 것처럼 안고 통곡하더니 아침저녁으로 상을 올리며 슬퍼하였다는 것이다. 여기서도 그림을 마치 사람이 환생한 것으로 여기고 있음을 알 수 있다.

가족에 대한 그리움을 달래 줄 그림이 없거나 그려 줄 사람도 없을 경우에는 가족에 대한 글을 지으면서 그리움을 달랬던 것 같다. 《소현성록》(284)을 보면 먼 곳에 홀로 부임한 주인공 소경이 어느 날 가족을 그리워하는 장면을 다음과 같이 묘사하였다.

석양에 수레를 돌려 부중府中에 이르러 촛불을 대하니 더욱 마음을 붙일 곳이 없었고, 또 어머니를 우러러 뵐 날이 얼마 없다고 생각하였다. 창문을 열고 달빛을 우러러 어머니인 듯 반겼는데, 갑자기 어린 아들이 자란 것을 보고 싶은 마음이 생기고 또 두 서모와 소·윤 두 누이를 잊지 못하여 글을 지어 회포를 위로하였다.

어머니와 아들, 그리고 서모와 누이 등 가족들이 보고 싶어 글로써 위안을 삼았다는 말이다. 그림이 그다지 흔치 않았고, 그림을 그릴 사람도 찾기 어려운 당시 상황에서 아마도 이 방법이 더 많이 사용된 것으로 볼 수 있다.

《심청전》(236~237)에서는 심청이 인당수로 향하기 전 자신을 어여삐 여겨 수양딸 삼고 싶어 했던 장승상 댁에 하직 인사를 하러 가서 "부인은 전생의 나의 부모라 어느 날에 다시 모시겠습니까? 글 한 수를 지어 정을 표하오니 보시면 증험하오리다" 하자 부인이 반기며 지필묵을 내 왔다. 심청이 "붓을 들고 글을 쓸 때 눈물이 비가 되어 점점이 떨어지니 송이송이 꽃이 되어 그림 족자로다" 하면서 승상 부인은 이 글을 중당에 걸어 보고는 감탄하여 심청이더러 "너는 과연 세상사람 아니로다 글은 진실로 선녀로다"라고 칭찬을 아끼지 않으며 자신도 직접 시를 한 수 지어 심청에게 주었다. 이승에서 마지막 만남이라 생각한 두 사람이 서로 글을 지어서 상대방에게 주며 안타까운 마음을 나누었던 것이다.

《조웅전》(87~90)을 보면 주인공 조웅과 어머니가 피난길에 도적을 만나는 등 모진 고생을 하다가 어느 비각에서 하룻밤을 지새게 되었는데, 날이 샌 후 그 비석을 자세히 보고는 돌아가신 아버지의 덕을 기리는 것임을 알게 된다. 아버지가 살아생전에 극심한 가뭄으로 고통을 겪던 지방에 황제의 명을 받고 부임하여 백성들의 어려움을 해결해 주자, 그 지역 백성들이 이를 기리며 세운 비석이었다. 이 비석을 보고 조웅의 어머니는 "네 부친 생시에 익히 이르시던 일이라 들었더니, 이제 와 볼 줄을 어찌 알리오" 하며 감격스러워하며 "필묵을 내어 비문을 등서謄書하여 가지고 통곡하여 하직" 하였다는 것이다. 소설에서는 이 등서한 것을 어떻게 하였는지는 나오지 않지만 돌아가신 아버지에 대한 그리움을 달래 줄 수단으로 사용코자 비문을 베껴 간 것으로 볼 수 있다.

근대 서구에서는 산업혁명 이후 산업화가 이루어지면서 농촌 지역의 공동체에서 살아가던 많은 사람들이 농촌을 떠나 도시로 대거 이주하게 된다. 대가족이 해체되기 시작한 것이다. 이렇게 헤어져야 했던 가족들에 대한 그리움을 해소하려는 사회적 수요와 맞물려 19세기에 사진이 발전하게 되었다.[86] 사진이 발명되기 이전의 사회에서는 그림, 즉 초상화가 그 역할을 대신했던 것으로 볼 수 있다.

소설에는 등장하지 않았지만 조선 시대 일반 백성들의 삶 속에서 민화도 중요한 몫을 차지하였다. 생활 공간인 집 안의 벽에 삶 속의 소망을 담은 민화를 벽에 걸어 두는 사례가 많았다. 안주인이 거처하는 안방에는 화조나 어류화를 걸어 부부간의 사랑과 단란하고 유복

18. 조선 시대의 문자화. 화폭의 중앙에 孝, 悌, 忠, 信, 禮, 義 자를 각각 도안하여 그렸다. 자획의 끝이나 일부에 잉어, 연꽃, 용, 할미새, 소나무, 꽃나무 등의 상징물을 그려 넣었다. 출처: 국립민속박물관

한 가정생활을 염원하였다. 때로는 액운을 쫓는 벽사화辟邪畵를 걸기도 하였다. 남자들이 머무는 사랑채에는 자연에 대한 찬미가 담긴 산수화나 문방화文房畵, 즉 문방사우나 생활 주변 용품을 담은 그림을 걸어 학문 숭상과 여유롭고 단정한 생활에 대한 희구를 담아 냈다. 자녀들 방에는 대개 문자화文字畵를 걸었다. 충효 사상이나 예의 범절을 강조하는 문자를 새겨 걸어 놓음으로써 인간의 성장 과정에서 지향할 가치를 담았다.[87]

2) 노래

사회적으로 중요 이슈가 발생하였을 경우에는 이것이 노래로 표현되어 주로 아이들에 의해 불리면서 널리 확산되었다. 《조웅전》(65~66)을 보면 동궁이 폐위된 데 대하여 주인공 조웅이 복수할 방안을 모색하다가 울분을 참지 못하고 장안을 거니는 중에, 어른들과 아이들이 모여 시류를 풍자하는 노래를 부르는 것을 듣는다.

> 일일은 웅이 황혼에 명월을 대하여 보수報讐할 모책을 생각하더니 마음이 아득하고 분기탱천忿氣撑天한지라. 울기鬱氣를 참지 못하여 부인 모르게 중문中門에 내달아 장안 대도상大道上에 두루 걸어 한 곳에 다다르니, 관동冠童이 모여 시절 노래를 부르거늘, 들으니 그 노래에 하였으되,
> "국파군망國破君亡하니 무부지자無父之子 나시도다.
> 문제가 순제되고 태평이 난세亂世로다.
> 천지가 불변하니 산천을 고칠쏘냐?
> 삼강三綱이 불퇴不退하니 오륜伍倫을 고칠쏘냐?

청천백일 우소소靑天白日雨蕭蕭는 충신 원루忠臣怨淚 아니시면
소인騷人의 화시花猜로다.

슬프다! 창생蒼生들아.

오호伍湖에 편주扁舟타고 사해四海에 노닐다가 시절을 기다려라.”

노래의 내용은 지금은 나라가 망하고 임금이 죽으니 아비 없는
자식이 태어나고, 맑은 하늘에 비가 내리니 충신의 눈물 아니면 시인
이 꽃을 시샘하는 것이다. 시절이 수상하니 유유자적하다가 나중에
때를 기다리라는 내용이었다.

이처럼 현실에 대한 우려나 정치에 대한 불만을 짧고 간결한 음
악적 언어로 표현한 것을 요謠라고 하며 그중에서 도참사상이나 참언
讖謠, 즉 미래의 길흉을 예언하는 말을 토대로 한 요를 참요라고 한다.
이 요는 주로 아동들이 불렀지만 그들이 만든 것은 아니었다. 누군가
가 만들어서 아동을 통해 유포시키거나 아이들의 노래 형식으로 조작
한 것이었다. 참요나 동요는 모두 공적 언론과 차별되는 대항 언론의
성격을 지니며 현실 비판의 기능을 하였다.[88] 당시의 사회적, 정치적
이슈에 대한 민심이 노래의 형태로 아이들에 의해 불리면서 집단적
의사 표현의 한 수단이 되었던 것이다.

고전 소설에서는 이밖에도 《춘향전》과 《심청전》에서도 노래가 불
린 장면이 등장하였다. 《춘향전》에서는 춘향이를 만나게 된 이도령이
흥에 겨워 사랑가가 절로 나오며 즐거워한다. 소설에서는 이 부분을
“어허둥둥 내 사랑이지 근래 **사랑가에 정자 노래 풍자 노래 있으되** 너
무 난하여 풍속의 관계도 되고 춘향 열절에 욕이 되나 아주 빼면 너무
무미하고 대강대강 하는지라” 하며 이몽룡이 읊퍼 대는 사랑가를 서

술한다(《춘향전》, 267). 당시에도 남녀 간의 사랑을 노골적으로 노래한 사랑가가 다양하게 있었음을 알 수 있다. 《심청전》(262~263)에서도 심봉사가 전국 맹인 잔치에 참석하려 길을 나서 산천을 주유하며 여유롭게 길을 가는데, 어느 마을에 가니 목동들이 심봉사의 이러한 유유자적한 행보를 노래로 불러 주는 장면이 나온다. 이는 심봉사가 앞으로 황후가 된 딸도 극적으로 다시 만나고 눈도 뜨게 되는 행복한 결말을 암시하는 것으로 볼 수 있다.

개화기 신소설에서도 사회 현실을 비판, 풍자하는 노래가 불리는 장면이 등장하였다. 《은세계》(421)에서는 원주 지역에서 발생한 동요를 다음과 같이 소개한다.

원주 감영에 동요가 생겼는데, 그 동요가 너무 괴악한고로, 아이들이 그 노래를 할 때마다 나 많은 사람들이 꾸짖어서 그런 노래를 못하게 하나 철모르는 아이들이 종종 그 노래를 한다.

내려왔네, 내려왔네, 불가사리가 내려왔네
무엇하러 내려왔나, 쇠 잡아먹으러 내려왔네

그런 노래하는 아이들은 무슨 의미인지 모르고 하는 노래나, 듣는 사람들은 불가사리라 하는 것이 감사를 지목한 말이라 한다.

그것은 무슨 곡절인고? 거짓말일지라도 옛날에 불가사리라 하는 물건 하나이 생겨나더니 어디든지 뛰어다니면서 쇠란 쇠는 다 집어먹은 일이 있었다 하는데, 감사가 내려와서 강원도 돈을 싹싹 핥아 먹으러 드는고로 그 동요가 생겼다 하는지라.

돈을 밝히며 백성들을 탐학하는 강원도 감사를 불가사리에 빗대

어 풍자, 비판하는 노래를 아이들이 불렀다는 말이다. 같은 《은세계》
(431)에서는 뒤이어 억울하게 붙잡힌 남편 최병도를 만나러 떠난 부
인이 가는 길에 아이들이 원주와 강원도 감영을 풍자하는 노래를 부
르는 것을 듣게 된다.

> 낭*이라데 낭이라데, 강원 감영이 낭이라데,
> 두리기둥 검은 대문 걸려들면 낭이라데, 애에고 날 살려라. (……)
> 아귀 귀신 내려왔네, 아귀 귀신 내려왔네,
> 원주 감영에 동토動土가 나서 아귀 귀신 내려왔네, 애에고 날 살려라.
> (……)
> 명년 삼월 치악산에 나무하러 오지 마세,
> 강릉 사람이 못 돌아가고 불여귀새가 되면 밤낮 슬피 울 터이라,
> 불여귀 불여귀 불여귀,
> 그 새소리를 누가 듣기 좋을손가, 애에고 날 살려라.

강원 감영을 낭떠러지에 비유하고 원주 감영에 귀신이 내려왔으
며 강릉 사람, 즉 주인공 최병도가 억울하게 잡혀 죽게 된 것을 풍자
하는 노랫말로서 '애에고 날 살려라'는 후렴구가 노래의 분위기를 잘
보여 준다. 이처럼 현실을 비판, 풍자하는 노래를 통해 당시 현실에
대한 민심의 흐름을 읽을 수 있다.

《조선왕조실록》을 비롯하여 관련 문헌을 통해 조선 시대의 동요
를 분석한 김영주의 논문[89]에 의하면 조선 초기에는 거의 없다가 연산

---

* 낭떠러지를 말한다(《은세계》, p.468 주).

군 시대부터 늘어나기 시작하였으며 선조 이후부터 말기까지 크게 늘어났다. 그 내용은 신하들의 반란 관련 동요와 주요 인물에 대한 평가, 정치·경제 제도에 대한 비판, 나라 간의 전란 관련, 군주 비판 및 궁중 암투 비판, 신하 간의 정쟁 관련 등 주로 부정적인 내용이 많았다고 한다. 이러한 동요는 역사적 변동기에 자연 발생적으로 민중 속에서 형성되거나 특정 개인이나 집단이 의도적으로 유포시킨 노래들이었다. 이 노래들은 민중의 시대 인식을 상호 소통하는 경로 역할을 하기도 하고 도참사상에 기대어 한 개인이나 집단의 정치적 목적을 위한 선전·선동 역할을 수행하기도 하였다는 것이다.

3) 믿음의 상징, 신표

사람들 사이에, 특히 남녀 사이에 신뢰와 애정의 표시로 신표를 주고받았던 문화가 존재하였다. 《조웅전》(119)의 주인공 조웅이 어머니를 만나러 가는 길에 유숙했던 장진사 집의 처자와 인연을 맺고는 아침에 다시 길을 떠나자 그 처자가 이렇게 가면 소식을 알기 어려우니 신표를 하나 달라고 다음과 같이 부탁한다.

> 은은한 정으로 밤을 지내고 삼경이 지나 원촌遠村의 닭이 우는지라. 웅
> 이 일어나니 소저 왈,
> "모친이 낭군을 보려 하시니, 오늘 머물러 모친을 보시고 훗날 가소서."
> 웅이 답 왈,
> "내 모친을 천리 밖에 두고 떠난 지 삼 년이라. 일각一刻이 여삼추如三秋
> 하니 어찌 일신들 머물리오?"

소저 옷을 붙들고 슬피 체읍* 왈,

"그대 이번 가면 어찌 소식을 알리오? 사람의 연고를 모르오니 이 앞에 **만나는 날에 가고可考**한 것이 없사오니 무슨 표를 주어 신信을 삼으소서."

웅이 옳게 여기나 행장에 가진 것이 없고 다만 손에 부채뿐이라. 부채를 펴 글 두어 구를 써주며 왈,

"이것으로 일후에 신을 삼으소서."

연고도 모르는 상황에서 다음에 만나면 알아볼 근거가 없으니 신표를 하나 달라는 처자의 말에 조웅은 가지고 있던 부채에 다음과 같은 시를 한 수 적어서 건네준다(《조웅전》, 120).

퉁소로 옥녀의 거문고에 화답하고,
적막 심규에 미친 흥이 들어갔는지라.
금야 아랑이 뉘 집 아이냐?
장씨 꽃다운 인연이 조웅이 분명하도다.
문장 취벽에 한 포자를 걸고,
분도 화연에 가희를 희롱하는도다.
새벽바람 두어 마디 말에 눈물로 하직하니,
소식이 망망하여 아무 때를 의논지 못하리로다.

앞 일이 불투명하여 기약을 하기는 어렵지만 거문고와 퉁소에 취

---

* 소리를 내지 않고 눈물을 흘리며 슬피 운다는 뜻이다.
** 참고할 만함이라는 뜻이다(《조웅전》, p.119 각주).

해 장소저와 하룻밤 인연을 맺은 것은 조웅이 분명하다는 말이 담겨 있다. 이 한시가 적힌 부채를 두 사람 사이의 관계를 증명하는 신표로서 주고받은 것이다.

《배비장전》(24~25)에도 기생 애랑이 떠나는 배비장의 전임 정비장에게 헤어지기 간절하니 다음과 같이 신표를 달라며 요구한다.

"임별증언 단단상약[*] 잊을 망忘짜 염려오니, 서덕언徐德言^{**}의 뜻을 따라 신표 하나 주옵소서."

정 비장 혹한 마음에,

"네 말을 들어 보니 애정이 간절하다. 내 몸에 있는 것은 청대로 줄 것이니 조금도 서허 말고^{***} 소원대로 말하여라."

애랑이 원래 간특한 계집이라, 청하는 말이 없더라도 정 비장을 물 오른 송기대^{****} 벗기듯이 몰수 약취할 마음인데, 소원대로 말하라 하니 그 욕심 많은 마음에 물욕이 팽창하여,

"여보, 나으리 들으시오. 금일 나으리 가신 후로 날이 가고 달이 가서 여류 광음 삽시간에 낙화수심 봄이 가고, 방초녹음 여름 되며, 황국단풍黃菊丹楓 가을 지나, 백설 강산 겨울 되면 북풍은 율렬^{*****}하고, 한기는 늠늠이라. 독수공방 빈 방안에 전전반측 잠 못 이루어 나으리 생각 간절할

---

* 작별하는 마당에 거듭 다진 약속을 말한다(석인해, 1999, 《배비장전》, p.24 각주).

** 진陳나라의 석덕원은 낙창공주와 결혼했는데, 난리를 만나 헤어지게 되자 거울을 깨뜨려 나누어 가지며 재회할 때 신표로 삼자고 했다(신해진, 1999, 《배비장전》, p.61 각주).

*** 서먹서먹해하지 말고라는 뜻이다(석인해, 1999, 《배비장전》, p.24 각주).

**** 소나무 어린 가지의 속껍질로서 봄철에 이것을 벗겨 떡을 해먹었다고 한다(신해진, 1999, 《배비장전》, p.261 각주).

***** 매우 심하게 춥다는 뜻이다.

때, 옷이라도 걸어 두면 나으리 본 듯 싶으리니 입으신 갖옷* 두루마기

소녀 벗어 주옵소서."

간특한 기생 애랑은 온갖 감언이설로 정비장을 유혹하여 두루마
기에서 끝나지 않고 뒤이어 윗도리와 바지, 방한구, 칼 등도 넘겨받았
다(석인해, 1999,《배비장전》, 25~30). 그에 따라 정비장이 거의 벌거숭이
가 되어 버리고 마는 것은 문학적으로 과장된 표현으로 보아야 하겠
지만 이렇듯 헤어지기 아쉬운 마음에, 그리고 다시 만날 때를 위하여
신표를 주고받았던 문화를 잘 보여 준다.

이러한 신표는 문자가 보편화되기 이전, 즉 문맹이 다수이던 시
절에 주요 커뮤니케이션 수단으로 사용되었다. 문자로 표현된 글보다
사람의 마음을 증명하는 상징물이 더욱 신뢰할 만한 증거로 널리 받
아들여졌다는 것이다. 서양 중세에서 가장 즐겨 사용된 상징물은 칼
이었다고 한다. 때로는 칼자루에 문자를 새겨 넣기도 하였지만 어느
사건을 상징하고 기억을 되새기는 데 기여하는 것은 바로 칼 자체이
지 거기 새겨진 문자가 중요한 것은 아니었다고 한다.[90] 문자를 읽지
못하는 사람들이 다수였기에 문자로 남기는 대신 문자 해독 능력과
무관한 상징물로써 어떤 사건이나 관계를 상징하고 기억을 되새기는
역할을 했던 것이다.

---

* 안감을 짐승의 털가죽으로 댄 옷이다.

5. "승상 집을 찾아가 명함을 드리니": 사람

1) 사람을 보내 메시지 직접 전달

공간적으로 떨어진 사람에게 메시지를 전달하는 수단으로 사람이 이용된 경우들도 많았다. 전술한 편지의 전달도 이의 중요한 사례가 되겠지만 그 밖에도 사람, 대부분 노비들을 시켜 직접 구두의 메시지를 전달토록 한 경우가 적지 않았다. 춘향의 자태를 처음 보고 반한 이몽룡이 방자를 보내 만나기를 청한다(《춘향전》, 259). 소설에서는 방자가 냉큼 달려가서 메시지를 전하는 장면을 다음과 같이 묘사하였다.

> 방자놈 거동 봐라
> 도련님 분부 듣고 쇠털 같은 누렁 벙치* 뒤에 재껴 쓰고
> 건장한 두 다리로 논틀밭틀 우당퉁탕 섭적섭적 건너가서
> 춘향더러 하는 말이
> 도련님 분부 듣고 너 데리러 왔으니 사양말고 어서 바삐 나서거라

건장한 두 다리로 이내 달려가서 춘향이 보고 이도령에게 가자고 성화다. 이에 춘향은 사또의 분부라도 아니 나설 것이라며 버티자 방자는 다시 재촉한다.

> 도련님 분부 어이 거역하리

---
* 벙거지의 전라도 방언이다.

어서 바삐 나서거라

이번에 만약 허행되면 갱차 다시 오리니

어서 바삐 진작 가자

만일 따라 나서지 않으면 다시 한 번 더 올 것이라는 말에 춘향도 어쩔 수 없이 따라 나선다.

《배비장전》(석인해, 1999, 60~61)에서도 기생 애랑이 개울에서 목욕하는 모습을 우연히 훔쳐보고 반한 배비장이 수작을 걸기 위해 방자를 보내며 다음과 같이 당부한다.

"네 저 건너 백포장 밖에 가서 문안 한번 드리고, 그 여인에게 내 말로 전갈하되, '차산 과객이 화류차花遊次로 이곳에 이르렀다가 행역行役이 곤로困勞하고 기갈이 자심하니, 혹 남은 음식이 있거든 기한飢寒을 면하게 구급하시기를 천만 바라나이다' 여쭈어라."

애랑의 모습에 반한 배비장이 수작을 걸기 위해 방자를 보내 이 산을 지나던 과객이 꽃구경하러 이곳에 왔으나 여행 피로가 심하고 목이 마르니 혹시 남은 음식이 있으면 보내 달라는 메시지를 전달한 것이다. 이에 방자는 처음에는 다음과 같이 말하며 거절한다(석인해, 1999, 《배비장전》, 61).

"소인은 죽으면 그저 죽었지 그 전갈은 못하겠소. 부지초면에 전갈하고, 남의 여자에게 음식 달라 하다가는 난장박살 탕국에 어열밥 말아 먹게요. 그런 말씀은 두 번도 마시오. 아이고 무서워."

광한루에서
춘향을 만나다

19. 《춘향전》을 묘사한 민화. 광한루
에서 그네 타는 춘향을 보고 반한 이
도령이 방자를 보내 메시지를 전한다.
출처: 국립민속박물관

방자도 모르는 여자에게 남은 음식 좀 달라는 말을 전했다가 두드려 맞을 수도 있다며 곤란해한 것이다. 수작 걸기 위해 생면부지의 낯선 여인에게 가서 먹을 것 좀 얻어 오라니 방자로서도 난감할 수밖에 없었을 것이다. 이에 배비장은 "이애, 방자야 만일 맞을 지경이면 매는 내가 대신 맞을 것이니 너는 곧 내빼려무나"라고 대신 매를 맞겠다고 하며 달래고 설득한다. 배비장이 이렇게까지 나오자 방자도 "몽치*바람에 죽는 한이 있을지라도 그리 할 수밖에 업소" 하고 몽둥이찜질을 당해도 어쩔 수 없다며 나선다.

이렇게 직접 전달하기 어렵거나 급한 전달 사항이 있는 경우 대개 노비를 시켜 메시지를 전달하였다.

2) 명함 들이기

사람을 통해 메시지를 전달하는 방법이 가장 빈번하게 사용된 것은 남의 집을 방문하였을 때다. 자기 집도 마찬가지지만 남의 집을 방문하면 대문 앞에서 큰소리로 사람을 불렀다. 소리를 듣고 확인 차 마중 나온 노비들에게 본인의 신분과 함께 방문 사실을 말하면 노비가 이를 주인에게 전달하였다. 이를 '명함을 들인다'고 표현하였다.《소현성록》(61~62)을 보면 주인공 소경이 집에 찾아 온 친구들을 접대하느라 기생들을 불러 즐기면서 노랫말도 지어 주었다. 이에 반한 기생 네 명이 소경이를 모시겠다고 나서면서 다음과 같은 장면이 펼쳐진다.

---

* 사람이나 동물을 때리는 데 쓰는 짤막하고 단단한 몽둥이를 말한다.

석양이 지자 잔치가 끝났는데 가사를 지어준 네 명 창기가 가지 않았다. 생이 이상하게 여겨 가라고 꾸짖고는 들어가 어머니를 뵙고 한담하는데 문득 시녀가 부인에게 아뢰었다.

"경내에 있는 창원루 명창 유낭자, 홍선색, 경왕, 선랑 네 명이 **부인께 명함을 들여보냈습니다.**"

그러자 부인이 말하였다.

"거참 이상하다. 내 일찍이 과부가 되면서부터 집안에 있는 아이들에게도 풍류 가르치는 것을 금하였는데 **어떤 창녀들이 명함을 들였느냐?** 네가 빨리 나가 무슨 까닭으로 왔는지 물어보아라."

잠시 있다가 시녀가 돌아와 아뢰었다.

"상공이 가사를 지어주시고 다정하게 대하시니 머물고자 한다고 합니다."

주인공 소경에게 반한 기생들이 모시기를 자청하였지만 거절하자 주인공의 어머니를 뵙고자 청한 것을 '명함을 들인다'라고 표현한 것이다. 이 장면에서 그 어머니는 기생들을 만나는 대신 주인공을 불러 야단을 친다.

《숙향전》(275~276)에서도 숙향의 수예 작품을 보고 반한 이생이 숙향을 찾아 나서는데 장승상 댁을 찾아가서 숙향에게 구혼을 청하는 장면을 다음과 같이 묘사한다.

생이 하릴없어 김전을 하직하고 남군 장 승상 집을 찾아가 **명함을 드리니,** 승상이 청하여 예필*에 생 왈,

"소자는 낙양 동촌 이 위공의 아들이러니 남양 땅 김전이란 사람의 딸

숙향이란 여자, 댁에 있다 하오매 불원천리하고 구혼코자 왔나이다."

자신의 신분과 방문 목적을 밝히고 뵙기를 청한다. 위의 사례들에서 명함이란 오늘날처럼 자신의 개인 정보를 인쇄한 것이 아니라 자신의 성명과 신분, 방문 목적을 밝혀 전달하는 것을 말한다. 《조웅전》(168)에서는 이를 '납명納名'이라는 한자식 용어를 사용하였다. 황장군이 주인공 조웅 원수를 만나러 온 장면을 "황장군이 문밖에 와 **납명하고 들어와** 뵈거늘"이라고 서술한다.

3) 개화기의 변화

(1) 사람을 통한 전달은 여전

개화기에는 근대적 우편 제도가 도입, 정착되어 그 이용이 대폭 증대되었지만 사람을 보내 메시지를 전달하는 전통적인 방식도 여전히 사용되었다. 앞서 서술한 편지를 사람이 전달한 사례 외에 편지를 쓰지 않고 직접 사람을 보내 구두의 메시지를 전달하는 방법도 여전히 사용되었다는 말이다. 《치악산》(287)을 보면 아들을 일본에 보냈다고 사돈을 원망하는 홍참의가 하인을 서울의 사돈댁에 보내어 아들을 찾아내라는 메시지를 전하며 하인에게 다음과 같이 말한다.

"(……) 이애, 원주 구석에 사는 만만한 홍참의는 세력 좋은 사돈 솜씨에

---

* 승상이 받아 들여 예를 갖추고라는 뜻이다.

자식 하나도 못 기른단 말이냐. 이애, 고두쇠야, 네 이 길로 다시 서울 가서 이판서 대감께 댁 서방님 찾아 보냅시사 하여라. **나는 편지하기도 싫다. 네가 가서 이판서 대감을 뵙고 지금 네가 듣고 본대로 한 마디 빼지 말고 말하여라.**"

하면서 소리소리 지르고 당장에 서울로 전인하니,

원주에서 서울로 하인을 보내 메시지를 직접 전달토록 한 것이다. 당초 이 장면에서 하인 고두쇠는 아들을 찾는 홍참의의 편지를 받아서 서울의 사돈댁에 갔다가 답장을 받아 온 것이었다. 그 아들 홍철식은 자의에 따라 일본에 갔다는 이판서의 답장을 받았던 것이다. 장인이 돈을 대주지 않았으면 그 아들이 어찌 일본에 갔겠냐고 생각한 홍참의는 화가 잔뜩 나서 하인을 다시 서울로 보내면서 "편지하기도 싫으니 직접 말을 전하라"고 시키고 있다. 이 《치악산》(291)에는 메시지를 전달하는 역할을 맡은 하인 고두쇠를 '전갈하인'이라 표현하였다.

이처럼 사람을 보내 필요한 메시지를 전달한 사례는 신소설에 여러 차례 등장하였다. 《재봉춘》(65)에서는 신분을 속이고 결혼한 것이 탄로날까 봐 전전긍긍하는 주인공 허씨 부인이 어느 날 종적을 감추자 그 시집은 허씨 부인의 양아버지인 허부령에게 사람을 보내 알린다. 소설에서는 이를 "허부령집 안에서 사람의 발자취가 나는 것은 이참서집에서 허씨 부인의 종적을 모른다고 **복월과 칠녀를 보내어 위선 허부령에게 통지를 함**이러라"고 서술한다. 며느리가 종적을 감추자 하인들을 사돈댁에 보내 이 사실을 알렸던 것이다.

《은세계》(437)에서도 억울한 누명을 쓰고 원주 감영에 잡혀갔다가 소식이 끊어진 주인공 최본평을 그 부인이 찾아 나섰다. 하지만 관

청에서 쫓겨나야 했던 부인은 남편이 죽었다는 소문을 듣고는 데리고
간 딸 옥순을 부여잡고 다음과 같이 하소연한다.

> "옥순아 옥순아, 까마귀는 군자 같은 새라더니 옛말이 옳은 말이로구나.
> 너의 아버지께서 산도 설고 물도 설고 이전에 아든 사람 하나 없는 원주
> 감영에 와서 원통히도 돌아가시는데 어느 때 운명을 하셨는지? **통부通**
> **訃 전하여 줄 사람 하나 없지마는**, 영물의 까마귀가 너의 아버지 통부를
> 전하여 주느라고 저렇게 짖는구나. 우리는 영문 사령에게 축출경외를 당
> 하고 여기까지 쫓겨 오느라고 정신없이 왔으나 사람이나 좀 보내보자."
> 하더니 정신없는 중에 정신을 차려서 배행 **하인으로 데리고 온 천쇠를 불**
> **러서 원주 감영에 새로이 전인專人을 한다.**

애타게 찾던 남편은 만나지도 못하고 오히려 죽었다는 소문을 듣
고는 하인을 다시 보내 사실 확인을 하려고 시도한 것이다. 여기서 '통
부 전하여 줄 사람 하나 없다'는 것은 죽음을 알리는 부고도 받지 못했
음을 말한다. 이렇게 개화기에도 초상이 나면 사람을 보내 부고를 전
하였다. 《구마검》(103)을 보면 "급상急喪을 당한 후 부고를 전인專人하
여 보냈더니"라는 대목이 나온다. 갑작스러운 상을 당하여 이를 알리
기 위해서 사람을 직접 보냈다는 말이다. 장례와 같이 긴급을 요하는
연락에는 우편보다는 직접 사람을 보내 메시지를 전달했던 것이다.

앞에서 인용한 전인의 사례들은 하나같이 하인을 보냈다. 하인에
게 메시지를 주어 전달토록 하는 것이 보편적이었던 것이다. 하인 외
에도 돈을 받고 이렇게 메시지를 전해 주는 역할을 하던 사람들도 있
었던 것으로 보인다. 《빈상설》(67)에서 평양집이 경찰에 잡혀간 것을

도망간 것으로 오해한 서정길은 거처를 옮겨 평양집과의 연락이 끊어진다. 이에 평양집은 "**삯군**을 몇 차례 보내어도 거취를 통치 못하"였다는 것이다. 자세한 설명은 없지만 삯군이란 말 그대로 품삯을 받고 어떤 일을 맡아서 해 주는 사람을 말한다. 편하게 보낼 하인도 마땅히 없다면 이러한 삯군들을 이용했을 것이다.

또한 멀리 메시지를 전할 때에는 하인이 아니라 이를 전문으로 하는 급주急走를 보내기도 하였다. 《은세계》(430~431)에서 남편 최본평이 죽었다는 소문이 사실이 아님을 알게 된 그의 부인이 여기저기 소식을 전하며 "그때는 밤중이라 감영에로 급주急走를 띄어 보내더라도 대관령 같은 장산長山을 사람 하나이나 둘이나 보내기는 염려된다 하여 장정 사오인을 뽑아 보내려 하는데"라는 대목이 나온다. 긴급을 요하는 메시지를 멀리 전할 때 이 급주를 이용하였던 것이다. 대관령 같은 험한 산을 넘어 반드시 메시지를 전해야 하니 한 명으로는 불안하고 장정 4~5인을 뽑아서 보내려 한다는 것이다.

이 책에서 다루는 조선 시대의 고전 소설에서는 나오지 않았지만 급주는 조선 초기부터 공식적으로 존재하였던 것으로 알려져 있다. 국가의 기반을 확립해 가는 태조 7년(1398) 2월 3일의 《조선왕조실록》을 보면 각 지방의 행정 기구를 정하는 중에 "각참各站에는 사사 2명, 일수양반 5명, 관부館夫 5명, 급주인急走人 5명, 마부馬夫 15명"을 둔다고 규정한다.[91] 각 지역의 역참에 급주인 5명을 둔다는 것이다. 역참이란 조선 시대 국가의 지배를 구현하기 위한 교통과 통신 체계로서 정부의 명령을 지방에 전달하고 지방으로부터 거둔 세금과 공물을 전달하는 역할을 하였다. 조선 전기에는 전국에 504개 역이 존재하였는데, 이 역에 급주인을 두어 긴급한 연락을 담당하게 하였다는 것이다.

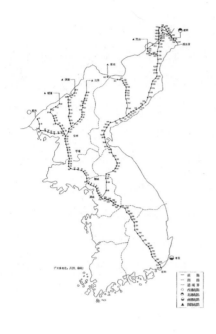

20. 조선 시대 파발의 위치와 분포를 보여 주는 파발도.

　임진왜란 당시 이 역제가 붕괴되면서 이를 보완하기 위해 파발제가 도입되었다. 파발은 전국 약 213참을 서발과 북발, 남발로 나누어 조직되었다. 서발은 평안도 방향, 북발은 함경도, 그리고 남발은 경상도 방면을 향한 것이었다. 파발제는 말을 타고 전하는 기발騎撥과 걸어서 전하는 보발步撥로 나뉘었다. 총연장 1050리로서 41참으로 구성된 서발의 경우, 기발은 약 2일, 보발은 2~3일 걸렸다고 한다. 총연장 2300리(64참)의 북발은 기발이 약 4~5일, 보발은 약 6일, 그리고 총 920리(31참)의 남발은 기발 1~2일, 보발 2~3일 정도 소요된 것으로 추정된다. 오늘날의 기준에서 보아도 매우 빠른 속도임을 알 수 있다. 하지만 실제 남겨진 기록으로는 남발 7일, 북발 12일이 걸리기도 했다고 한다.[92] 여기서 보발이 조선 전기의 급주의 역할을 한 것이다.

조선 중기 이후로 가면 《조선왕조실록》에서 급주에 관한 기록은 찾아보기 어렵다. 정부에 의한 공식적인 급주는 보발로 대체되었지만 민간에 의한 급주는 그대로 존속하여 개화기 신소설에도 나타난 것으로 볼 수 있다.

양반이 남의 집을 방문할 때는 조금 앞서 사람을 보내서 방문 사실을 미리 알리는 관습도 존재했던 것으로 보인다. 이를 '선성'이라 하였다. 《치악산》(392)에서 양반이 사위집을 방문하는데 "하루는 대문 밖에서 인력거 소리가 뚤뚤 나며 재동 이판서의 오는 선성이 들어오는지라. 홍정식은 급히 사랑 중문 밖에 나와서 그 장인을 영접"하였다는 것이다. 양반이 목적지에 거의 도착하면 하인이 몇 걸음 앞서 달려가서 그 집에 방문 사실을 알려 마중 나오게 한 것임을 알 수 있다.

(2) 개화기의 명함

조선 후기에 통용되었던 명함의 의미는 개화기에 와서는 그 의미가 달라졌다. 신소설에서는 남의 집을 방문하여 '명함을 들인다'는 표현은 찾아보기 어려웠다. 대신 이러한 장면에서는 대문 앞에서 "이리 오너라"라고 큰소리로 외쳤다. 《빈상설》(34)에서 주인공 서정길이 자신의 첩 평양댁을 소개해 준 뚜쟁이 화순댁을 방문한 장면에서도 대문 앞에서 "이리 오너라, 이리 오너라" 큰소리로 외치자 이를 듣고 안에서 "거게 누가 오셨나 여쭈어 보아라" 하자 방문객이 "소안동 계신 서판서 댁 서방님 오셨다고 여쭈어라"라고 신분을 밝힌다. 그러면 이를 듣고 안에서 다시 화답하기를 "에그, 나는 누구라고, 사위님이요? 어서 들어오시오. 오늘은 식전에 무슨 바람이 불었나? 어서 들어오시오"라고 진짜 사위는 아니지만 사위 같은 사람이라며 반갑게 맞는다.

개화기 신소설에서도 '명함'이라는 용어는 여러 번 사용되었지만 모두 개인 정보가 인쇄된 형태를 지칭하는 현대와 같은 의미의 용어로 사용되었다.《혈의누》(42~43)를 보면 미국 땅에 처음으로 내린 주인공 옥련이 중국인들을 보고는 필담을 시도하는데 그중 한 사람이 자기 명함을 꺼내더니 일어를 잘 하는 사람의 이름을 써주며 그에게 가서 도움을 청하라고 이른다. 여기서 명함은 자신의 개인 정보를 담은 인쇄물을 말한다.

《혈의누》(43)에서 워싱턴 신문에 난 기사를 통해 옥련은 자신을 일본에서부터 도와주었던 구완서를 만나게 되는데, 그 장면에서도 명함이 등장한다.

> 그때 마침 밖에 손이 와서 찾는다 하는데, **명함을 받아 보더니** 옥련이가 얼굴빛을 천연히 고치고 손을 들어오라 하니, 그 손이 뽀이를 따라 들어오거늘 옥련이가 선뜻 일어나며 그 사람의 손을 잡아 인사하고 테불 앞에서 마주 향하여 의자에 걸터 앉으니, 그 손은 옥련이와 일본 대판서 동행하던 서생인데 그 이름은 구완서라.

기사를 보고 호텔로 옥련을 찾아온 구완서가 명함을 호텔 직원에게 주어 먼저 들여보내자, 이를 본 옥련이 들어오라 하여 맞이하는 장면이다.《추월색》(55~56)에서도 우여곡절 끝에 뿔뿔이 흩어졌던 가족들이 점차 재회하는 과정에서 여주인공 정임이 먼저 시부모를 만나게 된다. 이 기쁜 소식을 남편 영창에게 전하려 하는 대목에서 정임이는 "명함 한 장을 내어 김승지를 주며" 다음과 같이 말한다. "아바님, 영창이를 데리러 여러 사람이 몰려가면 필경 또 놀랄 듯하오니 이 명함을 보내는 것이 어떠합니까?" 이에 시아버지 김승지도 수긍하며 명함을 보낸다. 명함을 받은 영창은 명함에 쓰여진 "천만 의외에 부모가 이곳에 계시니 기쁜 마음은 꿈인지 생시인지 깨닫지 못하겠사오며, 나도 역시 무사하오니 아무 염려 말고 급히 오시오"라는 글을 보고는 그것이 부인 정임의 필적이 틀림없음을 다시 확인하고는 "곧 그 말 타고 귀에 바람이 나도록 달려가더라"는 것이다.

이렇듯 신소설에서 사용된 명함이라는 용어는 조선 후기와는 달리 인쇄된 형태를 지칭하는 용어였다. 명함이 사용되기 시작한 것은 중국 춘추 시대부터라고 알려져 있다. 우리나라에서는 1883년에 미국에 사절, 즉 보빙사로 방문한 민영익과 유길준이 필기체로 자신의 이름을 적어 사용한 것이 가장 오래된 것으로 알려져 있다.[93] 이들이 미국에 가기 전에도 명함을 사용하였는지 혹은 현지에 가서 그들의 문화를 목격하고 모방한 것인지는 분명치 않다.

개화기 신문들을 보면 〈독립신문〉을 필두로 대부분 명함 인쇄업을 겸하였다. 〈독립신문〉 1897년 7월 15일자 지면을 보면 광고란의 첫 번째 란에 다음과 같은 내용이 처음 등장하였다.

독립신문사에서 새로 박는 명함 기계를 미국서 가져와 지금 각종 명함들을 방장* 박으니 누구든지 명함 박고 싶은 이는 신문사로 기별하면 상급 종이에 영자와 한문과 국문을 소청대로 다 박아 줄 터이오 값도 저렴하고 품새는 조선 안에 제일일 터이니 모두 독립신문사로 와서 박아가시오

_____

* 바로 지금이라는 뜻이다.

21. 〈독립신문〉1897년 10월
19일자의 4면 광고란. 아랫
단 가운데에 명함 인쇄 광고
가 게재되었다.

명함용 인쇄기를 따로 구입한 것으로 되어 있다. 그렇다면 이는
〈독립신문〉이 수익선의 다변화를 위해 투자한 것으로 볼 수 있다. 영
문과 한문, 국문으로 명함을 새길 수 있다고 한 것은 〈독립신문〉이
영문판까지 발행하였기 때문에 활자들을 갖추고 있으므로 가능했
을 것이다. 이러한 명함 광고는 〈독립신문〉 지면에 꾸준히 나오다가
1898년 6월 21일자를 끝으로 사라진다. 명함 인쇄는 〈독립신문〉뿐만
아니라 1898년에 창간된 〈제국신문〉과 〈매일신문〉도 자기 지면에 광
고하였다.[94]

이때에 신문사들이 명함 인쇄라는 부대사업을 시도할 수 있었던

것은 명함을 사용하는 문화가 제한적이나마 존재했기 때문일 것이다. 〈매일신문〉 1898년 9월 30일자부터 10월 11일자까지 매일 지면에 실린 공고에는 "독립협회 회원들은 거주 몇 통 몇 호까지 자세히 기록하야 지금부터 삼주일 안으로 사무소로 보내고 협회에 가는 날은 명함에도 그대로 써 가지고 가시오"라는 내용을 공지한다. 공지는 이어서 "그렇지 아니하면 중벌이 있겠소"라고 맺는다. 이대로 지키지 않으면 중벌을 내릴 터이니 반드시 지키라는 말이다. 이 공지로부터 우리는 당시 독립협회 회원들은 대부분 명함을 사용했음을 알 수 있다. 협회에 오는 날은 명함에 자기 거주지를 몇 통 몇 호까지 분명하게 써가지고 오라면서 어길 경우에는 중벌을 내린다는 엄포까지 놓고 있다.

6. "전보 들여가오, 전보 들여가오": 전보와 전화

1) 전보의 등장

개화기에는 개항으로 서양 문물이 본격적으로 유입되기 시작하면서 커뮤니케이션과 관련해서도 여러 가지 새로운 미디어들이 도입되었다. 이제부터 이 새로운 미디어들이 어떻게 이용되었는지를 살펴보기로 하자.

먼저 개화기의 새로운 미디어로서 전보와 전화가 등장하였다. 전보는 부분적으로 생활에 도입되어 이용되었으며 전화는 생활에 직접 이용되지는 않았지만 그 존재는 알려지게 되었다. 전보는 그 기술적 특성대로 원거리에 신속하게 메시지를 전할 때 이용되었다. 《치악산》

(389~390)의 주인공 백돌은 장인의 영향으로 개화 사상에 심취되어 일본 유학을 가는데, 이를 그의 아버지 홍참의는 매우 못마땅하게 여긴다. 더구나 아들이 가고 난 후 집안일도 여러 가지로 계속 꼬여 가기만 하자 홍참의는 "그래도 장성한 자식이 있어야 하겠다 싶던지, 전후 화변을 **전보로 소상히 기별을 하고** 급히 나오라"고 연락하였다. 마침 대학을 졸업하고 돌아올 생각을 하고 있던 백돌은 전보를 받고는 바로 귀국길에 나선다.

《추월색》(42)에서도 여주인공 정임이 집을 떠나 먼 곳에 가서 학문을 배워 오겠다는 글을 부모님께 남기고 떠나자 필시 일본으로 갔을 것이라고 추정한 그 아버지는 부산의 경찰서에 딸을 잡아 달라고 부탁하는 전보를 보내고는 본인이 직접 딸을 잡으러 바로 부산으로 출발하였다. 한편 이보다 앞서 일본에 가기 위해 낯선 부산 땅에 내린 정임은 못된 색주가 사람에게 잡히고 말았다. 낯선 사람이 이것저것 꼬치꼬치 캐물어 오자 "이렇게 자세히 묻는 바람에 정임이는 의심이 나며, 서울 뉘집 아들도 일본으로 도망해 가다가 그 집에서 **부산경찰서로 전보**電報**하여** 붙잡아 갔다더니, 아마 우리 아버지께서 전보한 까닭으로 경찰서에서 별순검을 보내 조사하나 보다 하는 생각"이 들었다고 서술한다(《추월색》, 28). 부모 몰래 먼 길을 떠나려고 시도하는 자식들을 잡기 위해 부산의 경찰서로 전보를 보내 자식을 수배하는 사례들이 당시에 존재하였음을 알 수 있다.

《추월색》(45)에서는 정임이 유학을 마치고 5년 만에 귀국하면서도 그 소식을 부모들에게 전보로 미리 알린다. 이 장면을 다음과 같이 묘사한다.

대문 밖에서 어떤 사람이 문을 두드리며,

"전보 들여가오, 전보 들여가오."

하는 소리가 귀에 그렇게 들리는지라, 그때 하인은 다 어디로 갔던지 부인이 급히 나가 전보를 받아 보니 정임에게서 온 전보이라. 꿈 생각하고 정임이 전보를 받으매 가슴이 섬뜩하여 급히 떼어 보니 전보지는 대여섯 장 겹치고 전문은 모두 꾸불꾸불한 일본 국문이라, 볼 줄은 알지 못하고 갑갑하고 궁금하여,

"이게 무슨 말인고? 이 사이 꿈자리가 어지럽더니 근심스러운 일이 또 생겼나 보다. 제가 나올 때도 되었지마는 나온다는 말 같으면 이렇게 길지 아니할 터인데, 아마 병이 들어 죽게 되었다는 말이겠지."

안 그래도 심상치 않은 꿈을 꾸었던 정임의 어머니로서는 전보를 받자 무슨 일인가 매우 궁금할 수밖에 없었다. 하지만 전보가 일본어로 되어 있어 해독을 못하면서도 급한 마음에 그 내용을 지레짐작해 보며 안타까워하는 장면이다. 여기서 귀국한다는 말이라면 이렇게 길 필요가 없다는 언급으로부터 당시에도 전보는 긴급을 요하는 경우에 짧은 분량의 메시지로 주로 사용되었음을 추정해 볼 수 있다.

앞서 인용한 사례들에도 불구하고 당시에는 전보의 사용이 그다지 용이하지는 않았던 것으로 보인다. 《은세계》(452)를 보면 오랫동안 소식을 전달받지 못한 경우를 다음과 같이 서술한다. 미국으로 유학 간 옥순 남매는 세상을 떠난 아버지의 친구로 재산을 관리하던 김정수가 죽었다는 사실을 모르고 오랫동안 아무런 연락도 없자 매우 궁금해한다.

김씨는 옛사람이 되었으나, 지금 이 세상에 밤낮으로 기다리고 있는 사람은 옥순이와 옥남이라. 김씨 집에서 김씨가 죽었다고 옥순에게로 **즉시 전보나 하였으면 단념하고** 기다리지 아니할 터이나, 김씨 아들이 **시골서 생장한 사람이라, 전보할 생각도 아니 하고** 있는고로 김씨가 죽은 지 오류 삭이 되도록 옥순이는 전연 모르고 있었더라. 옥순의 남매가 학비가 떨어져서 사고무친四顧無親한 만리타국에서 굶어죽을 지경이라. 편지를 몇 번 부쳤으나 답장 한 장이 없더니, 하루는 옥남이가 우편으로 온 편지 한 장을 받아 들고 들어오면서 좋아서 펄펄 뛰며 (⋯⋯)

이 남매는 기다리던 편지가 왔다고 반가워했지만 편지의 내용은 바로 김씨의 죽음을 알리는 부고였다. 5~6개월 동안 아무런 연락이 없다가 뒤늦게 편지로 연락한 사실을 언급하며 전보라도 했으면 좋았을텐데 '시골 사람이라 전보할 생각도 아니'하였다고 말한 것이다. 당시의 전보 이용도 서울과 시골 사이에 격차가 존재했음을 알 수 있다. 우편이나 전보와 같은 새로운 미디어도 대부분 도시가 중심이고 우선이었다. 서울 사람들은 전보에 매우 익숙하고 적응했을지 몰라도 시골은 이 점에서도 상대적으로 뒤쳐질 수밖에 없었을 것이다.

전보가 도입, 이용되면서 이는 매우 빠르고 편리한 수단이라는 인식도 자연스럽게 생겨났던 것으로 보인다. 《구마검》(107)에서 주인공 함진해의 셋째 부인 최씨는 미신에 빠져 결국 가산을 탕진하게 되는데 무당 금방울을 불러 연일 굿판을 벌인다. 이 금방울이 주인 부부의 일거수일투족을 상세하게 꿰뚫고 있는 것을 "그 내외의 웃고 찡그리는 것까지 **전보를 놓은 듯이** 금방울의 귀에 들어오면, 금방울은 귀신이 집어대는 듯이 일호一毫 차착差錯 없이 말을 번번이 하니, 함진해는

쥐에게 파먹히는 닭 모양으로 오장을 빼어가도 알지 못하고, 영하니 신통하니 하여 가며 자기 정신을 자기들이 차리지 못할 만치 되었"다고 서술한다. 주인공 내외의 모든 정보가 바로 바로 무당 금방울의 귀에 들어가서 그 입을 통해 말로 나오는 것을 마치 '전보를 놓은 듯이' 꿰뚫고 있다고 묘사한다.

앞서 인용한 사례들로부터 당시의 전보는 외국과도 가능했음을 알 수 있다. 《치악산》(389~390)의 사례와 《추월색》(45)의 사례는 일본으로부터 온 전보를 받는 장면이다. 이는 뒤에서 상술하겠지만 남로전선이 해저 케이블을 통해 일본과 연결됨으로써 일본과 전보의 소통이 가능했던 것이다. 또 《은세계》(452)에서 나온 미국에서의 사례는 실제로 전보가 오고 가지는 않았지만 당시에 미국과도 전보의 교류가 가능했던 것으로 추정해 볼 수 있다.

개화기의 전보도 편지와 마찬가지로 집에까지 배달해 주었다. 앞에서 인용한 《추월색》(45)의 사례에서 "전보 들여가오, 전보 들여 가오" 하는 소리가 들려 나가서 전보를 받았다는 장면에서 개화기의 전보도 우체부가 집으로 직접 배달해 주었음을 알 수 있다. 전보라는 테크놀로지가 지역 간의 메시지 전송은 전기/전자 미디어에 의하더라도 이용자에게 그 텍스트를 직접 전달하는 것은 배달에 의존할 수밖에 없었다.[95]

개화기 한국 사회에서 전보는 당초 우편보다도 앞서 도입되었다. 전술한 대로 우편의 도입이 갑신정변의 실패로 지체되었지만 전신 체계는 중국과 일본의 정치적 필요에 따라 그 비슷한 시기에 도입되었다. 1884년에는 중국이 자국의 전신 네트워크와 연결시킬 목적으로 한성에서 평양을 거쳐 의주까지 연결되는 서로전선을 가설하였다. 이

The Rt. Rv. Bishop Turner
Chung Dong
Seoul
Corea

14 3 07

Dear Sir

I thank you for the return of the two books I gave you the other day. I will try and remember to send you last year's report when it comes. I expect it in a few days. I will also send you any other information that I think would interest you when I have it to hand.

I am yours sincerely

Captain Sander
The German Consulate General
Tokyo.

22. 개화기의 전보. 일본 도쿄에서 앤서니 터너Anthony Turner 주교가 독일 장교 헤르만 구스타프 테오도르 잔더Hermann Gustav Theodor Sander(1868~1945)에게 1907년 3월 14일에 보낸 것으로, 수취지는 정동교회로 표기되어 있다.　　　　출처: 국립민속박물관

서로 전선의 운영을 위해 1885년에는 한성전보총국을 설치하여 전보 업무를 맡게 하였으며 산하에 인천·평양·의주 분국을 두었다. 이의 운영은 조청전선조약에 따라 청나라 측이 담당하였다.

한편 일본은 중국과의 정치적 대결 구도 속에서 좁아져 가는 자신들의 입지를 강화하는 한편 이미 1884년에 완성된 한일 간 해저 전신 케이블에 연결할 목적으로 1888년에는 남로 전선을 설치하였다. 이는 한성에서 공주, 전주, 대구를 거쳐 부산까지 연결하는 것이었다. 1891년에는 조선 정부의 독자적인 의지에 의해 서울에서 춘천과 원주를 연결하는 북로 전선도 설치되어 전신 네트워크의 기본 틀이 만들어진 것이다. 하지만 초창기에는 설립 자체도 정치적 배경에서 비

표 3. 설립 초기 통신원의 수입

(단위: 원)

연도	우편	전보
1900	19,397.566	76,688.390
1901	28,398.796	86,158.170
1902	32,876.983	116,430.800
1903	50,556.580	174,943.250

* 출처: 체신부(1984), 《한국 우정 100년사》. 서울: 대한민국 체신부, p.132.

롯되었으며 민간이 이용할 기반도 안 된 상태였으므로 전신은 대부분 관청에 의한 관보의 전달에 한정되었다.[96]

전신의 민간 이용은 우편과 마찬가지로 갑오개혁 이후였던 것으로 볼 수 있다. 1895년에 우정 업무를 총괄하는 농상공부 통신국이 설립되었으며 그 담당 업무로 '우체에 관한 사항'과 함께 '전신·전화 및 그 건설·보존에 관한 사항'이 포함되었다. 1900년 3월 23일에는 농상공부 통신국이 통신원으로 확대 개편되어 체신 업무를 전담하게 되었다. 이러한 과정을 통하여 민간의 전신 이용은 점차 확대되어 간 것으로 볼 수 있다. 설립 초기 통신원의 수입 내역을 보면 우편 사업의 수입보다 전신 사업의 수입이 훨씬 많았다.[97] 표 3은 그 내역을 정리한 것이다.

표 3에서 제시된 기간 동안 우편 수입보다 전보 수입이 적게는 1901년의 3.03배에서 많게는 1900년의 3.95배까지 더 많았음을 알 수 있다. 물론 우편의 이용보다는 전신의 이용 단가가 훨씬 비쌌기 때문이겠지만 그만큼 전신의 이용도 활발했음을 알 수 있다.

2) 전화

전술한 대로 1900년에 확대 개편된 통신원의 업무에서 전신과 함께 전화가 언급되었듯이 개화기 한국 사회에 전화도 도입되었다. 그러나 전화의 일반 이용은 초기에는 거의 불가능했다. 이 책에서 분석한 신소설에서 전화를 직접 이용하는 장면은 개인이 아니라 기관이 전화를 이용한 사례뿐이었다. 일본에 유학하는 동안 공원에서 성추행을 당할 뻔했던 《추월색》(41)의 주인공 정임은 이 사건과 관련하여 검사에게 불려가 조사를 받는다. 사건을 담당한 검사는 범인인 "강소년을 잡으려고 **각 경찰소로 전화도 하고** 조선 유학생도 일번 조사"하여 범인을 검거하게 되었다는 것이다. 검사가 수사에 필요한 정보를 수집하는 데 각 경찰서에 전화를 이용했다는 말이다.

반면 개인이 사적인 용도로 전화를 이용하는 장면은 신소설에서도 나오지 않았다. 대신 전화가 매우 편리하고 신속한 연락 수단이라는 사실은 당시에도 알려져 있었던 것으로 보인다. 《재봉춘》(45)을 보면 시댁에서 여러 가지로 곤경에 처해 친정 부모와 연락하고자 하지만 편지를 부치는 것도 시댁 식구들 눈치가 보여 여의치 않아 하는 여주인공 허씨 부인이 "편지를 써만 놓고 가만히 앉았으면 저절로 가지나, 요새는 **전화라는 것이 있어 서울 앉아서도 부산 있는 사람과 말을 통하는 시절**에 한성중 안에 있어 편지 하나 서로 통키도 이렇게 어려운가"라고 한탄한다. 친정 부모와 급히 연락은 해야 하는데 편지 부치는 것은 시댁 사람들 눈치가 보여 조심스러워하면서 내뱉은 말이다. 전화를 직접 사용할 형편은 못 되었지만 그것이 먼 거리에도 편하게 커뮤니케이션할 수 있는 새로운 수단이라는 사실은 잘 알고 있었던 것이다.

전화가 한국 사회에 도입된 것은 1896년으로 알려져 있다. 그해 10월 2일에 궁중과 인천 간에 한국 최초의 전화 개통이 이루어졌다. 그 후 한 달여가 지난 때 전화가 있었기에 목숨을 구할 수 있었던 사람이 바로 백범 김구였다. 당시 김구는 명성황후 시해 사건에 대한 보복으로 일본인을 살해하여 인천형무소에 수감 중이었으며 곧 교수형에 처해질 예정이었다. 사형수에 대한 보고를 받던 고종은 국모 시해와 관련된 건을 주목하며 즉시 어전회의를 소집하여 구제하기로 결정하였다. 이에 고종은 친히 인천형무소로 전화해 김구의 구제를 명했다는 것이다. 만일에 당시 전화가 없었다면 김구의 운명도 달라졌을 것이다. 또한 그 영향은 김구 개인의 차원에만 머물지 않고 한국 근대사의 전개에도 미치는 것이다.

1897년에는 고종의 침소와 정부 각 부처를 연결하는 전화가 설치되었다. 궁내부에 교환대를 설치하고 궁중에 3대, 각부에 7대, 평양과 인천에 2대로 총 12대가 설치되었다고 한다. 일반 공중이 사용할 수 있는 전화는 1902년에 개설되었지만 그 요금이 워낙 비쌌다. 당시 관청 고용원의 일당이 80전임에 비해 전화 요금은 5분간 50전이었다고 한다. 전화 한두 통 사용하는 요금이 웬만한 사람 한 달 월급에 맞먹었던 것이다. 요금이 비싸기도 하였지만 당시의 일반인들로서는 전화를 걸려 해도 걸 상대도 없던 상황이었다.[98]

전화기는 그보다 앞서 1882년부터 도입되었다고 한다. 청나라에 영선사로 파견되었다가 유학을 했던 상운尙澐이 귀국할 때 전화기 2대를 가져 온 게 최초였다. 당시 전화기는 영어의 Telephone을 음역해 다리풍爹釐風, 덕진풍德津風, 득진풍得津風 등으로 부르거나 의역해서 전어기傳語機, 어화통語話筒, 전어통傳語筒 등으로 불렸다.[99]

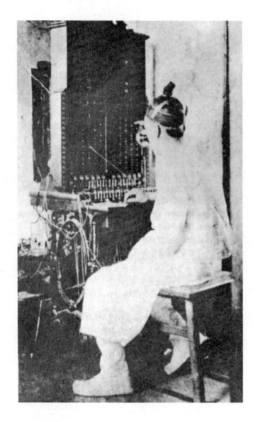

하지만 개화기 신소설에서 이 다양한 용어는 거의 찾아볼 수 없었고 이 중 전어통이라는 용어가 딱 한 차례 등장하였다.《빈상설》(79~80)에서 첩의 음모로 온갖 고난을 겪는 이씨 부인이 물에 빠져 죽겠다고 나서자 동행하던 하인 영매가 말리는 중에 지나가던 낯선 사람이 누구냐고 물어 본다. 이씨 부인에게 "이 양반은 어데 계신지, 뉘 댁이라 하시오?"라고 물어 보지만 이씨 부인은 답이 없고 대신 영매가 "예, 그 양반도 나하고 한 고향 사는 이서방이시오"라고 답한다. 이에 그 지나가던 길손은 "댁이 전어통이란 말이요? 이 양반더러 물었는데 댁이 왜 대답을 하시오? 이 양반은 벙어리 차접을 맡았나?"* 라고 말한다. 본인이 해야 할 말을 직접 하지 않고 다른 사람 입을 통해 대답이 나오자 이를 '전어통'에 비유한 것이다. 여기서 개화기에 전어통, 즉 전화기는 다른 사람의 말을 전달해 주는 기계로 받아들여졌음을 알 수 있다.

전화는 새로운 문명의 이기였지만 이것도 한국 사회에 전래되면서는 당시의 문화적 맥락 속에 대입되어 수용되었다. 전화의 사용도 예의와 절차를 중요시하는 유교적 전통 속에서 이루어졌다는 말이다. 전화를 걸 때에도 마치 대면할 때와 마찬가지로 예의를 갖추었다고 한다. 상투를 단정히 고쳐 세우고 덕진풍 앞에서 두 손을 맞잡아 머리 위에 쳐드는 읍揖을 하고서 전화 딸딸이를 돌렸다. 상대방이 나오면 자신의 직함과 성명을 다 말하고 상대 부서의 판서와 참판, 참의의 안부를 묻고 상대방 부모의 안부까지 묻고서 용건을 말했다는 것이다. 만약 왕이 계신 궁내부에 전화를 할 일이 있으면 절차는 더욱 복잡해졌다. 벗어 놓았던 관복, 관모, 관대까지 정장을 갖추고 전화를 향해 큰 절을 네 번하고는 무릎 꿇고 엎드려서 수화기에 대화를 하였다는 것이다. 전술한 바 있지만 왕을 직접 대면하거나 왕의 명령이나 메시지를 받을 때와 똑같은 의례 절차를 행하고 통화를 했다는 말이다.

하지만 일반인들로서는 제대로 구경도 하기 어려운 물건이었다. 기회가 닿으면 관청이나 일본인들의 전화를 구경하려 사람들이 몰려들었는데, 벨이 요란스럽게 울리면 구경하던 사람들이 모두 괴상한 물건이라고 도망치듯 빠져 나갔다는 것이다. 1912년경 전화의 보급은

---

* 정당히 담판할 일에 감히 입을 열어 말하지 못함을 비유적으로 이르는 말이다.

총 8,961대로서 그중 조선인 명의로 가입한 것은 483대에 불과했다고 한다. 그중에는 경성의 조선인이 337명을 차지하여 전체의 70.0%를 차지하였다.[100] 이러한 상황에서 전화의 사용은 어려웠지만 그 존재와 편리함에 대한 인식은 서서히 확산되기 시작하였던 것이다.

7. "전쟁 이후로 옥남이가 신문만 날마다 보는데": 신문

1) 새로운 정보 미디어의 등장

개화기의 커뮤니케이션 환경에서 무엇보다도 특징적인 새 미디어는 바로 신문이다. 1883년 〈한성순보〉가 창간되면서 근대 신문의 시대가 막을 연 이래 개화기에만도 여러 신문들이 창간되면서 신문이 새로운 사회·문화적 제도로 정착되어 갔다. 불특정 다수의 대중을 대상으로 하는 이른바 매스 미디어의 시대가 열리게 된 것이다. 이 책에서 분석한 신소설들에서도 신문이 등장인물들의 생활 속에서 다양한 모습으로 재현되었다.

우선 신문은 세상 돌아가는 일에 대한 정보를 얻는 미디어의 역할을 하는 것으로 그려졌다. 1908년에 발표된 《은세계》(459)를 보면 우여곡절 끝에 미국 유학을 가게 된 주인공 최옥남은 신문을 통해 고국 소식을 알게 되는 장면이 나온다. "일로日露 전쟁 이후로 옥남이가 신문만 정신 들여 날마다 보는데 신문을 볼 때마다 속만 터진다. 어찌하여 그렇게 속이 터지는고? 옥남의 마음에 우리나라 일은 놀부의 박 타듯이 박은 타는데 경만 치게 된 판이라고 생각한다"는 것이다. 러일 전쟁 이후 일본에 의해 국권을 빼앗겨 가는 과정을 신문을 통해 알게 되면서 걱정하는 상황을 묘사한다. 부정적인 여러 사건들이 이어지며 국권이 위태로워지던 당시의 상황을 놀부 박타기에 비유한 것이다.

뒤이어 《은세계》(462)에는 옥남과 옥순이 고국의 정치 상황을 다룬 신문 기사를 함께 읽으며 토론하고 의견을 나누는 장면도 나온다.

> 옥남이가 옥순이의 앞으로 다가앉으며 각 신문을 뒤적거리다가, 옥남의 손가락이 신문지 위에 뚝 떨어지며,
> "이것 좀 보시오."
> 하는 소리에 옥순의 눈이 동그래지며 옥남의 손가락 가르치는 곳을 본다. 본래 옥순이가 고국 생각을 너무하고 밤낮 근심으로 세월을 보내는 고로, 옥남이가 옥순이를 볼 때마다 옥순이를 웃기고 위로하던 터이라. 그 신문의 기제한 제목은 한국 대개혁이라 하였는데, 대황제폐하 전위하시던 일이라. 옥순이가 그 신문을 다 본 후에 옥남이와 옥순이가 다시 의논이 부산하다.

이 내용으로 볼 때 헤이그 밀사 사건 이후 고종이 일제에 의해 강제로 퇴위당한 것이 1907년 7월 20일이므로 그즈음임을 알 수 있다. 기사를 보고 옥남과 옥순은 한국의 정치 개혁이 제대로 이루어지지 못해서 오늘날 위기에 처하게 되었다고 안타까운 심정을 토로하다가 "우리도 하루바삐 우리나라에 돌아가서, 우리 배운 대로 나라에 유익한 사업을 하여 봅시다"라고 말한다(463).

이처럼 개화기의 백성들도 신문을 통해 세상 돌아가는 일에 대해 알게 될 뿐만 아니라 이를 계기로 의견을 갖게 되며 주변 사람들과 정

보와 의견을 나누곤 하였음을 보여 준다. 이 장면은 당시 신문이 매스미디어로서 어떠한 기능을 하였는지를 잘 보여 준다. 앞에서 세상 돌아가는 일에 대한 정보를 얻게 되는 사례도 있었고, 나아가서 주요 이슈에 대한 해설을 통해 의견을 형성하고 여론으로까지 연결되는 역할도 하였음을 보여 준다.

신문에는 정치 이야기뿐만 아니라 사건, 사고도 많이 다루어진다. 소설의 주인공들이 사건에 연루되고 그 사건이 신문에 보도되며 이를 계기로 새롭게 전개되는 장면도 등장하였다.《추월색》(34)의 여주인공 정임은 일본 유학 중에 하루는 동경의 우에노 공원에 산책하러 갔다가 (자신에게 연심을 품고 쫓아다녀 계속 피해 왔던) 강한영을 만나 추행 당할 위기를 모면하려다 칼을 맞고 만다. 병원에서 의식을 되찾은 정임은 누워서 "참 팔자도 기박도 하다"며 자신의 신세를 한탄하다가 "신문이나 보고 잊어버리겠다"고 마음먹고는 간호원에게 신문을 부탁한다. 복잡한 일을 잊기 위해 신문을 찾았단 말이다. 이는 신문의 오락적 기능을 잘 보여 준다. 하지만 소설에서 정임이 받아 본 신문은 오락에만 그치지 않았다. 신문을 읽어 나가던 정임은 잡보란에 다음과 같이 자신의 사건이 실린 기사를 보게 된다.

김영창(연 십구*)이라 하는 사람이 어떤 여학생과 무슨 감정이 있던지 재작일 하오 십일시 경에 상야공원 불인지**가에서 칼로 찌르다가 하곡구 경찰서로 잡혀갔는데, 그 사람은 본디 조선 사람으로 영국 문과대학에서 졸업한 자이라더라.

---

* 나이가 19세임을 말한다.
** 불인지不忍池는 동경의 우에노上野 공원에 있는 호수 이름이다.

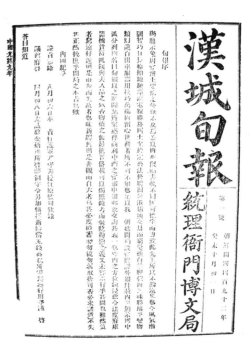

24. 한국 최초의 근대 신문
〈한성순보〉의 창간호 1면.

이 기사를 본 정임은 매우 큰 혼란에 휩싸이고 만다. "이 잡보를
보다가 하도 이상하여 한 번 다시 보고 또 한 번 더 훑어보아도 갈데
없이 자기의 사실인데, 행패하던 놈의 성명이 다르매 더욱 이상하"게
여길 수밖에 없었다(《추월색》, 34). 정임을 칼로 찌른 강한영은 바로 도
망가고 마침 그곳을 지나던 정임의 옛 약혼자 김영창이 사건을 목격
하고는 정임을 구하려다가 경찰에게 잡혀 범인의 누명까지 쓰고 말았
다. 칼을 맞고 정신을 잃은 정임은 영창이 나타났던 사실을 까맣게 모
르고 있었던 것이다.

영국으로 가게 되었던 영창은 스미트 부부의 도움으로 대학을 졸
업한 상태였는데 일본 요코하마에 영사로 발령이 난 스미트 씨를 따

라 일본에 오게 되었다. 어느 날 동경을 구경하러 왔다가 우연히 현장을 목격하게 되며 범인의 누명을 뒤집어쓰기까지 한 것이다. 얼마 뒤 정임도 사건의 당사자로서 법원의 호출을 받고는 출두하여 범인은 김영창이 아니고 강한영이라고 증언하였다. 이로써 영창은 누명을 벗어날 뿐만 아니라 헤어져 꿈에도 그리던 옛날의 약혼자 정임을 극적으로 다시 만나게 된 것이다. 이 사실이 알려지며 각 신문에 다시 미담으로 기사화되었다. 소설에서는 이를 "각 신문에 '불행 위행'이라 제목하고 정임의 사실의 수미首尾를 게재하여 극히 찬양하였으매 동경 있는 조선 유학생이 그 사실을 모를 사람이 없더라"고 서술한다(《추월색》, 38~41). 추행 사건에 연루되어 사건 기사의 주인공도 되고 헤어져 소식 모르던 어린 시절의 약혼자를 극적으로 다시 만나는 미담의 주인공으로도 신문에 등장하게 된 것이다.

이 기사가 계기가 되어 정임을 칼로 찌른 범인 강한영도 잡히게 된다. 그는 당시 이미 귀국하여 일본 경찰의 체포를 면하였지만 유학 시절 같이 놀러 다니던 친구와 만나 술 먹다가 잡힌다. 신문 기사를 통해 강한영의 죄를 알고 있던 친구는 모른 체하고 함께 술을 마시며 놀다가 취해서 둘이 시비를 벌이던 와중에 "네가 요놈, 동경서 여학생 정임이를 죽이고 도망해 나온 강가 놈이지. 너 같은 놈은 내가 경무청에 고발만 하면 네 죄는 경하여야 종신 징역이다. 요놈, 죽일 놈 같으니!"라고 소리를 지르며 싸움을 벌인다. 이를 우연히 듣게 된 주변의 경찰이 현장에서 강한영을 체포한다(《추월색》, 49~50).

처음 불미스러운 사건이 보도되고 이를 계기로 옛 약혼자를 만나게 되며 미담 기사로도 등장하게 되어 사건의 진범도 잡게 된다. 신문이라는 미디어가 정보를 제공해 줌으로써 주인공들의 삶의 여정에서 중요한 계기를 만들어 주는 역할을 한 셈이다.

2) 호외

신소설에서는 긴급한 뉴스를 신속하게 보도하기 위해서 호외가 발행되고 이를 이용하는 장면도 등장하였다. 《혈의누》(31)를 보면 일본에서 정상井上 부인의 양녀로 자란 옥련이 방과 후 집에 오는 길에 판매원들이 호외라고 외치는 소리를 처음으로 듣게 된다.

> 호외號外, 호외, 호외라고 소리를 지르며 대판 저자 큰 길로 다름박질하
> 여 돌아다니는 사람들이 둘씩, 셋씩 지나가니 옥련이가 학교에 갔다 오
> 는 길에 문을 열고 들어오면서
> "여보, 어머니 저것이 무슨 소리요?"
> **정상 부인** "네가 온갖 것을 다 알아듣더니 호외는 모르는구나. 그러나 무
> 슨 큰일이 있는지 한 장 사보자 이애 설자야, 호외 한 장 사오너라."

호외를 사오라는 정상 부인의 말을 듣고 하인 설자가 나서자 옥련이도 함께 따라 나가서 호외를 사오는데, 이는 일본 오사카에서 발행되는 〈대판매일신문大阪每日新聞〉의 호외였다. 호외를 받아든 정상 부인은 그 내용을 읽어나가며 곧 울음을 터뜨리고 만다. 무슨 일 때문인지 궁금한 설자는 호외를 받아 읽고는 옥련에게 말한다(《혈의누》, 32).

> "아씨, 이것 좀 보십시오. 요동반도가 함락이 되었습니다. 아씨, 우리 일
> 본은 싸움할 적마다 이기니 좋지 아니하옵니까. 에그, 우리나라 군사가

이렇게 많이 죽었나. 아씨, 이를 어찌하나. 우리 댁 영감께서 돌아가셨네. 만국공법萬國公法에, 전시에서 적십자기赤十字旗 세운 데는 위태치 아니하다더니 영감께서는 군의시언마는 돌아가셨으니 웬일이오니까.”

호외에는 청일 전쟁에서 일본이 요동반도를 함락시켰다는 소식과 함께 전사자 명단이 포함되었고, 이를 읽은 정상 부인과 하인 설자는 군의관으로 전쟁에 나갔던 주인 영감이 사망한 사실을 알게 되면서 ‘군의는 만국공법에 따라 보호’되어야 하는데도 돌아가셨다면서 안타까워한다.

한국에서 호외가 최초로 발행된 것은 1894년 7월 23일 인천의 일본인 신문 〈조선신보朝鮮新報〉가 청일 전쟁이 임박했음을 알린 것이었다. 한국 신문에 의해 한글로 된 호외를 처음 발행한 것은 1897년 8월 22일 〈그리스도신문〉이었다. 고종 황제의 탄신일인 이 날짜 신문에서 〈그리스도신문〉은 고종의 사진을 석판으로 인쇄하여 호외로 배포하였다. 따라서 호외라는 형식과 용어를 사용하기는 했지만 그 성격은 속보나 긴급 보도를 다룬 것이 아니라 부록의 성격에 가까운 것이었다. 명실상부한 첫 호외는 1898년 2월 19일 〈독립신문〉이 미국 군함 메인호가 아바나항에서 폭침된 사실을 속보한 것이었다. 이보다 앞서 일본에서는 1868년 5월 15일 〈중외신문中外新聞〉이 ‘별단판’을 발행한 것이 최초로 평가되며 ‘호외’라는 용어는 1876년 10월 29일 〈조야신문朝野新聞〉이 처음 사용한 것으로 알려지고 있다.[101]

청일 전쟁 과정에서 부모와 헤어져 일본에 건너가야 했던 어린 주인공 옥련은 호외를 모를 수밖에 없었던 것이다. 여기서 특기할 만한 것은 일본인 양모가 하인에게 호외를 사오도록 시켰다는 사실이

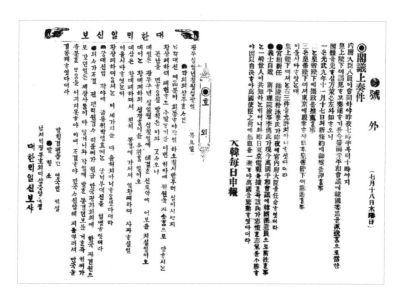

25. 〈대한매일신보〉가 1907년 7월 18일에 발행한 호외. 헤이그 만국평화회의에 고종의 밀사로 파견되었던 이준 열사의 순국 소식을 전한다.

다. 야마모토 후미오[102]에 의하면 일본에서도 원래 호외는 고정 독자들에게 무료로 배포되었으나 청일 전쟁 당시부터 신문들 간에 속보 경쟁이 벌어지고 호외 발행도 잦아지면서 도쿄에서는 가두에서 유료로 판매하기 시작했으며 전문 판매인도 등장하였다는 것이다. 앞서 인용한 《혈의누》에서도 호외를 유료로 판매된 것이 묘사되었다.

3) 이산가족의 상봉: 신문을 통한 사회적 연계

신문의 보도가 계기가 되어 후속 행동이 이어지면서 개인의 구체적 목적, 즉 헤어져 소식을 모르던 가족을 극적으로 만나게 된 사례도 등장하였다. 앞에서 인용한 《추월색》의 사례도 그렇지만 《혈의누》(43)에서도 이러한 장면이 등장한다. 청일 전쟁의 와중에 부모를 잃고 일본인의 손에 이끌려 일본에 갔다가 다시 미국 유학길에 올랐던 여주인공 옥련이 고등학교를 우등으로 졸업했다는 소식이 워싱턴 지역 신문에 기사화되었다. 이를 마침 미국에 가 있던 그 아버지가 보게 된다.

> 그때 옥련이가 고등소학교에서 졸업 우등생으로 옥련의 이름과 옥련의 사적이 화성돈 신문에 났는데, 그 신문을 보고 이상히 기뻐하는 사람 하나이 있는데, 어찌 그렇게 기쁘던지 부지중 눈물이 쏟아진다. 기쁜 마음을 이기지 못하여 도리어 의심을 낸다. 의심 중에 혼잣말로 중얼중얼한다. "조선 사람의 일을 영서로 번역한 것이라 혹 번역이 잘못되었나. 내가 미국에 온 지가 십년이나 되었으나 영문에 서툴러서 보기를 잘못 보았나." 그렇게 다심하게 생각하는 사람의 성명은 김관일인데, 그 딸의 이름이 옥련이라. 일청 전쟁 났을 때에 그 딸의 사생을 모르고 미국에 왔는데, 그때 화성돈 신문에는, 말은 옥련의 학교 성적과, 평양 사람으로 일곱 살에 일본 대판 가서 심상소학교 졸업하고 그 길로 미국 화성돈에 와서 고등소학교에서 졸업하였다 한 간단한 말이라. 김씨가 분명히 자기의 딸이라고는 질언*할 수 없으나, 옥련이라 하는 이름과 평양 사람이라는 말과 일곱 살에 집 떠났다 하는 말은 김관일의 마음에 정녕 내 딸이라고 생각 아니할 수도 없는지라.

옥련이라는 이름의 학생이 우등생으로 졸업했다는 워싱턴 신문

---

* 참된 사실을 들어 딱 잘라 말하는 것을 뜻한다.

의 기사를 본 옥련의 아버지는 기사 내용으로부터 자신의 잃어버린 딸이 틀림없으리라고 생각하게 되었다는 것이다. 이에 옥련의 아버지 김관일은 수소문하여 학교를 찾아갔으나 졸업식도 마친 학교에는 아무도 없어 물어보지도 못하고 돌아와야 했다. 딸이 묵고 있는 호텔의 소재를 파악할 수가 없자 신문에 광고를 내게 되었다. 이를 옥련이가 호텔 직원의 도움으로 극적으로 보게 된다(《혈의누》, 47).

하루는 뽀이가 신문지 한 장을 가지고 옥련의 방으로 오더니 그 신문을 옥련의 앞에 펼쳐 놓고 뽀이의 손가락이 신문지 광고를 가리킨다.
옥련이가 그 광고를 보다가 깜짝 놀라서 눈물이 펑펑 쏟아지면서 얼굴을 발개지고 웃음 반 눈물 반이라.
옥련이가 좋은 마음에 띄어서 광고를 끝가지 다 보지 못하고 우두커니 앉았다가 또 광고를 본다. 옥련의 마음에 다시 의심이 난다. 일전 꿈에 모란봉에 가서 우리 부모 산소에 갔던 일이 그것이 꿈인가. 오늘 신문지의 광고 보는 것이 꿈인가. 한 번은 영어로 보고 한 번은 조선말로 보다가 필경은 한문과 조선 언문을 섞어 번역하여 놓고 보더라.

광고
지나간 열사흗날 황색신문 잡보에 한국 여학생 김옥련이가 아무 학교 졸업 우등생이라는 기사가 있기로 그 유하는 호텔을 알고자 하여 이에 광고하오니, 누구시든지 옥련의 유하는 호텔을 이 고백인에게 알려주시면 상당한 금으로 십류(미국 돈 십 원)를 앙정할 사
한국 평안도 평양인 김관일 고백

이 광고를 보고 자신의 아버지가 틀림없다고 확신한 옥련은 아버지의 처소로 찾아가서 극적으로 10년 만에 부녀 상봉이 이루어지게 된 것이다. 신문을 통해 딸의 소식을 듣게 되었고 다수의 사람들이 보게 되는 신문의 특성을 이용하여 자신의 사연과 필요를 광고하고 또 이를 그 딸이 보게 됨으로써 극적인 부녀 상봉이 이루어지게 되었다. 다수의 대중을 대상으로 하는 매스 미디어인 신문이 아니었다면 이루어지기 어려웠을 것이다.

한편 신문의 보도를 계기로 해서 새로운 후원자가 나타난 사례도 찾아볼 수 있다. 《은세계》(455)에서 미국 유학 중이던 옥남과 옥순 남매는 죽은 아버지의 부탁으로 재산을 관리하던 김정수마저 파산하고 죽자 살길이 막막해진다. 궁지에 몰린 남매는 결국 기찻길에 뛰어 들어 자살을 시도하지만 인근에 있던 경찰에 의해 구조되어 미수에 그친다. 이 사건이 워싱턴 신문에 '조선 학생 결사 미수'라는 제목으로 보도되었다. 이 기사를 보고는 미국인 씨엑시 아니쓰라는 사람이 남매를 불쌍히 여겨 앞으로 학비를 대주겠다고 나섰다. 이 미국인은 "하나님을 아버지 삼고 세계 인종을 형제같이 사랑하고 야소교를 진심으로 믿는 사람"으로서 "신문을 보다가 옥순의 남매에게 자선심이 나서, 그 길로 옥순의 남매를 찾아 데려다가, 몇 해든지 공부할 동안에 학비를 대어 주마" 하였다는 것이다. 이로써 이들 남매는 다시 공부를 시작하여 마칠 수 있었다. 여기서 신문의 보도가 계기가 되어 이 남매가 죽으려는 생각까지 하게 만든 어려운 사정을 불쌍히 여겨 후원하겠다는 사람이 나선 것이다.

신문 기사와 광고를 통해 헤어진 가족을 극적으로 만나고 새로운 후원자를 만나게 되는 사례들을 소개하였지만 다른 한편으로 개화기 신소설에서는 전단에 의한 광고 형태도 등장하였다. 《추월색》(29)을 보면 부모 몰래 일본 유학을 결행하여 낯선 일본 땅에 홀로 내려선 주인공 정임이 먼저 거처를 정하게 되는 과정을 다음과 같이 묘사한다.

> (……) 한참 방황하다가 덮어놓고 인력거에 올라앉으니, 별안간 말하는 벙어리, 소리 듣는 귀머거리가 되어 인력거군의 묻는 말을 대답하지 못하고, 다만 손을 들어 되는 대로 가라치니 인력거는 가라치는 대로 가고, 정임이는 묻는 대로 가라치서 이리저리 한없이 가다가 어느 곳에 다다르니, '상야관'이라 현판 붙인 집 앞에서 **오는 가는 사람에게 광고를 돌리는데**, 그 광고 한 장을 받아 보니 무슨 말인지 의미는 알 수 없으나, 단지 숙박료 일등에 얼마, 이등에 얼마라고 늘어 쓴 것을 보매 그 집이 여관인 줄 알고 인력거를 내려 들어가니, 벌써 여중과 반또*들이 나와 맞으며 들어가는 길을 인도하는지라, 인하여 그 집에 여관을 정하고 (……)

말도 모르고 도와줄 사람도 없는 낯선 땅에 내려 황망한 가운데, 우선 거처를 정하게 되는 것이 광고를 통해서라는 것이다. 이 광고는 바로 업소 앞에서 오가는 사람들에게 나누어 주었다는 것으로 봐서 광고 전단의 형태인 것으로 보인다. 이 광고 전단이 마침 거처를 찾아야 했던 정임에게 전달됨으로써 수요자도 필요를 충족할 수 있었으며 그 업소도 새로운 손님을 확보할 수 있었던 것이다. 소설에서 정임은 이 여관에 자리 잡고 주인에게 일본어도 배우면서 정착하게 된다.

신소설에서도 이 사례밖에는 없었지만, 개항 이후 신문물이 들어

---

* 이는 番頭의 일본어로서 가게의 고용인 중 우두머리를 가리키는 말이다(《추월색》, p.59 주).

오면서 신문이 등장하고 거기에 광고도 실리면서 서구 문명을 점차 수용하는 과정에 있음을 보여 준다.《추월색》이 발표된 1912년 당시에 전단 광고 형태가 실제로 등장했었는지는 현재 확인이 안 된다. 신문 지면에 광고가 등장한 것은 1886년에 창간된 〈한성주보〉부터지만 별도로 인쇄된 전단 형태의 광고가 언제부터 등장했는지에 대해서는 현재까지 제대로 규명이 되지 않고 있다. 해당 장면의 무대가 일본 동경이었고, 최찬식의 이력을 보면 유년 시절 서당에서 한문을 공부했으며, 1897년 아버지가 설립한 시흥학교에 입학하여 신학문을 배웠고 그 뒤 서울 관립한성중학교에서 공부하는 등 신식 교육을 받기는 했지만 일본에 유학했다는 기록은 찾아보기 어렵다. 그럼에도 이 소설에 이러한 전단 광고가 등장했다는 것은 당시 사회에 전단 광고가 실제로 존재했었음을 간접적으로 보여 준다.

4) 관보

정부의 공식적인 공지 사항들은 관보를 통해 알려졌다. 조선 시대에는 왕명을 출납하는 승정원에서 매일 발행하던 조보가 정부의 공식적인 미디어였다. 고전 소설에서도《소현성록》(79)에 조보에 대한 언급이 한 차례 등장한다. 머나먼 호광 땅으로 발령이 나 현지에 부임하는 주인공 소생을 현지의 관리가 마중 나와서 반기며 다음과 같이 말한다. "존귀한 어르신인 선생께서 어찌 한 필 말만 끌고 여기에 오셨습니까? **일찍 조보를 보고 상경하셨다는 소식을 들은** 후 날마다 기다렸는데 오늘 존안을 뵙게 되니 천만다행입니다." 현지의 관리가 조보를 통해 새로 부임하는 어사의 소식을 듣고는 맞이할 준비를 하였다는 것이다.

조보에는 정부의 주요 정책을 비롯해서 왕의 동정, 주요 인사 등 정부의 공식적인 정보들이 실렸다. 1894년 6월 갑오개혁의 과정에서 관보가 창간되면서 조선 시대 조보가 하던 역할을 대신하게 되었다. 관보는 서울과 지방의 관청이나 관리들이 주된 독자들이었지만 일반인도 구독할 수 있었다. 구독을 원하는 사람은 구독료 3개월치 이상과 함께 주소, 성명을 기재하여 청구하면 우편으로 받아서 구독할 수 있었다.[103] 내용이 정부의 공식적인 정보 위주였기는 하지만 일반인들도 구독할 수 있었다는 점에서 신문과 같은 매스 미디어로 볼 수 있을 것이다.

조선 중기인 선조 재임기에는 민간에 의해 조보가 발행되기도 하였다. 선조 10년인 1577년 8월 한양의 중인 수명이 의정부와 사헌부로부터 허가를 받아 목활자로 인쇄한 민간 조보를 약 3개월간 발행하였다. 그러나 뒤늦게 이 사실을 알게 된 선조는 대로하여 이를 폐간시키고 관련자 30여 명을 유배하였으며 사헌부와 사간원의 책임자를 경질하였다. 이로써 민간 인쇄 조보의 명맥은 끊어지고 말았다. 이 민간의 조보는 서구의 일간 신문보다 앞서 발행된 것으로서 세계 최초의 활판 인쇄 상업 일간 신문일 가능성이 높은 것으로 평가된다.[104] 최근 경북 영천의 용화사라는 절에서 이 민간 조보의 실물이 발견되어 학계의 관심이 모아지고 있다.[105]

신소설에서도 관보를 통해 관리들의 주요 인사 조치가 공지되는 장면들이 등장하였다. 《화의혈》(354)을 보면 전라도 장성 기생 선초의 소문을 듣고는 욕심이 발동한 이도사가 로비를 하여 시찰사로 임명된 것이 관보에 실리는 장면을 "그날부터 창골·낙동을 풀방구리*에 쥐

드나들 듯 활동을 하더니 삼남 시찰사 하나이 새로 났는데 **그 관보가
돌아다니니까 이 사랑 저 사랑에서 공론들이 분운**紛紜**하다**"고 서술한
다. 전라도 지역 시찰사의 임명 소식이 관보에 게재되었으며 그 관보
가 당시의 다른 신문들과 마찬가지로 여러 사람들에게 돌려 읽혔음을
알 수 있다. 또한 '공론들이 분운'하다는 표현은 관보에 게재된 소식
이 입소문을 통해 널리 전파되고 이에 관해 여러 의견들이 형성되고
논의되었음을 말해 준다.

《추월색》(20~22)에서는 초산에 간 김승지네가 소식이 끊어지더
니 그 지역에서 민란이 발생하고 큰 불이 나서 피해가 크다는 소식을
듣고는 혹시나 무슨 변고를 당했나 싶어 정임의 아버지 이시종은 초
산에 다녀온다. 하지만 현지에 가서도 아무런 소식도 알아내지 못한
이시종은 그사이 누군가의 모함으로 면직되고 말아 그 내용이 관보에
실리게 되었다. "이시종이 초산서 집에 돌아온 지 제삼일 되던 날 관
보官報에 '시종원 시종 이ㅇㅇ 의원 면 본관依願 免 本官'이라 게재"되
었다는 것이다. 주인공 가족에게 겹쳐진 불행들이 관보를 통해 알려
진 것이다.

이처럼 관보가 정부의 정책이나 인사 등 공식적인 정보들을 널리
알리는 역할을 했음을 알 수 있다.

5) 신문에 난다는 것의 의미

한편 당시의 일반 백성들은 신문에 나는 일은 대개 부정적인 일이 많

---

* 풀을 담아 놓는 질그릇을 말한다.

은 것으로 인식했던 것으로 보인다. 소설에서 좋지 않거나 예사롭지 않은 일들을 언급하며 '신문에 날 일'이라는 식의 표현들을 사용한 예가 보인다. 《빈상설》(62)을 보면 못된 첩 평양댁이 가두어 놓았던 정실부인이 사라졌다는 소식을 하인과 함께 듣게 되었다. 이를 듣고 그 하인이 "아마도 누군가와 눈이 맞아서 함께 도망쳤나 보다"며 "만일 혼자 나섰을 말이면 몇 걸음 안 나아가서 발길에 툭툭 채이는 홀아비에게 붙들려서 내외국內外國 신문에 뒤떠들었을 터인데 괴괴하고 아무 말 없을 때에는 가히 알 일이 아닙니까?"라고 말한다. 혼자 도망갔으면 불한당을 만나 신문 기삿거리가 되었을 텐데, 그런 일이 없는 걸 보니 누군가와 눈이 맞아 도망갔음에 틀림없다는 말이다.

신분을 속이고 결혼하여 겪게 되는 애환을 다룬 《재봉춘》(32)에서 주인공 허씨 부인은 자신을 입양해서 결혼할 수 있게 해 준 양부 허부령에게 돈도 여러 차례 뺏기고 결국 결혼 반지까지 빼앗긴 때문에 시어머니에게 직접 추궁을 당하며 매우 곤란한 입장에 처하게 된다. 어떻게 대응해야 하나 이리저리 고민하던 허씨 부인은 "이실직고以實直告하였다가는 이참서와 허부령과 시비가 되어 자기 본색이 탄로되어 **신문지 신세를 지면 세 사람이 다 망하는 날**이라"고 생각하여 아무 말도 하지 않고 눈물만 흘린다. 신분을 속이고 결혼한 사실이 밝혀지면 본인은 물론 남편과 양아버지까지 모두 '망하는 날'이라는 것이다. 여기서도 신문에 난다는 것에 대한 부정적 인식이 잘 드러난다.

또한 《혈의누》(34)에도 옥련이 밤중에 혼자 바깥 출입을 하자 그 양모가 "이애, 네가 무슨 일이 있어서 이 밤중에 항구에 나갔더냐. 미친 사람이 아니어든 동으로 가다 서으로 가다 남으로 북으로 온 대판을 헤매더라 하니 무엇하러 나갔더냐. 너 같은 딸 두었다가 망신하기

쉽겠다. **신문 거리만 되겠다**"며 망신당하기 십상이라고 나무란다. 야밤에 봉변을 당해 신문 기사로 등장하면 망신이라는 인식을 볼 수 있다. 이러한 인식은 당시에도 신문 기사가 주로 사건이나 사고 등 부정적 소재 위주로 보도되다 보니 생겨난 것으로 볼 수 있다.

다른 한편으로 긍정적인 내용으로 신문에 보도되는 사례도 등장하였다. 앞에서도 미담 사례로 보도된 예를 소개하였지만 신분을 속이고 결혼하여 여러모로 고생하는 내용을 그린 《재봉춘》(84)에도 미담으로 보도된 사례를 찾아볼 수 있다. 부인이 신분을 속이고 결혼한 사실을 알게 된 남편 이참서는 행실이 중요하지 계급이 중요한 것은 아니라며 자기 부인을 받아들이게 되는데 이 사실을 각 신문들이 보도하였다고 다음과 같이 서술한다.

일주일 후에 조선 각처에서 발행하는 여러 신문지는 일제히 한 별보別報를 게재하였는데, 문벌이 고귀하고 지덕이 겸비한 청년 신사 이균영씨는 전 육군 부령 허 균씨의 소개로 구일 인간 최하급의 대우를 받던 자산가 백성달씨의 영양 백영자와 결혼을 하였다 하니, 이로부터 계급 구별의 폐습이 타파되겠음을 가히 알지니, 실로 조선 인민 전체에 대하여 경하할 일이라고만 하고, 이참서집 가내사는 아무 말도 없으니, 아마 이참서가 엄중히 단속한 까닭으로 비밀이 누설되지 아니한 모양이러라.

각 신문들이 계급을 뛰어 넘은 결혼 소식을 미담으로 일제히 보도하면서 계급 차별의 폐습이 타파되는 것으로 보며 경하할 일이라고 평가하였다는 것이다. 《빈상설》(72)에서도 이씨 부인의 아버지 이승지가 제주로 귀향갔다가 다시 복원되어 서울로 돌아오는데 이를 다음과 같이 묘사한다.

> 장안 각 사회에 나라 사랑하는 뜻이 있다는 사람이라고는 하나도 집에 들
> 어 있지 아니하고, 마차를 탄다, 인력거를 탄다, 전차에도 오르고, 걷기도
> 하여, 남대문 골통이 빡빡하게 나아가더니, 선풍도골仙風道骨 같은 당당
> 명사 한 양반을 맞아들여오는데, 거리거리에 관광자가 기꺼 하례賀禮치 아
> 니하는 사람이 없고, **각처 신문마다 환영하는 축사를 대서특서하였더라.**

온 장안이 떠들썩하게 이승지의 귀향을 축하하며 신문마다 환영
사를 대서특필하였다는 것이다. 소설적인 과장으로 보이지만 이처럼
긍정적인 일로 신문에 게재되는 사례도 있었음을 알 수 있다.

6) 신문의 사회적 역할

앞에서 인용한 여러 사례들을 통해 개화기의 신문은 아직 독자층은
한정되었지만 소설 주인공들의 생활 속에 자리 잡고 중요한 사회적
역할을 한 것으로 볼 수 있다. 앞의 사례들에서 나타난 신문의 사회적
역할을 정리해 보면 첫 번째로 정보 제공의 역할을 들 수 있다. 신문
의 보도를 통해 청일 전쟁의 전황이나 고종의 강제 퇴위와 같은 중요
한 정치적 사건들에 대해 주인공들이 알게 되었다. 더구나 미국과 일
본에 있던 소설의 주인공들이 신문을 통하여 고국에서 벌어지는 정치
적 사건들에 대한 정보를 얻을 수 있었던 것이다.

다음으로는 신문이 사회적 연계의 역할을 하여 여론이 형성될 수
있는 계기가 되었다. 고종의 강제 퇴위 소식을 접하고 미국에 있던 옥

순 남매는 고국이 처한 정치적 위기 상황에 대해 의견을 나누며 자신들의 행위도 여기에 맞추어 가려는 것을 볼 수 있었다. 또한 사건에 대한 신문 보도로 일본 유학생 사회가 모두 알게 되고 이것이 계기가 되어 범인을 잡게 되는 결과로 이어지기도 했다. 기사와 광고를 통해 헤어졌던 부녀가 10년 만에 극적으로 상봉하는 사례도 볼 수 있었다.

또한 신문이 오락 수단으로서의 역할을 하는 장면도 등장하였다. 앞서 인용한 대로 괴한의 칼을 맞고 병원에 누워 있던 《추월색》의 주인공 정임이 자신의 신세를 한탄하며 한숨만 짓다가 복잡한 세상일을 잊고자 신문을 찾는다. 이 장면은 당시의 신문이 바로 오락적 기능도 하였다는 것을 말해 준다.

이처럼 개화기의 신문은 정보를 구하여 세상 일을 알게 되며 공간적으로 떨어져 있던 사람들이 연결되며 복잡한 세상사를 잠시 잊게 해 주는 등 다양한 역할로 존재함을 볼 수 있었다. 아직 대중화되었다고 말하기는 어렵지만 신문을 읽는 독자층에게는 생활 속의 필수 요소로 자리한 것으로 볼 수 있다.

7) 신문 읽는 습관과 독서 공중

신문이라는 새로운 미디어가 등장하고 정착하면서 이를 정기적으로 읽게 되는 독자들이 출현한다. 이들은 정기성을 기반으로 하는 신문이라는 미디어에 익숙해지면서 날마다 신문을 읽는 습관을 갖게 되면서 세상 일을 알게 되고 그에 대해 의견을 갖게 되는 것이다. 이러한 과정을 신소설에서도 찾아볼 수 있다.

《은세계》(461)를 보면 당시 미국에 거주하던 옥순과 옥남 남매는 어느 날 아침 다음과 같은 대화를 나눈다. 전날 밤 이런 저런 걱정에 잠을 설친 옥순의 방에 동생 옥남이 들어오며 대화가 시작된다.

> **옥남** "누님, 오늘 신문 보셨소?"
> **옥순** "이애, 신문이 다 무엇이냐? 지금 일어나서 겨우 세수하였다."
> (……)
> **옥남** "그러나 참, 오늘 신문 보셨소? 오늘 신문은 썩 재미있던 걸……."
> **옥순** "무엇이 그렇게 재미가 있단 말이냐? 어느 신문에 무슨 말이 있단 말이냐?"
> 하며 테이블 위에 놓인 신문을 보려 하니, 옥남이가 신문지를 누르면서,
> **옥남** "여보시오 누님, 여러 신문을 다 찾아보려 하면 시간이 더딜 터이니 내게 잠깐 들으시오." (……)

아침에 잠을 깬 남매가 신문을 매개로 대화를 이어간다. 위의 대화 내용에서 누나인 옥순은 전날 밤 잠을 설쳐 늦잠을 잤으며 일찍 일어난 동생은 이미 아침 신문을 대부분 읽은 상태였던 것으로 볼 수 있다. 뒤늦게 일어난 누나에게도 신문에 재미있는 기사가 났다면서 대화를 시작한다. 소설에서는 늦잠꾸러기 여학생의 기사가 났다는 농담을 동생이 누나에게 하지만 이들의 대화는 곧 신문의 내용으로 돌아가서 이어진다. 이들의 대화 중 "여러 신문 다 찾아보려면 시간이 많이 걸릴 것"이라는 언급으로부터 당시 여러 종류의 신문을 구독하고 있었던 것으로 보인다. 아침에 눈을 뜨면 집에 배달된 신문을 보고 세상 일을 알며 필요한 정보를 받아들이는 것으로 하루 일과를 시작한 것이다. 이러한 사실로부터 당시 이들은 신문 읽는 습관이 생활 속에

정착되었던 것으로 볼 수 있다.

개화기 한국 사회에 신문이라는 새로운 미디어가 등장하면서 당시의 급변하는 정세에서 신문은 빠르게 새로운 주요 미디어로 정착해 갔다. 새로운 독자층이 형성되면서 이들을 중심으로 신문을 읽는 것으로 하루를 시작하는 습관이 나타나기 시작한 것이다. 〈매일신문〉 1898년 12월 7일자 잡보란을 보면 다음과 같은 기사가 게재되었다.

남촌의 시 대관 모씨의 아들이 있는데 연령이 이십 안이라 위인이 늠름
할뿐더러 문필이 겸비하여 개명 진보에 마음을 활짝 열고 크게 느끼어
아침이면 각 신문을 자세히 다 본 후에야 글을 읽는다더라.

아침이면 신문을 읽는 것이 습관화되어 가는 현상이 개화기 독자층에서 나타나기 시작하였음을 보여 준다. 특정 신문 하나만을 보는 것이 아니라 여러 신문을 함께 구독하는 독자들도 나타나고 있다. 1898년 말이면 〈독립신문〉을 비롯하여 〈매일신문〉, 〈황성신문〉, 〈제국신문〉 외에도 종교 신문인 〈조선크리스도인회보〉와 〈그리스도신문〉도 발행되고 있었다. 이 중 복수의 신문을 구독하며 매일 아침 자세히 읽는다는 것이다.

앞에서 인용한 신소설 《은세계》가 발표된 것은 1908년이므로 위의 기사가 언급하고 있는 1898년도보다 신문의 발전이라는 측면에서 더욱 진전된 상황으로 볼 수 있다. 이처럼 규칙적으로 신문 읽는 습관이 형성된다는 것은 특정 신문에 대한 태도를 넘어서 신문이라는 새로운 문화 현상 자체에 대해 익숙해지고 습관이 되면서 거기에 대한 인식과 가치가 형성되고 그에 따른 행위 패턴이 나타나게 된다는 것

26. 개화기 때 사람들을 모아 놓
고 신문을 소리 내어 읽어 주던
모습. 일본인 만화가의 그림이다.
출처: 鳥越靜岐·薄土斬雲(1909),
≪朝鮮漫畵≫, 京城: 日韓書房,
p.103.

을 의미한다.

　이렇게 아침마다 신문이라는 하나의 텍스트를 읽는 많은 숫자의
사람들이 공간적으로 널리 분포하면서 형성된다는 것은 정치적, 사회
적, 역사적으로 매우 중요한 의미를 지닌다. 서양의 근대사에서는 독
서 공중이라 불리는 이 집단이 형성된 것은 근대 시민 사회의 성립과
발전에 중요한 초석이 된 것으로 평가되고 있다. 주로 상공업을 기반
으로 하는 신흥 시민 계급들로 구성되는 이 집단은 공적인 문제에 대
해서 정보를 공유하고 이에 대해 토론도 하며 의견을 형성하고 이것
이 여론으로 이어지게 된다.[106] 이러한 과정이 근대 시민 사회의 중요

한 몫을 담당하면서 인쇄 미디어인 신문과 함께 인류 역사에서 근대라는 새로운 장을 펼쳐 나갈 수 있었던 것이다.

개화기 한국 사회에서도 신문 독자층이 형성되고 이들이 매일 신문 읽는 것을 생활화하여 세상 돌아가는 일을 알고 이에 대해 주변과 공유하고 토론하며 의견을 갖는 현상이 나타난 것으로 볼 수 있다.

8. "경치는 가히 사진 한 장 박을 만하니": 사진

1) 사진의 전래

전술한 대로 조선 후기에는 특정 인물에 대한 그리움을 달래기 위한 목적으로 초상화 같은 그림 미디어가 주로 사용되었다. 개화기에 오면 새로운 미디어로 사진이 등장하면서 이러한 목적에 활용되었다. 19세기 초반 서구에서 발명된 사진이 개화기 한국 사회에는 19세기 후반 중국과 일본을 통해 전래되기 시작하였다. 해외 시찰이나 공무로 현지를 방문한 사신들과 역관들에 의해 사진의 존재가 서서히 알려졌다.

1863년 진하사進賀使로 중국에 갔던 이의익李宜翼은 현지에서 사진관을 처음으로 구경하고 함께 간 사신들과 사진을 찍었다. 1881년 영선사로 중국에 갔던 김윤식 일행도 톈진에서 사진관을 방문하고 초상 사진을 촬영하는 한편 사진 도입 가능성을 타진하기도 하였다. 1876년 수신사로 일본에 갔던 김기수金綺秀도 사진관을 시찰하고 자신의 초상 사진을 찍었다.

이 시기 사진 도입에 가장 적극적이었던 사람은 김용원金鏞元이었다. 1876년의 수신사에 화원畵員으로 참여했던 김용원은 1880년의 신사유람단에도 유람조사遊覽朝士로 참여하였다.[107] 이때 일본인 사진사들과의 접촉을 통해 사진 도입을 시도한 김용원은 1883년 한성에 사진관을 개설하였다. 〈한성순보〉 1884년 3월 18일자(제15호)의 '국내사보國內私報'란을 보면 '촬영국撮影局'이라는 제목으로 다음과 같은 짧막한 기사가 게재되었다.

작년에 저동苧洞에다 전 우후虞侯* 김용원이 촬영국을 개설하고 일본인 혼다 슈노스케本多修之輔를 초빙하여 개국하더니, 금년 봄에는 또 전 주사 지운영池運永이 마동麻洞에다 개설하고 일본에서 그 기술을 배워 가지고 왔는데 모두 정교하다고 한다.

기사를 보면 김용원이 1883년에 사진관을 열었으며 1884년에는 우두법을 최초로 도입한 지석영의 형인 지운영도 한성 내 마동에 '촬영국'이라는 명칭으로 사진관을 열었음을 알 수 있다. 마동은 현재의 종로구 권농동·봉익동·와룡동·묘동에 걸쳐 있던 마을이다. 김용원과 함께 사진관을 운영했던 혼다 슈노스케도 서울에 정착하여 서울 수표교 부근에 사진관을 개설, 운영하다가 남산 기슭으로 이전하였다. 그러나 1884년 갑신정변으로 반일 감정이 높아지면서 군중들에 의해 일본인들이 공격받는 와중에 혼다의 사진관과 건물이 파괴되었다. 이때 위험에 처한 혼다를 김용원이 자기 집에 피신시켜 목숨을 구

---

* 조선시대 각 도의 절도사 아래에 있던 무관을 말한다.

27. 한성에 설립된 초창기 사진관의 모습. 사진관이란 간판을 걸고 입구 주변에 사진들을 걸어 놓았다.

했다고 한다.[108]

이렇게 사진이 도입되어 신문에도 사용되기 시작하였다. 사진을 처음으로 사용한 신문은 미국인 선교사 H. G. 언더우드H. G. Underwood 가 1897년 4월 1일에 창간한 〈그리스도신문〉이었다. 이 신문은 창간 직후 고종의 석판 사진을 독자들에게 경품으로 제공하였으며, 1901년 2월 28일자 지면의 외국 교회 통신란에 실린 기사들에 사진을 사용한 것이 최초의 신문 사진으로 평가되고 있다.[109]

2) 신소설에 나타난 사진의 활용

이렇게 도입된 사진은 신소설의 무대가 되는 1910년 전후한 시기에는 제법 보급이 늘어난 상태였을 것이다. 신소설에서 나타난 사진의 용도는 크게 두 가지였다. 첫 번째는 멀리 떨어진 지인에 대한 그리움을 달랠 수단으로서의 용도다.《추월색》(19)을 보면 남자 주인공 영창의 아버지가 지방으로 부임하여 헤어지게 되자 여주인공 정임은 자신의 사진 한 장을 꺼내어 뒷면에 주소를 적어 주며 "이것은 내 사진이오, 이 뒷등에 쓴 것은 우리 집 통호수"라며 영창에게 건넨다. 헤어져 볼 수 없게 되는 아쉬움을 사진으로 달래라는 것이다.

서구에서 사진이 발전하게 된 것은 산업화와 함께 많은 사람들이 정든 공동체를 떠나 도시로 몰려들면서 헤어진 가족에 대한 그리움을 해소할 사회적 수요 속에서 이루어졌던 것으로 평가되고 있다.[110] 이농과 도시화로 가족들과 헤어지는 사례가 늘어나면서 헤어진 가족에 대한 그리움을 사진으로 달랬다는 것이다. 전술한 대로 조선 후기에는 초상화가 그리운 사람을 떠올리며 그리움을 달래 주는 수단이 되었지만 개화기 한국 사회에 사진이 도입되면서 초상화의 역할을 서서히 대체하기 시작했음을 알 수 있다.

신소설에 나타난 사진의 또 다른 용도는 새로운 사람을 소개할 때 얼굴을 알려 주는 수단이었다.《재봉춘》(79)에서 여러 가지 어려움에 처한 여주인공 허씨 부인은 남편도 곤경에 처할 것을 염려하여 집을 나가 자취를 감춘다. 이에 원래 며느리를 못마땅해하던 시어머니는 아들에게 새장가를 들라고 권유한다. 그 아들이 상대가 누구냐고 묻자 다음과 같은 대화가 이어진다.

"이름 말할 것 없이 **사진을 보여 주마**."
"그리하여도 관계치 않습니다."

"열 모에 한 모 나무랄 데 없는 신부다. **여기 사진이 있으니 보아라.**"

하면서 문갑 서랍에서 사진 한 장을 꺼내어 이참서 앞에다 놓으니,

(……)

아들도 알고 있으며 한때 결혼 이야기도 있었던 여자의 사진을 어머니가 꺼내 놓고 아들더러 새장가를 들라고 권하는 장면이다. 이미지를 구체적으로 보여 주는 사진이라는 새로운 미디어가 도입되면서 나타난 새로운 기능이었다고 평가할 수 있다.

사진은 사람에 대한 정보를 제공해 주는 미디어일 뿐만 아니라 보기 드문 멋진 풍광을 찍어서 남기는 미디어라는 인식도 나타났다. 《재봉춘》(14)을 보면 소설의 서두를 다음과 같이 시작한다.

서울 남산 밑 쌍나뭇골 막바지에 오막살이 초가집 하나이 올연히 서 있는데, 오래 수리를 하지 못하여 장원*이 모두 무너지고 지붕 위에는 잡풀이 무성하였으나, **천연天然의 경치는 가히 사진 한 장 박을 만하니**, 집 뒤에는 수놓은 병풍과 같은 남산이 둘려 있고, 앞에는 경성의 시가가 눈 아래 깔리었으며, 집 주위에는 여러 가지 꽃이 만발하여 고운 빛을 자랑하는데, 호접은 꽃 속으로 날아다니며 춘색을 희롱하고, 황조는 나무 틈으로 왕래하며 벗을 불러 만물이 다 때를 만난 듯 서로 즐기어 세상 사람에게 봄됨을 자랑하는 것도 같으며, 조물주에게 봄 낸 것을 사례하는 것도 같은데 (……)

---

* 담장을 말한다(《재봉춘》, p.85 주 참조).

이 대목은 소설에서 주인공 이참서 집의 하인으로서 중요한 역할을 맡게 되는 계순이의 집을 묘사한 것이다. 집은 폐가가 되다시피 했지만 주변 풍광과 계절의 모습은 "가히 사진 한 장 박을 만"하다고 서술한다. 그 뒤로는 주변의 멋진 풍광을 묘사한다. 이로부터 우리는 사진의 도입 초창기라 할 개화기에도 사진이 멋지고 보기 드문 장면을 남기는 미디어라는 인식이 존재했음을 알 수 있다.

4장

조선 시대 백성들의 삶과
커뮤니케이션

지금까지 조선 후기 한글 고전 소설과 개화기의 신소설을 통해 그 시대 백성들의 다양한 인간 커뮤니케이션 양태를 살펴보았다. 앞에서의 분석을 바탕으로 조선 시대의 인간 커뮤니케이션에서 나타난 특징들은 다음과 같이 정리할 수 있다.

먼저 구두 커뮤니케이션의 측면을 보면, 가족이나 친척 관계의 커뮤니케이션에서는 혈연의 상하 관계가 가장 중요한 변수였던 것으로 보인다. 윗대는 아랫대에게 하대를 하며 반대로는 깍듯한 경어체를 사용하였다. 부부간에도 대체로 상호 경어를 사용하였다. 다소 예외적인 경우는 적자와 서모, 그리고 신분의 차이가 나는 경우의 사위와 장모 등에는 상호 경어를 사용하였다. 신분이라는 변수가 중첩되면서 다소 예외적인 상황이 발생한 것이다.

동기간에도 나이가 가장 중요한 변수가 되었다. 성별이나 지위는 중요하지 않았다. 손위의 사람은 손아래에 대하여 성별이나 지위 고하에 상관없이 하대를 하였으며 손아래는 손위에게 항상 높임말을 사용하였다.

성별이라는 요인은 어법에서는 주요 변수가 아니었지만 전통의 유교 윤리에 따라 남녀유별 문화는 매우 엄격했던 것으로 드러났다. 양반의 경우 거주 공간도 남자는 사랑채, 여자는 안채로 구분되어 상호 교류가 거의 없었다. 따라서 부부간에도 낮에는 커뮤니케이션이 원활하게 이루어지기 어려웠다.

비혈연 간의 커뮤니케이션에서도 아는 사이에는 나이나 지위에서 큰 차이가 없으면 대체로 상호 존중하는 어법을 사용하였다. 반면 모르는 사이에서는 신분이 가장 큰 변수였던 것으로 보인다. 양반들은 상민이나 천민에 대해서 하대를 하였으며 반대로는 경어를 사용하였다. 신분을 잘 알 수 없는 경우에는 옷차림이나 행색 등을 통해 이를 짐작하고 그에 맞추어 나갔다.

집단 커뮤니케이션의 차원을 보면 관청과 일반 백성 개인과의 커뮤니케이션에서 문서가 이용되기도 하였지만 문맹이 대부분이었기에 구두 커뮤니케이션이 주로 사용되었다. 관청에서 개인에게 전달 사항이 있을 경우 사람을 보내 메시지를 전달하였으며 백성들도 관청에 와서 자신의 사연을 직접 하소연하고 해결책을 요구하기도 하였다. 특히 공동의 이슈나 관심사에 대해서는 집단적인 등장의 형태로 문제를 제기하고 해결책을 촉구하였다.

마을 공동체 내에서도 정보가 확산되면서 공동의 관심사에 대해서는 공론이 형성되어 이에 따라 대책을 모색하였다. 정보가 확산되는 과정은 소설에서도 구체적으로 묘사된 것을 찾기는 어려웠다. 하지만 대개 마을의 우물가나 빨래터, 주막 등을 통해 정보가 확산되어 갔음을 알 수 있었다. 바깥출입에 제약을 받던 양반가 여인들은 하인을 통해 마을의 소문이나 기타 정보를 듣는 경우가 많았다. 주막은 그 특성상 마을의 단위를 넘어서는 정보 유통의 주요 통로가 되었다. 외지인들도 출입하는 장소이기 때문에 이들로부터 외지의 정보를 얻기도 하였으며 또한 외지인들도 주막에서 그 마을에 관한 정보를 구하였다.

미디어를 이용한 커뮤니케이션도 당시 가능한 범위 내에서 다양하게 이루어졌다. 대표적인 것이 편지다. 이는 가족이나 지인이 멀리 떨어지게 된 경우에 많이 이용되었으며 주로 사람을 통해 전달하였던 것으로 보인다. 가까운 거리는 하인을 시켰으며 먼 지역에는 인편이 있을 경우에는 이를 이용하였으며 그렇지 않을 경우에는 일정한 사례를 주고 전인을 고용하여 편지를 전하였다.

문서를 통해 관청의 정보를 일반인들이 접하기도 하였다. 선문이나 관자 등을 통해 가족의 임면 사항 등을 미리 알게 되었으며 불특정 다수를 대상으로 하는 메시지를 전달하기 위해서는 방이 이용되었다. 이 방은 소재 파악이 어려운 특정인을 대상으로 사용되기도 하였다.

쌍방의 중대한 약속이 필요한 경우, 이를 보다 확실하게 보증하기 위해서 문서로 남겨 증거로 삼는 문화가 존재했던 것으로 분석되었다. 이는 구두 커뮤니케이션이 지배하던 전통 시대에 문서보다는 구두의 증언이 더 신뢰받던 서구 문화와는 차별되는 측면이다. 이러한 사실은 문자 문화를 신뢰하는 전통이 한국을 비롯한 동양 사회의 경우 서구의 그것보다 훨씬 더 뿌리가 깊은 것임을 말해 준다. 서구의 경우는 인쇄 문화가 확산되어 가면서 문자를 신뢰하는 문화가 서서히 형성되었지만 우리의 경우는 구두 커뮤니케이션 시대부터 문자를 신뢰하는 문화가 존재하였던 것이다.

그 밖에도 일기나 유서, 제문 등 기록을 남기기 위한 형태의 문자 커뮤니케이션도 다양하게 존재하였다. 특히 일기의 경우를 보면 현대와 다르게 남의 일기를 거리낌 없이 보고 이를 아무렇지 않게 받아 들이는 것이 이례적이었다. 이는 프라이버시의 관념이 당시에는 존재하지 않았음을 보여 준다. 프라이버시의 관념은 인쇄 문화가 확산, 정착되면서 나타나는 근대 사회의 특징 중 하나로 평가되고 있다.

책은 문자 해독 계층 내에서이지만 성별을 가리지 않고 수양과 여가 선용을 위해서 이용되었다. 당시의 책 읽기는 곧 소리 내서 읽는 낭독이었으며 의관을 정제하고 자세를 바로 하여 마치 의례를 치르는 것처럼 이루어졌다. 소리 내지 않고 읽는 묵독의 방법은 인쇄 미디어가 보편화되어 텍스트도 다양화되고 공공장소에서 책 읽기도 많아지면서 자연스럽게 형성되었다. 인쇄 미디어 이전의 책 읽기가 낭독으로 이루어진 것은 서구와도 일치하는 문화다.

그 밖의 미디어들을 보면, 그림이 죽거나 헤어진 사람에 대한 그리움을 달래는 주요 매개체가 되었으며 사회적 관심사나 이슈에 대해서는 참요 등 노래의 형태로 이에 대한 집단적 의견이 형성되고 유포되었다. 그리 멀지 않은 거리에 메시지를 전달하기 위해서는 사람을 직접 보내는 방법이 많이 사용된 것으로 분석되었다.

한편 19세기 후반 개항과 함께 한국 사회는 여러 측면에서 급격한 사회 변화를 겪었다. 이와 함께 개화기에는 커뮤니케이션 측면에서도 여러 가지 변화 양상이 나타났다. 개화기 신소설에 나타난 그 시대 백성들의 인간 커뮤니케이션에서 나타난 새로운 특징들은 다음과 같은 몇 가지로 정리할 수 있다. 가장 두드러진 특징은 새로운 미디어의 출현으로 커뮤니케이션 환경이 다양화되었다는 점이다. 신문과 인쇄된 서적, 우편, 전보, 전화, 사진 등 새 미디어가 출현하여 백성들의 커뮤니케이션에 사용되기 시작하였다. 이로써 이 시대 백성들의 커뮤니케이션 능력은 과거와는 비교가 안 될 정도로 확대, 강화되었다. 공간적으로 멀리 떨어진 지역의 소식도 알 수 있게 되었으며 원거리에 직접적인 커뮤니케이션도 신속하게 이루어질 수 있게 되었다. 물론 이 새로운 미디어들이 당시는 아직 초기 단계로서 보편화되지는 못했지만 새로운 사회를 열어 갈 기반이 되었다.

둘째, 새로운 미디어들이 출현하기는 했지만 아직도 구두 커뮤니케이션에 의존하는 전통적 방식이 중심이었다. 새로운 미디어의 보급이 더욱 확대, 일반화되기 위해서는 또 많은 시간이 필요한 것이다. 개화기에 새롭게 출현한 미디어들 대부분은 일부 제한된 계층에 의해 사용되었을 것이며 다수의 백성들은 아직도 전통적인 구두 커뮤니케이션에 의존할 수밖에 없었을 것이다.

그러나 구두 커뮤니케이션에서도 조선 후기에 비해 여러 변화들이 나타났다. 구두 커뮤니케이션에서 신분과 연령이 가장 큰 변수가 된 점은 여전하였지만 조선 후기에 비해서 격식과 예법이 많이 완화되었다. 이러한 측면은 부부간이나 형제간 등의 커뮤니케이션에서 찾아볼 수 있었다. 이는 조선의 지배 이데올로기였던 유교의 가치관이 개화기로 오면서 약화되었고 동시에 서구의 문물과 가치관이 점차 유입되면서 나타난 결과로 볼 수 있다.

셋째로는 문자 문화의 기반이 점차 확대되었다는 점을 들 수 있다. 신문이나 잡지, 우편, 전보 등 새로 등장한 미디어들도 대부분 문자를 기반으로 하는 것들이다. 이에 의하면 편지의 사용도 대폭 늘어났으며 천민 신분도 문자를 사용하여 기록하고 책을 읽는 사례가 나타났다. 조선 후기에는 인편을 통해 메시지를 전달하던 경우도 개화기에는 문서로 우편을 통하여 전하는 사례들이 늘어났다. 여성이나 천민 계층에서도 한글 사용이 늘어난 것으로 분석되었다. 이와 함께 호칭이나 용어 등 여러 면에서 한자식 표현은 줄고 대신 한글식 표현들이 많이 사용되었다.

넷째, 개항으로 외국과의 교류가 가능해짐으로써 그 시대 사람들의 생활 세계가 확대되었다는 점을 지적할 수 있다. 신소설에서는 외국에 유학하거나 우여곡절 끝에 외국으로 흘러 들어가는 사례도 등장하였다. 이로써 외국에 편지나 전보를 주고받기도 하였다. 이와 함께 자연스레 문화 간 커뮤니케이션도 성립되었다. 언어가 다르고 문화가 다른 사람들 간에 필담이나 통역 등을 통해 커뮤니케이션하는 경우들이 등장한 것이다.

결론적으로 조선 시대 인간 커뮤니케이션의 양태는 인쇄 미디어가 보편화되기 이전 대부분의 사회가 그러했듯이 구두 커뮤니케이션을 기반으로 하면서 문자를 매개로 한 커뮤니케이션을 보조적 수단으로 사용하였다고 할 수 있다. 커뮤니케이션의 범위는 가족이나 친족, 마을 등 기존의 공동체 범위 내에서 주로 이루어졌으며 유교적 질서의 바탕 위에서 신분이나 연령 등이 커뮤니케이션을 규정하는 주요 요인이 되었다. 개화기에 오면서 미디어에 의존하는 커뮤니케이션의 비중이 점차 높아지기 시작하였다. 문자와 인쇄술, 전신 등의 새로운 미디어를 이용해 원거리 커뮤니케이션도 신속하게 가능해졌으며 문호 개방에 따라 생활 세계 및 세계관의 영역이 확대되면서 커뮤니케이션의 영역과 범위도 확대되며 그 방법도 다양해졌다고 평가할 수 있다.

이 책은 서론에서 언급한 대로 조선 시대 한글 소설과 개화기의 신소설에 나타난 인간 커뮤니케이션 양상을 귀납적인 방식으로 분석, 정리하였다. 가능한 많은 사례를 추출할 수 있도록 여러 장르를 포괄하여 총 17편의 소설을 다루었지만 이것이 그 시대 커뮤니케이션의 모든 측면을 포괄했다고 보기는 어렵다. 앞으로 지속적인 사료 발굴과 체계적 분석을 통해 보완이 필요할 것이다.

1. Robert Knapp(2011), *Invisible Romans*, 김민수 옮김(2013), 《99%의 로마인은 어떻게 살았을까》, 서울: 이론과실천.

2. 김주관(2003), 《한국근대 민중생활사 읽기》, 서울: 하우, p.1.

3. 강길호 · 김현주(1995), 《커뮤니케이션과 인간》, 서울: 한나래, p.15.

4. 대표적인 예로 조선 시대의 언론 제도와 문화를 체계적으로 분석, 정리한 최승희의 연구 (1976, 2004)와 목정균(1985), 김복수 외(1995), 김세철 · 김영재(2000), 이상길(2007) 의 연구가 있다. 김영주(1999, 2002, 2007, 2008a, 2008b, 2009a, 2009b, 2010, 2011, 2014)와 박정규(1983) 등은 조선 시대의 공론이나 조보, 신문고 등 다양한 언론 현상을 구체적으로 연구하였다.

5. 구체적으로 이상희(1993), 최영묵(1987), 김광옥(1993), 주정이(2000), 최병진(1983), 김영주(2011) 등이다.

6. Corinne Coulet(1996), *Communiquer en Grèce ancienne*, 이선화 옮김(1999), 《고대 그리스의 의사소통》, 서울: 영림카디널.

7. Knapp(2011/2013), 앞의 책.

8. Lucien Goldmann(1982), *Pour une sociologie du roman*, 조경숙 옮김, 《소설사회학을 위하여》, 서울: 청하, pp.17~21.

9. Knapp(2011/2013), 앞의 책, pp.46~466.

10. 위키백과 참조.

11. 박철주(2011), 유귀영(2015), 김주연(1985), 이민희(2009) 등의 연구가 있다.

12. 조동일(2001), 《소설의 사회사 비교론 2》, 서울: 지식산업사, p.119.

13. 역사비평 편집위원회 엮음(2006), 《역사 용어 바로 쓰기》, 서울: 역사비평사.

14. 이이효재(2003), 《조선조 사회와 가족: 신분상승과 가부장문화》, 서울: 한울, p.112.

15. 이광호(2005), 《근대국어문법론》, 서울: 태학사, pp.341~350.

16. 석인해(1999), 《배비장전》, p.8 각주.

17. 위키백과 참조.

18. 이이효재(2003), 앞의 책, p.78.

19. 《소현성록》, p.108 각주.

20. 사실 당시에는 맞춤법이라는 개념도 인식도 없었다. 한글 맞춤법이 처음으로 만들어진 것은 1933년의 일이다. 당시 조선어학회가 1930년부터 착수하여 3년의 작업 끝에 '조선어 맞춤법 통일안'을 발표하였다. 이는 문자 문화가 오랫동안 존재하기는 하였지만 책의 인쇄와 유통을 국가가 독점한 탓에 민간에는 구두 문화적 전통이 강하게 남아 있었던 때문으로 볼 수 있다. 구두 문화에서는 정확한 맞춤법이 필요하지도 않았다. 그저 뜻만 통하고 의미만 전달되면 되는 것이다. 하지만 인쇄 미디어가 점차 확산되고 인쇄 문화가 정착되면서 정확한 표기의 필요성이 대두되기 시작한다. 인쇄 미디어는 정확한 복제를 기본으로 하기 때문이다. 이에 따라 인쇄 문화가 정착되면서 맞춤법이 만들어지게 된 것이다.

21. 석인해(1999), 《배비장전》, p.109 각주.

22. 이상희(1993), 《조선조 사회의 커뮤니케이션 현상 연구》, 서울: 나남, p.79.

23. 김경숙(2010), "등장等狀을 통해 본 조선후기 연명정소聯名呈訴와 공론 형성,"〈규장각〉 36집, pp.27~49.

24. 위의 글, p.27.

25. http://sillok.history.go.kr 2016. 11. 2.

26. http://sillok.history.go.kr/id/kda_10710018_003 2016. 10. 26.

27. http://sillok.history.go.kr/id/kna_14007011_002 2016. 10. 26.

28. http://sillok.history.go.kr/id/kka_12003021_007 2016. 10. 26.

29. http://sillok.history.go.kr/id/kda_11107027_002 2016. 10. 26.

30. http://sillok.history.go.kr/id/koa_10612001_001 2016. 10. 26.

31. http://sillok.history.go.kr/id/kza_11012021_003 2016. 10. 26.

32. 김영재(2010), 《조선시대의 언론 연구》, 서울: 민속원, p.85.

33. 김영주(2007), "신문고 제도에 대한 몇 가지 쟁점,"〈한국언론정보학보〉 통권 39호, pp.250~251.

34. http://sillok.history.go.kr/id/kca_10602026_002 2016. 11. 2.

35. http://sillok.history.go.kr/id/kda_10606013_003 2016. 11. 2.

36. http://sillok.history.go.kr/id/kga_10302008_001 2016. 11. 2.

37. http://sillok.history.go.kr/id/kia_10212015_003 2016. 11. 2.

38. http://sillok.history.go.kr/id/kia_10212015_003 2016. 11. 2.

39. http://sillok.history.go.kr/id/kua_14711023_003 2016. 11. 2.

40. http://sillok.history.go.kr/id/kda_10109023_002 2016. 10. 31.

41. http://sillok.history.go.kr/id/kda_11601024_003 2016. 10. 31.

42. 이만렬(1985),《한국사연표》, 서울: 역민사, p.166.

43.《이춘풍전》, p.346 각주 참조.

44. 윤병철(2006),《조선, 말이 통하다: 민중과 사대부, 그들의 이데올로기와 커뮤니케이션 전략》, 서울: 커뮤니케이션북스, pp.135~137.

45. http://sillok.history.go.kr/id/kda_10410012_002 2017. 4. 3.

46. http://sillok.history.go.kr/id/kwa_11210030_005 2017. 4. 3.

47. 김세철 · 김영재(2000),《조선시대의 언론문화》, 서울: 커뮤니케이션북스, p.53.

48. 박영학(1990),《동학운동의 공시 구조》, 서울: 나남, pp.175~183.

49. http://sillok.history.go.kr/id/kza_11908021_005 2016. 11. 10.

50. http://sillok.history.go.kr/id/kda_10912027_003 2017. 4. 4.

51. http://sillok.history.go.kr/id/kka_10301005_008 2017. 4. 4.

52. http://sillok.history.go.kr/id/kna_12512002_001 2017. 4. 4.

53. 하영휘(2008),《양반의 사생활: 조병덕의 편지 1,700통으로 19세기 조선을 엿보다》, 서울: 푸른역사, pp.22, 205.

54. 하영휘(2008), 앞의 책, p.201.

55. 하영휘(2008), 앞의 책, pp.109~110, 210~212.

56. 위키백과 https://ko.wikipedia.org/wiki/%EC%A0%84%EC%84%9C%EA%B5%AC 2016. 11. 16.

57. 조선일보사(2010),《조선일보 90년사 상》, 서울: 조선일보사, pp.372~375.

58. 〈조선일보〉, 1936. 8. 14, 1면.

59. http://blog.naver.com/PostView.nhn?blogId=sky_life1234&logNo=220465442188 2016. 11. 16.

60. 채백(1995), "통신매체의 도입과 한국 근대의 사회변화," 박정규 외,《한국 근대사회의 변화와 언론》, 성남: 한국정신문화연구원, pp.153~154.

61. 체신부(1984),《한국 우정 100년사》, 서울: 대한민국 체신부, pp.9~120

62. 체신부(1984), 앞의 책, pp.112~116.

63. http://enews.incheon.go.kr/main/php/bArticleview.php?idx=2484&pg=301&is_select=1 2016. 11. 17.

64. 체신부(1984), 앞의 책, pp.691~695.

65. 위의 책, pp.99~103.

66. 위의 책, p.110.

67. 위의 책, pp.106~112.

68. Walter J. Ong(1982), *Orality and Literacy: The Technologizing of the Word*, 이기우 · 임명진 옮김(1995),《구술문화와 문자문화》, 서울: 문예출판사, pp.148~150.

69. James Burke(1985), *The Day the Universe Changed*, 채백 편역(1996),《세계언론사》, 서울: 한나래, pp.51~52.

70. Ong(1982/1995), 앞의 책, p.198.

71. 강명관(2015), "조선시대의 일기들,"〈경향신문〉 2016. 11. 22. http://news.khan.co.kr/kh_news/khan_art_view.html?artid=201503262158195&code=990100#csidx54de34029c30c9c991f461189daa2be

72.《빈상설》, p.84 주.

73. 우리은행 은행사박물관 참조 https://www.woorimuseum.com/ 2016. 11. 28.

74. 조동일(2005),《한국문학통사 4》, 서울: 지식산업사, pp.247~254.

75. 정민(2002),《책 읽는 소리: 옛 글 속에 떠오르는 옛 사람 내면 풍경》, 서울: 마음산책, p.23.

76. Burke(1985/1996), 앞의 글, p.59.

77. 남태우 · 김중권(2012),《한국의 독서문화사》, 대구: 태일사, p.350.

78. 정민(2002), 앞의 책, pp.17~18.

79. 정민(2002), 앞의 책, p.43.

80. 채백(1999),《출판학》, 서울: 한나래, p.112.

81. 정민(2002), 앞의 책, pp.56~57.

82. 위의 책, pp.57~58.

83. 마에다 아이(1973), 유은경 · 이원희 옮김(2003),《일본 근대 독자의 성립》, 서울: 이룸.

84. 나가미네 시게토시(2005), 다지마 데쓰오 · 송태욱 옮김(2010),《독서국민의 탄생》, 서울: 푸른역사.

85. 이광린(1969), "해국도지의 한국 전재와 그 영향," 이광린.《한국개화사 연구》. 서울: 일조각, pp.2~4.

86. Raymond Williams(1975), *Television: Technology and Cultural Form*, 채백 편역(1996),《세계언론사》, 서울: 한나래, pp.264~265.

87. 이상희(1993), 앞의 책, pp.42~45.

88. 심경호(2012),《참요: 시대의 징후를 노래하다》, 서울: 한얼미디어, pp.4~5.

89. 김영주(2011), "조선시대 동요연구,"〈언론학연구〉 제15권 제2호, p.66.

90. Burke(1985/1996), 앞의 글, p.52.

91. http://sillok.history.go.kr/id/kaa_10702003_002 2016. 12. 7.

92. 이상길(2007), "전근대 미디어의 사회문화사," 유선영 외 엮음,《한국의 미디어 사회문화사》, 서울: 한국언론재단, pp.51~55.

93. https://books.google.co.kr/books?id=DkysCwAAQBAJ&pg=PT142&lpg=PT142&dq=%

EB%AA%85%ED%95%A8+%EC%97%AD%EC%82%AC&source=bl&ots=YIoHUMs
Ts1&sig=ypOmHPZqgPogSAYQPQWcrhjQwYQ&hl=ko&sa=X&ved=0ahUKEwjp6M
Wy7OHQAhULV7wKHeXvC6IQ6AEIXDAO#v=onepage&q=%EB%AA%85%ED%95
%A8%20%EC%97%AD%EC%82%AC&f=false 2016. 12. 7.

94. 채백(2006), 《독립신문 연구》, 서울: 한나래, pp.312~313.

95. 윤상길(2007), "통신의 사회문화사," 유선영 외 옮김, 《한국의 미디어 사회문화사》, 서울: 한국언론재단, p.100.

96. 윤상길(2007), 앞의 논문, pp.111~112.

97. 체신부(1984), 앞의 책, pp.98~132.

98. 강준만(2009), 《전화의 역사: 전화로 읽는 한국문화사》, 서울: 인물과사상사, pp.53~58.

99. 위의 책, p.54.

100. 윤상길(2007), 앞의 논문, pp.107~117.

101. 정운현(1997), 《호외, 백년의 기억들》, 서울: 도서출판 삼인, pp.15~16.

102. 야마모토 후미오(1970), 김재홍 옮김(2000), 《일본 매스커뮤니케이션사》, 서울: 커뮤니케이션북스, p.91.

103. 정진석(1990), 《한국언론사》, 서울: 나남, pp.128~136.

104. 김영주(2008a), "조보朝報에 대한 몇 가지 쟁점," 〈한국언론정보학보〉 통권 43호, pp.247~281.

105. http://www.kyongbuk.co.kr/?mod=news&act=articleView&idxno=990996 2017. 5. 22.

106. 채백(2015), 《한국언론사》, 서울: 컬처룩, pp.137~139.

107. 최인진(1992), 《한국신문사진사》, 서울: 열화당, p.54.

108. 정인영(2003), "정인영의 사진 이야기," 〈음성신문〉, 2003. 4. 9, http://www.usnews.co.kr/news/articleView.html?idxno=4674 2017. 4. 14.

109. 최인진(1992), 앞의 책, pp.44~46.

110. Williams(1975/1996), 앞의 책, pp.264~265.

강길호 · 김현주 (1995). 《커뮤니케이션과 인간》. 서울: 한나래.

강명관 (2015). "조선시대의 일기들," 〈경향신문〉, 2016. 11. 22. http://news.khan.co.kr/kh_ news/khan_art_view.html?artid=201503262158195&code=990100#csidx54de34029 c30c9c991f461189daa2be

강준만 (2009). 《전화의 역사: 전화로 읽는 한국문화사》. 서울: 인물과사상사.

김경숙 (2010). "등장等狀을 통해 본 조선후기 연명정소聯名呈訴와 공론 형성," 〈규장각〉 36집, pp.27~49.

김광옥 (1993). "조선조 대항 커뮤니케이션으로서의 참요고," 한국언론학회 연구보고서 《한국적 커뮤니케이션 모델의 탐구》, pp.1~25.

김복수 외 (1995). 《조선시대 커뮤니케이션 연구》. 성남: 한국정신문화연구원.

김세철 · 김영재 (2000). 《조선시대의 언론문화》. 서울: 커뮤니케이션북스.

김영재 (2010). 《조선시대의 언론 연구》. 서울: 민속원.

김영주 (1999). "조선조 민간인쇄조보의 몇 가지 쟁점," 〈언론학연구〉 2집, pp.265~299.

김영주 (2002). "조선왕조 초기 공론과 공론형성과정 연구," 〈언론과학연구〉 2권 3호, pp.70~110.

김영주 (2007). "신문고 제도에 대한 몇 가지 쟁점," 〈한국언론정보학보〉 통권 39호, pp.250 ~283.

김영주 (2008a). "조보朝報에 대한 몇 가지 쟁점," 〈한국언론정보학보〉 통권 43호, pp.247 ~281.

김영주 (2008b). "조선시대 성균관 유생의 권당捲堂 · 공관空館 연구," 〈언론과학연구〉 8권 4호, pp.253~298.

김영주 (2009a). "'언론' 유사 개념으로서의 '간쟁'에 대한 역사적 고찰," 〈커뮤니케이션 이론〉 5권 호, pp.51~85.

김영주 (2009b). "조선시대 구언제도의 절차와 내용 연구," 〈언론과학연구〉 제9권 4호, pp.135~169.

김영주 (2010). "조선시대 공론 연구," 〈언론학연구〉 14권 1호, pp.41~73.

김영주 (2011). "조선시대 동요 연구," 〈언론학연구〉 15권 2호, pp.41~75.

김영주 (2014). "조선조 경연제도 연구: 정치공론장으로서의 가능성," 〈언론학연구〉 18권 4호, pp.35~60.

김일렬 역주 (1996). 《한국고전문학전집 25》. 서울: 고려대 민족문화연구소.

김주관 (2003). 《한국근대 민중생활사 읽기》. 서울: 하우.

김주연 (1985). "사회변동과 여성 성의식의 변화 연구: 전후 한국여류소설을 중심으로," 〈아시아여성연구〉(숙명여대 아시아여성연구소) 24집, pp.177~199.

김진영 외 엮음 (1997). 《춘향전전집 1》. 서울: 박이정.

김진영 외 엮음 (1998). 《심청전전집 3》. 서울: 박이정.

나가미네 시게토시 (2005). 《독서국민의 탄생》. 다지마 데쓰오·송태욱 옮김(2010). 서울: 푸른역사.

나은영 (2002). 《사회심리학적 관점에서 본 인간 커뮤니케이션과 미디어》. 서울: 한나래.

남태우·김중권 (2012). 《한국의 독서문화사》. 대구: 태일사.

마에다 아이 (1973). 《일본 근대 독자의 성립》. 유은경·이원희 옮김(2003). 서울: 이룸.

목정균 (1985). 《조선전기 제도언론 연구》. 서울: 고려대학교 민족문화연구소.

문용식 (1997). "조선조 후기 사회 변동과 연작형 가문소설," 〈국제어문〉 20집, pp.43~64.

박영학 (1990). 《동학운동의 공시 구조》. 서울: 나남.

박일용 (1991). "인물형상을 통해서 본 〈구운몽〉의 사회적 성격과 소설사적 위상," 〈정신문화연구〉 14권 3호(통권44호), pp.187~207.

박정규 (1983). 〈조선왕조시대의 전근대적 신문에 관한 연구: 조보와 그 유사물의 특성을 중심으로〉. 서울대학교 대학원 박사 학위 논문.

박철주 (2011). "신소설에서의 남성 화자와 여성 화자의 입말체 연구," 한국중원언어학회 2011년 봄 학술대회 발표자료집(2011. 5), pp.31~55.

박현균 옮김 (2007). 《숙향전》. 서울: 보리.

석인해 주해 (1999). 《배비장전》. 서울: 한국문화사.

샌즈, W. F. (1986). 《조선의 마지막 날》. 김훈 옮김. 서울: 도서출판 미완.

신해진 옮김 (1999). 《조선후기세태소설선》. 서울: 월인.

설성경 (2005). 《신소설연구》. 서울: 새문사.

심경호 (2012). 《참요: 시대의 징후를 노래하다》. 서울: 한얼미디어.

야마모토 후미오 (1970). 《일본 매스커뮤니케이션사》. 김재홍 옮김(2000). 서울: 커뮤니케이션북스.

역사비평 편집위원회 엮음 (2006). 《역사 용어 바로 쓰기》. 서울: 역사비평사.

유귀영 (2015). "판소리계 소설 속 하층여성의 烈에 대한 인식과 그 의미," 〈판소리연구〉 39집, pp.173~201.

윤병철 (2006). 《조선, 말이 통하다 : 민중과 사대부, 그들의 이데올로기와 커뮤니케이션 전략》. 서울: 커뮤니케이션북스.

윤상길 (2007). "통신의 사회문화사." 유선영 외 엮음. 《한국의 미디어 사회문화사》. 서울: 한국언론재단, pp.97~167

이광린 (1969). 《한국개화사 연구》. 서울: 일조각.

이광호 (2005). 《근대국어문법론》. 서울: 태학사.

이만렬 (1985). 《한국사연표》. 서울: 역민사.

이민희 (2009). "17~18세기 고소설에 나타난 화폐경제의 사회상." 〈정신문화연구〉 32권 1 호(통권 제114호), pp.129~154.

이상길 (2007). "전근대 미디어의 사회문화사." 유선영 외 엮음. 《한국의 미디어 사회문화사》. 서울: 한국언론재단, pp.1~96.

이상희 (1993). 《조선조 사회의 커뮤니케이션 현상 연구》. 서울: 나남.

이이효재 (2003). 《조선조 사회와 가족: 신분상승과 가부장문화》. 서울: 한울.

전광용 (1986). 《신소설연구》. 서울: 새문사.

전광용 · 송민재 · 백순재 공편 (1968). 《한국신소설전집》. 서울: 을유문화사.

정민 (2002). 《책 읽는 소리: 옛 글 속에 떠오르는 옛 사람 내면 풍경》. 서울: 마음산책.

정운현 (1997). 《호외, 백년의 기억들》. 서울: 도서출판 삼인.

정인영 (2003). "정인영의 사진 이야기," 〈음성신문〉 2003. 4. 9. http://www.usnews.co.kr/news/articleView.html?idxno=4674.

정일권 (2010). "조선 후기 사회의 변화와 동학운동 과정에서의 커뮤니케이션 요소 분석," 〈한국언론학보〉 54권 6호, pp.81~102.

정진석 (1990). 《한국언론사》. 서울: 나남.

조동일 (2001). 《소설의 사회사 비교론 2》. 서울: 지식산업사.

조동일 (2005). 《한국문학통사 4》. 서울: 지식산업사.

조선일보사 (2010). 《조선일보 90년사 상》. 서울: 조선일보사.

鳥越靜岐 · 薄土斬雲 (1909). 《朝鮮漫畵》. 京城: 日韓書房.

조혜란 · 정선희 역주 (2010). 《소현성록1》. 서울: 소명출판.

조희웅 역주 (2009). 《조웅전》. 서울: 지식을만드는지식.

주정이 (2000). 〈조선후기 가면극에 나타난 커뮤니케이션 특성 연구〉. 동아대학교 언론홍

보대학원 석사 학위 논문.

채백 (1995). "통신매체의 도입과 한국 근대의 사회변화." 박정규 외. 《한국 근대사회의 변화와 언론》. 성남: 한국정신문화연구원, pp.147~196.

채백 (1999). 《출판학》. 서울: 한나래.

채백 (2006). 《독립신문 연구》. 서울: 한나래.

채백 (2014a). "한글 고전소설을 통해 본 조선 후기의 인간 커뮤니케이션 양태," 〈한국언론정보학보〉 제65호(봄), pp.27~50.

채백 (2014b). "신소설을 통해 본 개화기의 인간 커뮤니케이션 양태," 〈한국언론정보학보〉 제68호(겨울), pp.34~64.

채백 (2015). 《한국언론사》. 서울: 컬처룩.

체신부 (1984). 《한국 우정 100년사》. 서울: 대한민국 체신부.

최병진 (1983). 〈조선 봉건사회 해체기의 커뮤니케이션 마당의 구조변화: 만민공동회를 중심으로〉. 성균관대학교 대학원 석사 학위 논문.

최승희 (1976). 《조선 초기 언관·언론연구》. 서울: 서울대학교 출판부.

최승희 (2004). 《조선 초기 언론사연구》. 서울: 지식산업사.

최영묵 (1987). 〈조선봉건사회 해체기의 민중 커뮤니케이션 양식에 관한 연구 조선봉건사회 해체기의 민중 커뮤니케이션 양식에 관한 연구〉. 한양대학교 대학원 석사 학위 논문.

최인진 (1992). 《한국신문사진사》. 서울: 열화당.

하영휘 (2008). 《양반의 사생활: 조병덕의 편지 1,700통으로 19세기 조선을 엿보다》. 서울: 푸른역사.

한국프레스센터 (1995). 《한국 100년 신문 100년》. 서울: 한국프레스센터.

Burke, James (1985). *The Day the Universe Changed*. 채백 편역 (1996). 《세계언론사》. 서울: 한나래, pp.49~68.

Coulet, Corinne (1996). *Communiquer en Grèce ancienne*. 이선화 옮김 (1999). 《고대 그리스의 의사소통》. 서울: 영림카디널.

Goldmann, Lucien (1965). *Pour une sociologie du roman*. 조경숙 옮김 (1982). 《소설사회학을 위하여》. 서울: 청하.

Knapp, Robert (2011). *Invisible Romans*. 김민수 옮김 (2013). 《99%의 로마인은 어떻게 살았을까》. 서울: 이론과실천.

Ong, Walter J. (1982). *Orality and Literacy: The Technologizing of the Word*. 이기우·임명진 옮김 (1995). 《구술문화와 문자문화》. 서울: 문예출판사.

Williams, Raymond (1975). *Television: Technology and Cultural Form*. 채백 편역 (1996). 《세계언론사》. 서울: 한나래, pp.261~274.

구글북스 https://books.google.co.kr
국립민속박물관 홈페이지 http://www.nfm.go.kr/
다음백과사전 http://100.daum.net/
다음한국어사전 http://dic.daum.net/index.do?dic=kor
독립기념관 한국독립운동사정보시스템 http://search.i815.or.kr
〈독립신문〉.
〈매일신문〉.
조선일보 아카이브 http://srchdb1.chosun.com/pdf/i_archive/
《조선왕조실록》 http://sillok.history.go.kr/main/main.do
우리은행 은행사박물관 https://www.woorimuseum.com/
위키백과 https://ko.wikipedia.org/
한국근현대사 박물관 홈페이지 https://www.kmhm.or.kr/
한국사데이터베이스(국사편찬위원회) http://db.history.go.kr
한국민족문화대백과사전 http://encykorea.aks.ac.kr/